Georges Rémond
Inspecteur départemental de l'éducation
François Richaudeau

je deviens un vrai lecteur

niveau 2

EDITIONS RETZ
2, rue du Roule - 75001 Paris

Une réalisation du Centre d'Etude et de Promotion de la Lecture

POURQUOI CE LIVRE

Secrétariat éditorial :
Yvette Pesez

Conception de couverture et mise en pages :
Ulrich Meyer

Dessins :
Jacques Taillefer

Réalisation avec l'assistance de :
Renée Chevalier
Monique Deschamps
Martine Jacquemard
Claudine Pifféro

Pour aider l'enfant à une lecture aisée et vraie car l'enseignement initial n'a guère fait de lui qu'un apprenti-lecteur, il lui reste à perfectionner l'acte de lecture grâce à une perception visuelle plus efficace, à un vocabulaire mieux maîtrisé, à la capacité de «pré-voir» le sens du texte, et même à la possibilité d'utiliser des techniques de lecture de recherche et de sélection.

Donc six chapitres destinés :
— à développer l'habileté perceptive de l'œil
— à bien reconnaître le vocabulaire
— à «anticiper» sur le texte à lire
— à éduquer la mémoire
— à développer la lecture de recherche
— à hiérarchiser les éléments du texte.

Ainsi l'enfant pourra-t-il pratiquer la seule vraie lecture, c'est-à-dire la lecture silencieuse.

Le sommaire détaillé est en page 284.

Les corrigés des exercices qui n'apparaissent pas dans cet ouvrage, figurent dans le livret pédagogique.

Couverture : Ambrosius HOLBEIN : «Enseigne d'un maître d'école» (1516)

COMMENT S'EN SERVIR

Tous les exercices proposés dans cet ouvrage peuvent être faits par le jeune lecteur, seul, ou avec l'aide éventuelle d'un adulte. Mais pour susciter l'émulation ou la coopération avec un ou plusieurs camarades, nous suggérons trois types d'activités :

— la réussite :

c'est-à-dire la compétition avec soi-même, symbolisée en marge par un personnage. Le niveau de difficulté proposé permet d'envisager un score positif, même pour des enfants faibles.

— le tournoi :

c'est-à-dire la compétition ou la coopération avec un camarade, symbolisé en marge par deux personnages. Il ne faut pas négliger l'aspect moteur de la compétition employée avec discernement, notamment dans des exercices qui donnent une certaine prime à la vitesse. Le facteur temps n'a toutefois aucune signification si la compétition porte sur un pourcentage de réponses exactes inférieur à 80 %. Les tournois ne devront opposer que des concurrents de niveaux sensiblement équivalents.

— le concours :

c'est-à-dire la compétition ou la coopération avec plusieurs. C'est pourquoi consignes et corrigés sont donnés à part.
Le terme de concours a été retenu pour la double signification qu'il recouvre : la première à coloration compétitive (un concours de boules, un match entre équipes), la seconde à coloration coopérative (apporter son concours à une activité, son aide, sa participation).

Les flèches

indiquent à l'enfant le sens de la lecture : vertical ou horizontal.

Le cache :

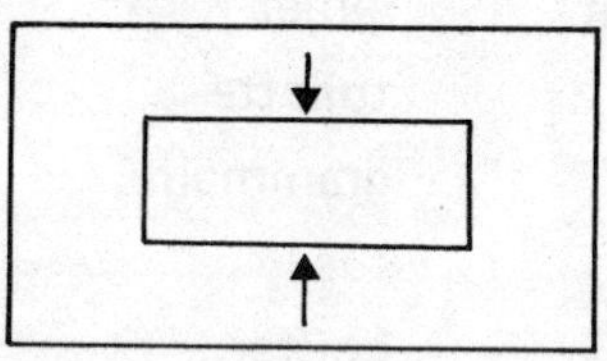

Il est très utile pour favoriser la «saisie» globale et rapide des mots. Certains exercices qui s'appuient sur des listes de mots placés verticalement, seront plus efficaces grâce à ce cache.
Pour le réaliser : découper dans un carton rigide un carré de 7 cm x 7 cm, découper au centre une fenêtre de 40 mm de long sur 5 mm de large. Ajouter, comme sur le modèle, deux flèches fines qui permettront de centrer correctement le cache sur le mot.
Utiliser le cache par glissements lents et réguliers plutôt que par déplacements successifs et saccadés.

A1 Réussite 1

Fabrique un cache (voir page 5) et à l'aide de ce cache, cherche le plus vite possible combien de fois le mot «gaieté» a été répété dans la page. Chronomètre le temps mis et note-le.
Recommence avec le mot «empereur» puis avec le mot «gentil».

	a	b	c	d
1	gaieté	étable	gâteau	gaieté
2	régiment	orange	goutte	moitié
3	pigeon	calcul	excité	généralement
4	empereur	double	glace	fou
5	autel	gaieté	sûreté	fusil
6	bien	animal	groupe	lumineux
7	souverain	poupée	guerre	grappe
8	fils	droite	gaieté	geai
9	gaieté	gentil	goûter	empereur
10	salaire	meuble	clarté	géographie
11	gaieté	barque	ouaté	gaieté
12	désobéir	partie	portée	gourmand
13	plateau	dessin	gentil	gaiement
14	considérable	vapeur	gueule	habitation
15	princesse	empereur	garage	gauche
16	empereur	prison	arrêté	gai
17	probablement	gaieté	guetté	compter
18	pie	rendre	trajet	sachet
19	exposition	demain	empereur	gibier
20	eau	chacun	gendre	toilette
21	compagnie	verger	gloire	grammaire
22	aile	gentil	récité	fusil
23	gaieté	simple	coquet	goûter
24	punition	moitié	grippe	gaieté
25	rat	muscle	fruité	géant

corrigé p. 38

A1 Réussite 2

Jouons avec les mots. Compte vite combien de noms d'animaux de la ferme sont cachés dans ces listes ; puis combien de noms de fleurs ; et enfin combien de noms de vêtements.

	a	b	c	d
1	la rue	le juge	la poule	le dindon
2	l'âne	le porc	le gilet	la blouse
3	le nez	l'avis	l'heure	la barque
4	la robe	le rêve	la boule	le canard
5	la cave	la santé	l'armée	la valise
6	la rose	le piano	le balcon	le bleuet
7	la jupe	la corde	le muguet	le pigeon
8	le lilas	la vache	la moitié	l'ouvrier
9	la vague	le pâtre	le cheval	le maillot
10	la gerbe	la tulipe	le papier	la verdure
11	la lèvre	le moteur	l'orange	la caverne
12	le lapin	la griffe	la liberté	le poulain
13	le billet	la police	le plaisir	la mémoire
14	la saison	la chèvre	le chandail	le voyageur
15	le bureau	la guerre	la réunion	la poitrine
16	la course	l'attaque	l'ouvrage	le problème
17	la troupe	la sagesse	le porteur	la créature
18	le mouton	la culotte	la bordure	la brochure
19	l'encrier	l'enfance	le manteau	le tribunal
20	le plateau	le gardien	la conduite	la remarque
21	le tablier	le taureau	la religion	le cantique
22	la terreur	le refrain	le chevreau	la découverte
23	la lumière	la promesse	la tirelire	le boulanger
24	le marteau	la noisette	le faucheur	la pervenche
25	la violette	la servante	la jonquille	la chaussette
26	la punition	le pantalon	la confiture	le coquelicot
27	la montagne	le géranium	le pardessus	le dindonneau

corrigé p. 38

A1 Tournoi 1

Cherchez le plus vite possible combien de fois le mot «pain» a été répété sur ces deux pages. Recommencez avec le mot «bientôt», puis avec le mot «construction» et encore avec le mot «mademoiselle.»

1 pain
2 veau
3 pou
4 verre
5 foire
6 détour
7 malade
8 bientôt
9 étudiant
10 ami — pain
11 lèvre — ici
12 jambe — salon
13 troupe — cirque
14 utile — chaumière
15 explication — muscle
16 foire — représentation
17 proprement — locomotive
18 course — bientôt — soudain
19 royaume — pain — multicolore
20 copier — guerre — heureusement
21 transporteur — gouvernement — nu
22 vélo — point — appartement — blessure
23 composition — coiffure — règle — charmant
24 imprudent — imagination — mensonge — pain — bonhomme
25 bandit — stupéfaction — bientôt — mademoiselle — construction

26 chiffre — charbonnage — pain — gaz — administration
27 température — pommier — nid — propreté — pollué
28 faim — pain — murmurer — conversation
29 brumeux — promenade — profondeur
30 montage — boulanger — prairie
31 crépuscule — promesse — pain
32 pantalon — crainte — danse
33 panorama — mademoiselle
34 bientôt — destination
35 tramway — compagnie
36 ombrage — moineau
37 tabac — tombeau
38 pain — détail
39 prisonnier
40 chaussure
41 ralentir
42 atelier
43 jasmin
44 flaque
45 temps
46 rayon
47 pain
48 rôle
49 noix
50 pan !

corrigé p. 71

A1 Tournoi 2

Décomptez le plus vite possible les noms désignant des lieux où l'on trouve de l'eau courante ou dormante.

1 air
2 lac
3 rire
4 aile
5 mare
6 acte
7 faire
8 bille
9 pain — canal
10 abeille — gibier
11 fourchette — gerbe
12 richement — salade
13 source — appartenir
14 bourgeon — cigarette
15 retomber — chaudière
16 drapeau — sable — fonction
17 se souvenir — souris — rêveur
18 herbage — barque — portrait — cerise
19 chaleur — corneille — excuse — incendie
20 jamais — jeunesse — infiniment — détester
21 humeur — ivre — rivière — invisible — injure
22 corbeille — imposer — incalculable — hoquet
23 suspendre — ménagère — mauvais — surveillant
24 zèbre — vigne — cigogne — hareng — groseille — blessé
25 camisole — toucher — boulangerie — distraction — autel

26 ravage — inférieur — irriter — ménagerie — tricolore
27 tirer — locataire — hache — grelot — contrée — jouer
28 malade — surprendre — labourer — tousser — poupée
29 cidre — gouvernement — habitation — tout — bien
30 moi — découvrir — buffet — mélodieux — terrain
31 voleur — géographie — torrent — fillette
32 témoigner — maladif — disputer — graine
33 hauteur — surprise — fleuve — profiter
34 arbrisseau — téléphone — ruisseau
35 température — appartement
36 orge — huitaine — taureau
37 soucoupe — zèle — rat
38 océan — réunion
39 truite
40 buvard
41 brin
42 aise
43 ciel
44 mer
45 bec
46 cap
47 rue
48 fil
49 ail

corrigé p. 71

A1 Concours 1

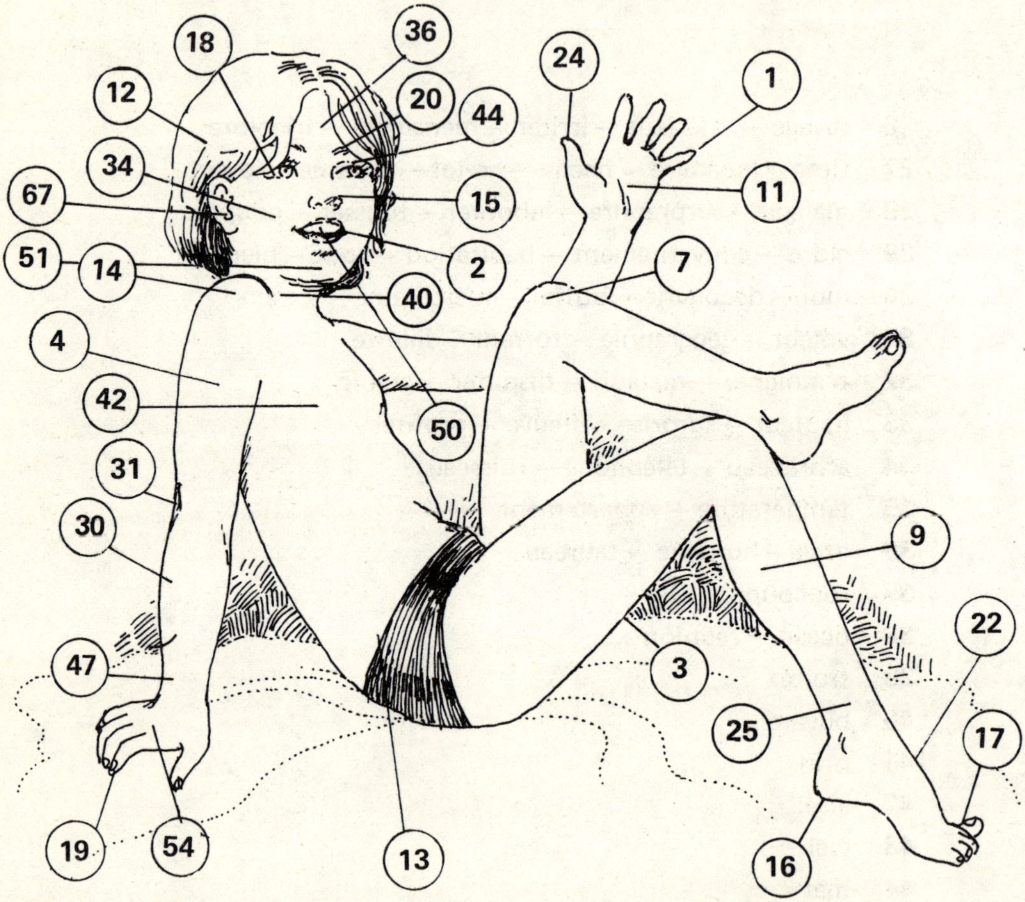

le dos de la main (54) — la paupière (45) — le cou (40) — la bouche (2) — le poignet (47) — les cheveux (12) — le menton (51) — le talon (16) — le coude (31) — la hanche (13) — le gros orteil (17) — le nez (15) — les sourcils (20) — l'épaule (14) — la paume de la main (11) — l'œil (18) — le pouce (24) — le mollet (9) — le genou (7) — les dents (50) — la cuisse (3) — le petit doigt (1) — l'index (19) — le front (37) — la joue (34) — la poitrine (42) — la cheville (25) — le cou de pied (23) — l'oreille (68) — l'avant-bras (30) — le bras (5)

la ceinture du tablier (47) — le corsage (25) — une barrette (7) —
la poche du pantalon (45) — le jupon (61) — la boucle de ceinture (3) —
le manteau (56) — le nœud de cravate (43) — le foulard (52) — la jupe (10) —
la dentelle du jupon (28) — les souliers (50) — la pochette de la veste (19) —
des lunettes de soleil (68) — le chapeau (41) — le col de chemise (27) —
le gilet (34) — la cravate (36) — un bracelet (2) — le parapluie (38) —
la manche de veste (30) — les lacets (14) — les gants (12) — les sabots (1) —
les chaussettes (32) — les bretelles (58) — le tablier (21) — le pantalon (23) —
la semelle de bois (9) — les boutons du gilet (5) — la veste (19)

la harpe (1) — les cymbales (13) — la flûte (22) — le piano (31) —
un disque (60) — un violon (57) — le clairon (29) — la guitare (44) —
la clochette (41) — le tambour (26) — la baguette du chef d'orchestre (36) —
la chanteuse (48) — la trompette (35) — le saxophone (6) — le pupitre (39) —
l'électrophone (2) — l'accordéon (43) — la grosse caisse (55) —
le chef d'orchestre (56) — le cahier de musique (46) — le cor de chasse (27)

A1 Concours 2

le coq (CB) — le boa (BA) — le lapin (ABC) — la souris (ABD) — le kangourou (AFA) — le crocodile (BB) — le bélier (ACA) — le loup (ADC) — le bœuf (ACD) — le cerf (ACB) — l'autruche (CA) — le sanglier (ACH) — la vipère (BD) — la baleine (AEA) — la tortue (BC) — le phoque (AEB) — la girafe (ACF) — le paon (CD) — le perroquet (CE) — le rhinocéros (ACG) — le tigre (ADF) — le renard (ADE) — le chat (ADA) — le castor (ABA) — l'écureuil (ABB) — le lion (ADB) — le pigeon (CF) — le cygne (CC)

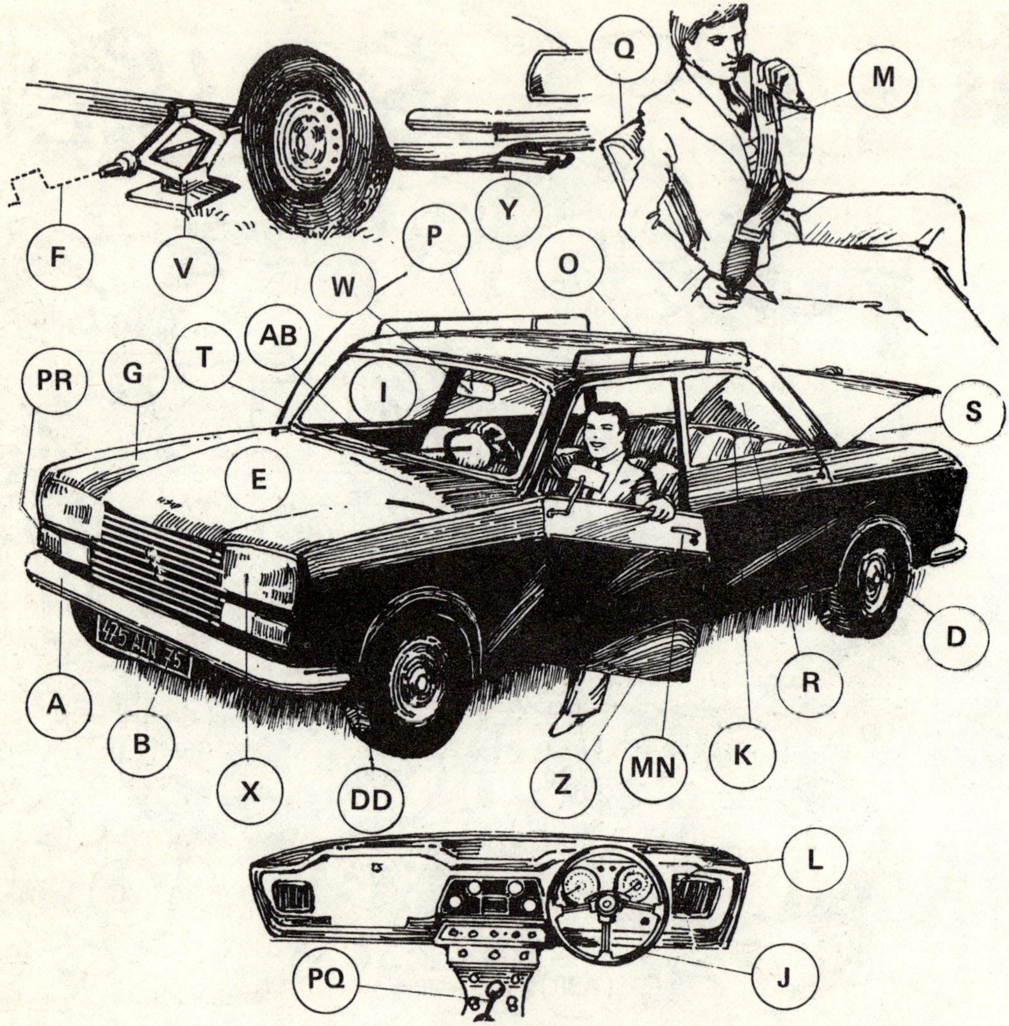

la manivelle (F) — la roue (D) — le capot (E) — la portière (Z) — le cric (V) — le pneu (DD) — la galerie (P) — le volant (J) — le siège (Q) — la poignée (NN) — le coffre (S) — le phare (C) — le rétroviseur (H) — la ceinture de sécurité (M) — le toit (O) — l'aile (G) — le pare-brise (I) — le changement de vitesse (PQ) — le pare-chocs (A) — la lunette arrière (R) — la plaque d'immatriculation (B) — le pot d'échappement (U) — le clignotant (PR) — l'antenne de radio (T) — la banquette arrière (K) — l'essuie-glace (AB) — le tableau de bord (L)

un volet de bois (◰) — une vitre de la porte-fenêtre (D) — le balcon (◲) —
le mur de pierre (●) — le soupirail de la cave (▼) — la porte d'entrée (◱) —
le pignon de la maison (◐) — la façade du bâtiment (◑) — le perron (◓) —
le loquet de la porte (◖) — le paratonnerre (◠) — l'avant-toit ◨ —
la rampe de l'escalier (◳) — la fenêtre du 1er étage (▣) — la cheminée (◬) —
l'antenne de télévision (◡) — la toiture de chaume (◗) — les marches (◒) —
une fenêtre mansardée (◘) — la charpente apparente (◪) —
les tuiles du toit (▲)

A2 Réussite 1

LES JUMEAUX

Tu cherches, le plus vite possible, dans chaque ligne le frère jumeau du premier mot, et tu le soulignes. S'il a été oublié, tu entoures le n° de la ligne correspondante. Le premier est donné en exemple.

		a	b	c
→ 1	demain	demande	demeure	demain
→ 2	toujours	bonjour	toujours	abat-jour
→ (3)	autrefois	toutefois	maladroit	autrement

		a	b	c
1	rien	rein	rien	rire
2	alors	allez	dehors	alors
3	ainsi	ainsi	aimer	assis
4	enfin	afin	jardin	enfin
5	jamais	jambe	jouet	jaune
6	dessous	dessiner	dessous	dessus
7	pourtant	pourquoi	cependant	pourtant
8	ensuite	minuit	ensuite	ainsi
9	beaucoup	tout-à-coup	beaucoup	temps
10	aussitôt	tantôt	bientôt	automne
11	cependant	longtemps	cependant	pourtant
12	maintenant	maintenant	maladroit	maintenir
13	guère	guérir	guère	guerre
14	assez	zéro	nez	assez
15	après	exprès	prêt	apprenti
16	autant	attendre	auteur	autant
17	dehors	dedans	dehors	d'abord
18	dessus	bossu	déçu	dessus
19	bientôt	blanche	bientôt	tantôt
20	lorsque	longtemps	lorsque	large
21	pourquoi	parfois	printemps	bourgeois

		(a)	(b)	(c)	(d)
→ 1	**bas**	las	bon	bas	beau
2	**mou**	noir	mes	mou	mon
3	**gris**	gros	gras	grand	gris
4	**deux**	dur	deux	lent	divers
5	**court**	cent	cet	couvert	court
6	**blond**	lourd	bleu	blanc	blessé
7	**brave**	brun	brumeux	lisse	brave
8	**jaune**	jaune	jeune	grave	joyeux
9	**double**	douze	divers	double	lourd
10	**énorme**	nécessaire	énorme	nouveau	marin
11	**étroit**	entier	étourdi	désert	étranger
12	**mignon**	moyen	mignon	inquiet	courageux
13	**savant**	souriant	sombre	secret	second
14	**violet**	violent	visible	votre	violet
15	**inquiet**	irrégulier	impatient	inquiet	moyen
16	**sauvage**	vague	sauvage	sage	simple
17	**profond**	profond	propre	parfait	prudent
18	**certain**	solide	incolore	certain	ordinaire
19	**soixante**	sombre	sale	soixante	vaste
20	**matinal**	nombreux	modeste	multicolore	matinal
21	**immense**	immobile	incertain	intérieur	immédiat
22	**régulier**	incroyable	gentil	irrégulier	inquiet
23	**difficile**	brûlant	facile	différent	difficile
24	**admirable**	attentif	affectueux	admirable	double
25	**affectueux**	affectueux	affreux	fatigant	élastique
26	**malheureux**	mécontent	magnifique	nombreux	malheureux
27	**nécessaire**	nouveau	mauvais	mécontent	nécessaire
28	**imperméable**	important	impatient	imperméable	indispensable
29	**désobéissant**	désagréable	favorable	différent	obéissant
30	**indispensable**	impardonnable	indispensable	imperméable	intelligent

corrigé p. 39

A2 Réussite 2

Tu cherches, le plus vite possible, dans chaque ligne le frère jumeau du premier mot, et tu le soulignes. S'il a été oublié, tu entoures le n° de la ligne correspondante. Le premier est donné en exemple.

			(a)	(b)	(c)
→	1	malin	matin	<u>malin</u>	lapin
→	2	chaud	beau	seau	<u>chaud</u>
→	(3)	marmite	marteau	marmotte	marmiton

		a	b	c
1	**râteau**	rosier	râteau	cadeau
2	**marché**	cachet	brasser	armée
3	**mouche**	couche	bouche	mouche
4	**soupe**	pouce	loupe	soupe
5	**malheur**	mauvais	malgré	malheur
6	**feu**	jeu	deux	fou
7	**lapin**	latin	lapin	sapin
8	**galère**	gerbe	galère	palette
9	**marchand**	manche	mouche	marche
10	**carnaval**	cavalier	carnaval	navet
11	**montagne**	campagne	monceau	montagne
12	**agréablement**	généralement	agréablement	appartement
13	**fer**	mer	fer	cher
14	**dire**	mirer	cire	dire
15	**sept**	sel	seul	sept
16	**huit**	bruit	lui	fuir
17	**seul**	meule	seul	heure
18	**marbre**	crâne	barbe	marbre
19	**oreille**	toilette	oreille	groseille
20	**touche**	mouche	touche	bouche
21	**adresse**	adresse	adroit	adieu

		a	b	c	d
→ 1	**ciel**	miel	ciel	lier	clé
2	**ras**	tas	bas	ras	pas
3	**mon**	bon	son	ton	mon
4	**cour**	sourd	lourd	cour	four
5	**mur**	dur	sur	pur	mer
6	**loup**	poule	col	loup	soupe
7	**cinq**	vingt	cire	cinq	vin
8	**four**	cour	fer	four	soir
9	**salaire**	saluer	samedi	salaire	sandale
10	**habit**	heure	hiver	baril	bâtir
11	**carte**	verte	tard	carte	carpe
12	**brute**	lutte	butte	brute	bête
13	**mais**	marie	maître	mais	marié
14	**sérieuse**	peureuse	sérieuse	heureux	souris
15	**demain**	douzaine	besoin	demain	chemin
16	**chaton**	chaton	bâton	carton	château
17	**curieux**	carnet	curieux	cuivre	cuire
18	**rabot**	brave	botte	pavot	bruit
19	**méchant**	marchand	mouchoir	méchant	mèche
20	**chameau**	château	râteau	chameau	charme
21	**tisane**	tisane	santé	satin	tartine
22	**voiture**	toiture	montre	voiture	volet
23	**suprême**	inférieur	soupière	superbe	soupirer
24	**solitaire**	soulever	soulier	solitaire	saluer
25	**charpentier**	calendrier	charcutier	chapelle	charpentier
26	**victoire**	valise	valeur	victoire	volontaire
27	**lamentable**	lentement	lavage	aliment	semblable
28	**muraille**	bataille	muraille	taille	maille
29	**former**	fermer	borner	former	fournir
30	**chaussure**	chaumière	chaussure	changer	chanson

corrigé p. 45

A2 Tournoi 1

Repérez et entourez le plus vite possible dans chaque ligne le mot qui nomme le dessin. Attention, parfois aucun des trois mots ne convient, entourez alors le numéro de la ligne correspondante.

		a	b	c
1		bal	bulle	bol
2		tige	tigre	tuyau
3		sapin	surprise	signe
4		absence	accent	argent
5		crocodile	crépuscule	minuscule
6		face	faux	farce
7		violon	vallée	vélo
8		brouillard	bouteille	boulevard
9		champignon	compagnie	concierge
10		coup	coq	cep
11	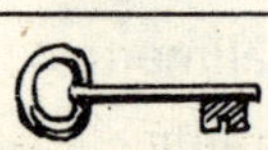	truite	trottoir	tête
12	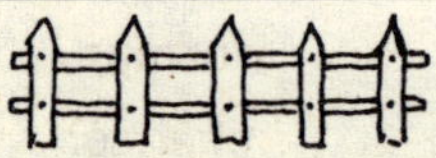	barre	barrière	derrière

13		coiffeur	souffrir	coiffure
14		difficulté	différent	fillette
15		riez	gaz	nez
16		bosse	brosse	hotte
17		semaine	service	soirée
18		fauteuil	fourchette	friandise
19		sud	sot	sauter
20	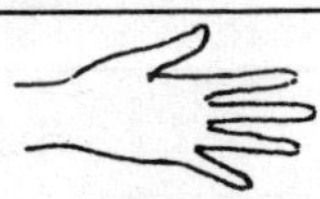	jeudi	juillet	jambe
21		gâteau	gelée	gardien
22		français	fraisier	françois
23		papillon	parapluie	peuplier
24		nid	nuit	note
25		odeur	ordre	œil
26		ombre	mille	oreille
27		orage	orange	orge

corrigé p. 71

A2 Tournoi 2

Repérez et entourez le plus vite possible dans chaque ligne le mot qui nomme le dessin. Attention, parfois aucun des trois mots ne convient, entourez alors le numéro de la ligne correspondante.

		a	b	c
1		foule	feuille	ferme
2		fourchette	mouche	coude
3		fée	dé	nez
4		boule	tonneau	marteau
5		coussin	ourson	poussin
6		fente	menthe	tente
7		lame	planche	flacon
8		valet	valise	salive
9		poule	jolie	soupe
10		bougie	boule	moule
11		escalier	cahier	escargot
12		bouton	bourgeon	breton
13		marmite	marmotte	matin
14		soupe	loupe	coupe
15		lettre	mettre	entrée

16 	chaud	achat	chat
17 	champagne	poulet	chapeau
18 	surprise	cerises	église
19 	nuage	arbre	sabre
20 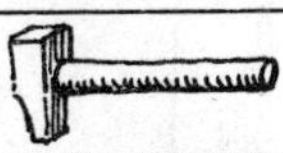	marteau	radeau	couteau
21 	poivre	livre	suivre
22 	barque	marque	baquet
23 	manche	pouce	marche
24 	étage	bague	figure
25 	sac	cœur	pain
26 	gomme	somme	moins
27 	sommeil	réveil	veille
28 	marché	tarte	poubelle
29 	chapeau	bateau	sabot
30 	bande	ballon	sable

corrigé p. 71

A2 Concours 1

A

☐ **1** une maison de campagne
☐ **2** une maison de retraite
☐ **3** une maison forestière
☐ **4** une maison de fous
☐ **5** une maison de tissus

B

☐ **1** fermer la porte
☐ **2** forcer la porte
☐ **3** gagner la porte
☐ **4** mettre à la porte
☐ **5** faire du porte à porte

C

☐ **1** l'armée de terre
☐ **2** transport par terre
☐ **3** un lopin de terre
☐ **4** terre à terre
☐ **5** la planète terre

D

☐ **1** une table de travail
☐ **2** une table des matières
☐ **3** la table de multiplication
☐ **4** la table de nuit
☐ **5** la table de cuisine

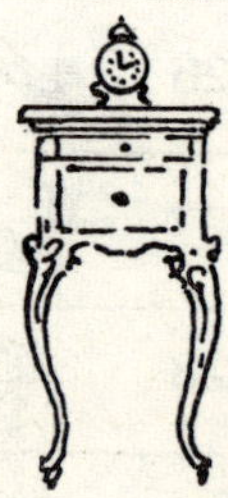

E

☐ **1** un jardin botanique
☐ **2** un jardin potager
☐ **3** un jardin japonais
☐ **4** un jardin zoologique
☐ **5** un jardin public

F
- ☐ 1 un tête-à-queue
- ☐ 2 une tête de mort
- ☐ 3 une tête d'ail
- ☐ 4 une tête d'épingle
- ☐ 5 la tête du train

G
- ☐ 1 un livre d'école
- ☐ 2 un livre d'images
- ☐ 3 une livre de beurre
- ☐ 4 un livre de comptes
- ☐ 5 à livre ouvert

H

- ☐ 1 un feu de Bengale
- ☐ 2 un feu de forêt
- ☐ 3 un feu de camp
- ☐ 4 un feu de cheminée
- ☐ 5 un feu rouge

I
- ☐ 1 un homme-grenouille
- ☐ 2 un homme d'affaire
- ☐ 3 un homme de lettres
- ☐ 4 un homme de loi
- ☐ 5 un homme des cavernes

J
- ☐ 1 une route nationale
- ☐ 2 une chanson de route
- ☐ 3 une route aérienne
- ☐ 4 un carnet de route
- ☐ 5 un croisement de routes

suite →

K ☐ 1 le lever du soleil
☐ 2 un bien au soleil
☐ 3 le roi-soleil
☐ 4 un bain de soleil
☐ 5 un coucher de soleil

L
☐ 1 une bonne femme
☐ 2 une femme de lettres
☐ 3 une femme de ménage
☐ 4 une femme du monde
☐ 5 une femme d'intérieur

M

☐ 1 un rond de serviette
☐ 2 une table ronde
☐ 3 une table de bois
☐ 4 un visage rond
☐ 5 un chiffre rond

N
☐ 1 un sac à main
☐ 2 un sac de riz
☐ 3 un sac de couchage
☐ 4 une ville mise à sac
☐ 5 un sac à provisions

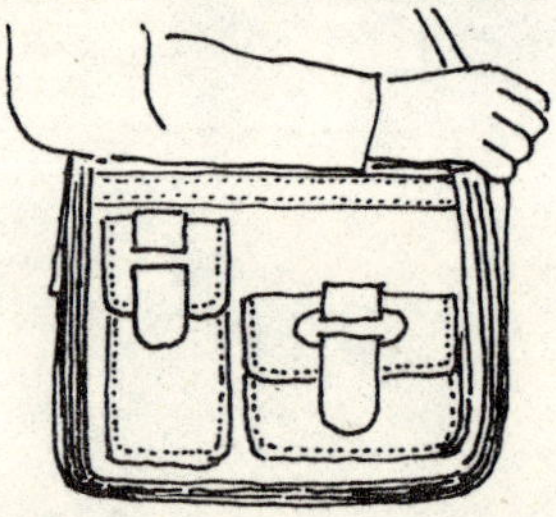

O ☐ 1 battre un enfant
☐ 2 battre le blé
☐ 3 battre un tapis
☐ 4 battre des mains
☐ 5 battre la campagne

A2 Concours 2

A

☐ **1** un filet d'eau
☐ **2** un filet de voix
☐ **3** un filet de bœuf
☐ **4** un beau coup de filet
☐ **5** un filet de pêche

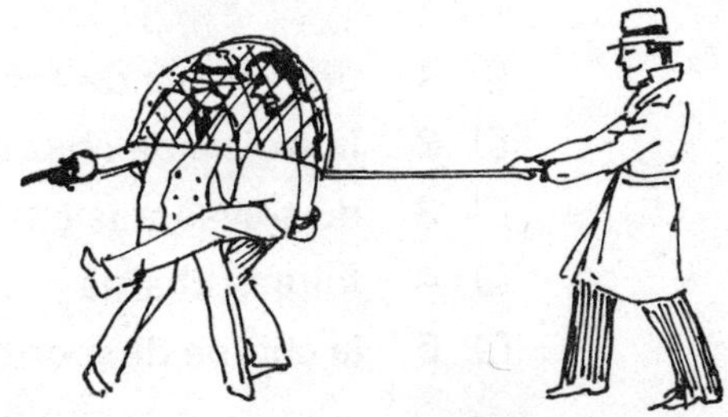

B

☐ **1** un tuyau de plomb
☐ **2** un soldat de plomb
☐ **3** un soleil de plomb
☐ **4** un sommeil de plomb
☐ **5** du plomb dans l'aile

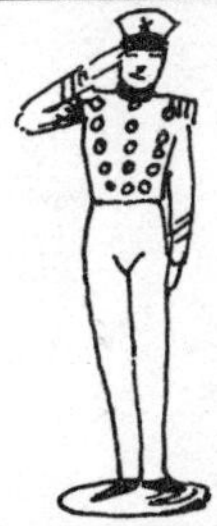

C

☐ **1** un coup de marteau
☐ **2** un coup de téléphone
☐ **3** un coup de poing
☐ **4** un coup de tonnerre
☐ **5** un coup de ciseaux

D

☐ **1** les 3 rois-mages
☐ **2** le roi de trèfle
☐ **3** le roi des animaux
☐ **4** la galette des rois
☐ **5** les rois de France

E

☐ **1** mine de rien !
☐ **2** une mine de fer
☐ **3** une mine de crayon
☐ **4** un champ de mines
☐ **5** une mine réjouie

suite →

F

☐ 1 une chaîne de fer
☐ 2 la troisième chaîne
☐ 3 du travail à la chaîne
☐ 4 faire la chaîne
☐ 5 la chaîne de montagne

G

☐ 1 un chien de garde
☐ 2 un temps de chien
☐ 3 un caractère de chien
☐ 4 une vie de chien
☐ 5 un chien-loup

H

☐ 1 aller à la caisse d'épargne
☐ 2 prendre sa caisse à outils
☐ 3 clouer une caisse
☐ 4 passer à la caisse
☐ 5 jouer de la grosse caisse

I

☐ 1 la mer de glace
☐ 2 une glace incassable
☐ 3 un cube de glace
☐ 4 un visage de glace
☐ 5 une glace à la vanille

J

☐ 1 la boîte aux lettres
☐ 2 la boîte crânienne
☐ 3 la boîte de vitesses
☐ 4 la boîte de dragées
☐ 5 la boîte à outils

K

☐ 1 une plaque d'immatriculation
☐ 2 une plaque de verglas
☐ 3 une plaque de cuivre
☐ 4 une plaque d'identité
☐ 5 une plaque rouge sur le visage

L

☐ 1 une croix de bois
☐ 2 le bois de lit
☐ 3 un bois de châtaignier
☐ 4 un homme des bois
☐ 5 des bois de renne

M

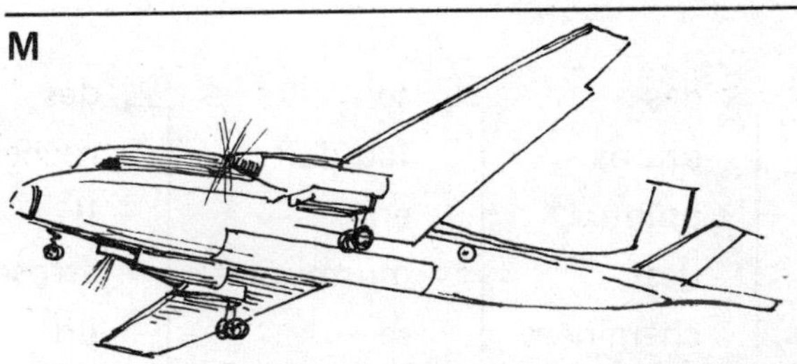

☐ 1 une aile de poulet
☐ 2 l'aile droite de l'auto
☐ 3 un battement d'aile
☐ 4 les ailes de l'avion
☐ 5 l'aile droite du château

N

☐ 1 un bouton de rose
☐ 2 un visage couvert de boutons
☐ 3 des boutons de manchette
☐ 4 des boutons de culotte
☐ 5 le bouton de la porte

O

☐ 1 les doigts de pied
☐ 2 une longueur de vingt pieds
☐ 3 les pieds de la table
☐ 4 le pied de la montagne
☐ 5 un coureur à pied

A3 Réussite 1

BAHA ET LE BISON

Lis ce texte en suivant les flèches.

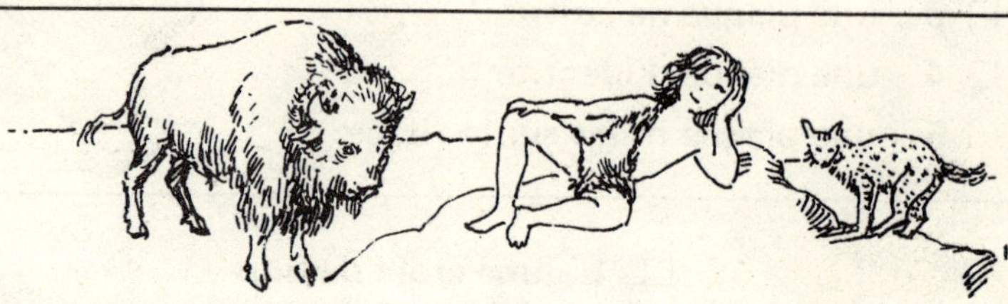

Baha est un jeune garçon des âges préhistoriques. Il vit près des bords de la Dordogne. La région, à cette époque, était couverte de forêts et de savanes où vivaient une multitude de rennes, de chevaux sauvages, de bisons ou de lions des cavernes.
Baha s'est pris d'amitié pour un lynx qui va bien le lui rendre.

Baha
traversait
une
large
vallée
désertique
inconnue
de lui.

De
hautes
parois
rocheuses,
tourmentées,
offraient
aux
regards,

des
pitons
pointus,
des
cheminées
de fées.
Un
ruisseau

se
faufilait
en
murmurant
sa
chanson
au
milieu

des
roches.
Il
arrosait
un
petit
bois
de

frênes
et de
saules,
poussant
au
centre
d'une
prairie,

oasis
surprenante
dans
cet
aride
paysage.

Le
jeune
homme
s'approcha
de
l'eau,
admira
le

fond
de
cailloux
multicolores,
se
baissa
pour
boire.

Un
vieux
bison
mâle
sortit
du
bosquet.
Apercevant →

un intrus près de son pâturage, son caractère
irascible le fit mugir, gratter la terre de ses sabots
et, tête baissée, il s'élança vers l'audacieux inconnu.
Des yeux, Baha chercha rapidement un abri. Il
vit un rocher possible à escalader, courut dans

sa direction. Le bison le suivit à une telle
allure que Baha, comprenant qu'il ne parviendrait pas
au refuge espéré, se retourna, attendit la bête
furieuse et fit un saut de côté quand
elle parvint à sa hauteur. Le grand mâle pivota

sur lui-même et revint à la charge. Cette fois,
Baha tenait sa sagaie(1) sur son propulseur(2) Le
coup partit et le fer pénétra dans le flanc
de l'animal qui revint sur ses pas indifférent
à l'arme plantée dans son côté. →

(1) sagaie : sorte de lame
(2) propulseur : appareil destiné à lancer la sagaie avec force et à grande distance

suite →

BAHA ET LE BISON (suite)

Pris de panique, le jeune garçon lança sa bola,(3)
mais, au lieu de s'enrouler aux pattes de la
bête, elle ne fit que la heurter, décuplant
ainsi sa colère. Désarmé, craignant à tout instant
d'être embroché, Baha courait, faisait des crochets brusques,

des feintes, essayant de revenir pour ramasser sa bola.
Soudain, un cri aigu qui s'acheva en un grondement
éclata : c'était le lynx ! Il sauta à la gorge
du bison, le manqua, alla bouler entre les
pattes de la brute. Baha profita de cette diversion

pour reprendre sa bola et en frapper le mufle de son
adversaire. A son tour le lynx se releva
et cette fois, d'un saut prodigieux, s'abattit sur
le dos de la bête. Fou de colère,
le bison bondissait, se secouait, espérant ainsi faire lâcher →

(3) bola : pierre fixée à l'extrémité d'une corde et destinée à entraver les pattes des animaux à capturer.

prise aux griffes puissantes qui s'enfonçaient dans son cuir épais. Le félin rampa sur le dos du bison, se rapprochant petit à petit de la gorge. Enfin, ses crocs acérés pénétrèrent dans la carotide.(4) Le sang jaillit, coulant sur les poils raides. Le taureau, mugissant de douleur, allait de côté et d'autre, remuant en tous sens sa tête pour essayer de se débarrasser de cet agresseur impitoyable. Bientôt, il ralentit sa course. Baha s'approcha prudemment, réussit à entraver les pattes arrière avec sa bola, et l'énorme bête tituba, puis s'effondra sur le sol :

— Hé ! Hi ! Ho ! Ho ! Toi et moi, lynx, nous avons vaincu le bison !

Retirant sa sagaie du flanc de l'animal, Baha, →

(4) carotide : grosse artère du cou.

suite →

BAHA ET LE BISON (suite)

sans hésitation, la lui plongea dans le cœur. La bataille était gagnée ! — Nous voilà vainqueurs, lynx ! Je vais éventrer le bison pendant que tu te gorgeras de son sang. Je te donnerai le foie, comme l'autre jour

et j'espère que tu ne te jetteras pas sur moi pour m'ouvrir le crâne ainsi que vous le faites toujours aux renards qui viennent partager votre festin. Je suis bien content d'avoir abattu cette bête. Avec son cuir, je vais pouvoir

enfin me faire des bottes et un lasso. Le lynx, sans paraître entendre Baha, continuait son repas. Ayant terminé le foie, il alla se désaltérer au ruisseau, revint lentement vers le jeune homme et se coucha devant lui en ronronnant. Baha →

avec précaution étendit la main, le félin leva la tête et se frotta aux doigts du jeune garçon. – Es-tu vraiment mon ami ? Comment me le feras-tu comprendre ? Le lynx ferma les yeux, son ronronnement augmenta.

–Tu ne parles pas, mais je devine ta pensée ; tu aimes mes caresses. Baha flatta le cou, les flancs du bel animal qui se laissait faire, s'étirant, se couchant sur le côté, tout heureux. Ses yeux, qui

avaient paru si cruels au jeune garçon lors de leur première rencontre, n'avaient plus le même regard, ils semblaient presque tendres. Toute la journée, Baha s'affaira autour du bison, →

suite →

BAHA ET LE BISON (suite)

écorchant,
taillant,
mettant
le
cuir
à
sécher.

Le
lynx
allait
et
venait
du
petit
bois

où
il
sommeillait
au
jeune
homme
en
plein

travail.
Le
soir
venu,
auprès
du
feu,
les

deux
amis
s'endormirent
côte
à
côte.
Baha,
par

son
alliance
avec
le
lynx
se
sentit
plus

fort
que
le
bison,
plus
fort
que
le

lion
géant,
plus
fort
même
que
les
hommes

des
tribus
ennemies.

CORRIGÉS

A1 Réussite 1

Gaieté (10 fois) : a 1 — a 9 — a 11 — a 23 — b 5 — b 17 — c 8 — d 1 — d 11 — d 24

Empereur (5 fois) : a 4 — a 16 — b 15 — c 19 — d 9

Gentil (3 fois) : b 9 — b 22 — c 13

A1 Réussite 2

Animaux de la ferme (15 noms) : a 2 — a 12 — a 18 — b 2 — b 8 — b 14 — b 21 — c 1 — c 9 — c 22 — d 1 — d 4 — d 7 — d 12 — d 27

Fleurs (10 noms) : a 6 — a 8 — a 25 — b 10 — b 27 — c 7 — c 25 — d 6 — d 24 — d 26

Vêtements (12 noms) : a 4 — a 7 — a 21 — b 18 — b 26 — c 2 — c 14 — c 19 — c 27 — d 2 — d 25

Choisis ci-dessous le texte qui résume le mieux l'histoire de Baha.

1er résumé :
Baha, un jeune garçon des temps préhistoriques attaque un bison furieux. Il réussit à le blesser et finira même par le tuer avec l'aide d'un lynx devenu son ami. L'un et l'autre se partageront la chair fraîche de l'animal mort et s'endormiront côte à côte.

2e résumé :
Baha, un jeune garçon des temps préhistoriques est attaqué par un bison furieux. Il réussit à le blesser mais ne devra finalement la vie sauve qu'à l'arrivée d'un lynx qui égorgera l'animal. Baha achèvera le bison d'un coup de sagaie et partagera sa chair fraîche avec le lynx qui deviendra peu à peu son ami.

3e résumé :
Baha un jeune garçon des temps préhistoriques est poursuivi par un bison furieux. Il se sauve devant la bête qui sera finalement attaquée et égorgée par un lynx. Baha assistera effrayé au combat entre les 2 fauves. Après la mort du bison, l'enfant partagera le foie de l'animal avec le lynx qui restera finalement avec le garçon.

corrigé p. 46

CORRIGÉ

A2 Réussite 1

Page 18 : 1 : b — 2 : c — 3 : a — 4 : c — (5) — 6 : b — 7 : c — 8 : b — 9 : b — (10) — 11 : b — 12 : a — 13 : b — 14 : c — (15) — 16 : c — 17 : b — (18) : c — 19 : b — 20 : b — (21)

Page 19 : 1 : c — 2 : c — 3 : d — 4 : b — 5 : d — (6) — 7 : d — 8 : a — 9 : c — 10 : b — (11) — 12 : b — (13) — 14 : d — 15 : c — 16 : b — 17 : a — 18 : c — 19 : c — 20 : d — (21) — (22) — 23 : d — 24 : c — 25 : a — 26 : d — 27 : d — 28 : c — (29) — 30 : b

A3 Réussite 2

LES SEPT FRERES DANS LE PUITS

Lis ce texte en suivant les flèches.

il y avait une fois sept Auvergnats, sept frères de la montagne, qui, au commencement de la saison morte, selon la coutume d'Auvergne, partirent pour gagner leur vie dans le monde... Ils n'étaient pas de ces malins qui ont inventé la poudre, mais la malice est pour le diable.

Et l'aîné promit à sa mère qu'à la Saint-Jean chaude, la Saint-Jean d'été, il les ramènerait tous à la maison. Les voilà donc sur les chemins, s'émerveillant de tout ce qu'ils voyaient et de près désirant tout voir : une chapelle avec sa cloche, un attelage de

chevaux blancs, un pont pointu avec son arche un écureuil qui faisait tourner le tambour de sa cage, et tout, et tout. Sur le soir, ils passèrent devant un grand puits, comme bien sûr il n'en est pas là-haut, →

où
l'eau
flue
partout
de la
roche.

Ils
vinrent
l'admirer,
se
penchèrent,
y
regardèrent
l'eau

qui
luisait
tout
au
fond,
jusqu'à
ce que
l'aîné

leur
eût
dit
de se
remettre
en
route.
Mais

dès
qu'ils
eurent
fait
trois
pas,
l'idée
leur

vint
qu'il
fallait
se
compter,
pour
s'assurer
qu'un

des
sept
n'était
pas
tombé
dans
le
puits.

L'aîné
les
fait
ranger,
les
compte.
Il
n'en

trouve
que
six.
Il
vient
se
mettre
à

côté
d'eux,
dit
au
cadet
de
sortir
du

rang
et
de les
compter
à
son
tour.

Le
cadet,
lui
aussi,
n'en
trouve
que
six ;

et
chacun
des
autres
faisant
ranger
ses
frères,

n'en
trouve
que
six,
pas
un
de
plus.

«Et,
cré
bon
sang,
nous
étions
pourtant
sept !»... →

suite →

LES SEPT FRERES DANS LE PUITS (suite)

L'aîné revint au puits, se penche : il met la main en visière sur ses yeux. N'aperçoit-il pas au fond une figure ? Et les autres, de même en se penchant. Plus de doute. Mais pas de corde, pas d'échelle, pour tirer le

frère de là ! «Eh bien, nous allons faire la chaîne. Je m'accroche à la barre, toi, accroche-toi à mes chevilles. Comme ça, tant que nous serons !» Mais ça pèse, six Auvergnats ! Le septième, descendant d'épaule en épaule, s'accrochait à peine au

plus bas, que l'aîné, par là-haut, un garçon fort comme un bœuf pourtant, sentit les mains lui peler et échapper la barre. «Escapi ! cria-t-il, – je l'échappe...» Aussitôt le cadet : «Escapi-y ! Crache dedans, crache dans tes mains !» Bon conseil, si bon →

que l'autre le suit vite. Et dans l'instant, les voilà tous les sept au fond... S'ils se noyèrent ? Que non pas ! Il y avait juste assez d'eau pour les recevoir, arrivant les uns sur les autres. Quel pêle-mêle seulement !

Ils n'arrivaient plus à s'en démêler, à tirer du monceau leurs bras, leurs jambes, chacun ne savait plus ce qui était à lui... Alors l'aîné a eu l'idée qu'il fallait avoir, – c'était lui, d'ordinaire qui les avait pour tous.

Comme il était par-dessus le tas, il a débouclé sa ceinture, et de toutes ses forces, il a tapé dessus. «Oh ! yo yo, ma jambe ! – Oh ! yo yo, ma main ! – Oh ! yo yo, ma tête !» La ceinture était de bon →

suite →

LES SEPT FRERES DANS LE PUITS (suite)

cuir épais d'un demi-pouce et bien claquant. Grâce
à elle, chacun a reconnu ses membres, et
a retiré du tas son bras ou ses
oreilles. L'eau, la vase et les sept Auvergnats
cela faisait un beau mélange. Ils se sont

dégagés, ils se sont mis debout. A ce
moment, la lune s'est levée. Ils ont vu
qu'on avait laissé des trous entre les pierres
pour remonter du puits en y plaçant les
pieds, en s'accrochant des mains. De trou en

trou, l'un après l'autre, ils sont tous remontés
là-haut sur la prairie. Ils se sont secoués
comme des chiens mouillés, et ils ont secoué
leurs chapeaux pour en faire partir l'eau. En
voyant ces chapeaux qui séchaient sur le pré, →

l'idée
est
venue
à
l'aîné
de
les
compter :

ils
en
ont
trouvé
sept.
Alors,
ils
ont

su
qu'ils
y
étaient
tous.

Et
ils
sont
repartis
au
blanc
de la
lune,

plus
contents
que
jamais
d'être
tous
les
sept

frères,
et
plus
sûrs
aussi
que
jamais
de

passer
à
travers
tous
les
hasards
du
monde.

suite →

CORRIGÉ

A2 Réussite 2

Page 20 : 1 : b — (2) — 3 : c — 4 : c — 5 : c — (6) — 7 : b — 8 : b — (9) — 10 : b — 11 : c — 12 : b — 13 : b — 14 : c — 15 : c — (16) — 17 : b — 18 : c — 19 : b — 20 : b — 21 , a

Page 21 : 1 : b — 2 : c — 3 : d — 4 : c — (5) — 6 : c — 7 : c — 8 : c — 9 : c — (10) — 11 : c — 12 : c — 13 : c — 14 : b — 15 : c — 16 : a — 17 : b — (18) — 19 : c — 20 : c — 21 : a — 22 : c — (23) — 24 : c — 25 : d — 26 : c — (27) — 28 : b — 29 : c — 30 : b

LES SEPT FRERES DANS LE PUITS (suite)

**On aurait pu trouver d'autres titres à cette histoire cocasse.
En voici une liste : lis-la une première fois en entier,
puis recommence en entourant cette fois le numéro
des 7 titres qui conviendraient le mieux à l'histoire des 7 frères.**

1 7 marins d'eau douce
2 7 bandits de grand chemin
3 7 pêcheurs perdus
4 7 gros balourds
5 7 frères ennemis
6 7 camarades à l'aventure
7 7 gros benêts d'auvergnats
8 7 copains à la fête
9 7 nigauds réunis
10 7 dangereux bandits
11 7 gars plein d'idées
12 7 frères stupides
13 7 enfants qui s'amusent
14 7 montagnards à Paris
15 7 jeunes gens perdus dans la nuit
16 7 grands dadais
17 7 sots venus de la montagne
18 7 cultivateurs au champ
19 7 canailles à enfermer
20 7 dangereux individus
21 7 aventuriers trop bruyants

corrigé p. 53

CORRIGÉ

A3 Réussite 1
Résumé n° 2

A3 Tournoi 1

Lisez ce texte en suivant les flèches.

L'ONCLE PODGER

Quand mon oncle Podger
entreprenait de faire
un petit arrangement,
c'était du haut en bas
de la maison
une révolution
comme personne
n'en a jamais vue de sa vie.
Un tableau venait d'arriver
de chez l'encadreur,
et se trouvait dans la salle à manger
en attendant d'être posé.
Tante Podger demandait
ce qu'il fallait en faire,
et l'oncle Podger répondait :
– Oh ! Remettez-vous-en à moi.
Que personne ne s'en occupe.
Je me charge de tout.
Et puis il retirait sa redingote
et se mettait à la besogne.
Il envoyait la bonne
chercher six pence de clous,
et puis faisait courir après elle
un des garçons pour lui dire
de quelle taille les clous ;
et de proche en proche,
il mettait tout le monde sur pied
et la maison en branle-bas.

– Allons, Will, cherchez-moi
un marteau, criait-il ;
et vous Tom,
apportez-moi la règle ;
Et j'aurai besoin de l'escabeau
pour monter dessus ;
et après tout, non,
mieux vaut me donner
une chaise de cuisine ;
Jim ! Vous allez courir
chez Mr Goggles,
et lui direz que :
papa le salue bien,
il espère que sa jambe va mieux ;
et il le prie
de vouloir bien lui prêter
son niveau d'eau...
Maria ! Ne vous en allez pas
car j'ai besoin de quelqu'un
pour me tenir la lumière,
et quand la bonne sera rentrée
elle retournera aussitôt chercher
un bout de cordelière à tableaux ;
Tom ! – où est Tom ?
Tom, venez ici ;
j'ai besoin de vous :
vous me tendrez le tableau.
Et alors il soulevait le tableau,

suite →

L'ONCLE PODGER (suite)

et le laissait choir
et le tableau s'échappait du cadre,
et en essayant
de sauver la glace,
il se coupait ;
et alors il bondissait
à travers la pièce,
cherchant son mouchoir.
Il ne trouvait pas son mouchoir
pour la bonne raison
que son mouchoir était
dans la poche de la redingote
qu'il venait d'ôter,
et qu'il ne savait plus
où il avait posé la redingote,
et toute la maison
devait abandonner
la recherche de ses outils
pour se mettre à celle de la redingote ;
et cependant il se trémoussait
et les harcelait à la ronde !
— N'y-a-t-il donc personne
dans toute la maison
qui sache où est ma redingote ?
De ma vie je n'ai vu pareils empotés !
— Non, ma parole !
Vous voilà six !
— et vous êtes incapables
de trouver une redingote
que j'ai ôtée
il n'y a pas cinq minutes !

Alors il se levait
et découvrait
qu'il était assis dessus, et il s'écriait
— Oh ! Ne vous donnez plus la peine.
Je viens de la trouver tout seul.
Autant vaudrait demander
au chat de trouver quelque chose
que de s'attendre à ce que
vous autres le trouviez.
Et quand on avait passé une demi-heure
à lui panser le doigt,
et qu'on avait acheté
une nouvelle glace
et que les outils et l'échelle
et la chaise et la chandelle
étaient prêts,
c'était une nouvelle alerte,
toute la maisonnée,
y compris la femme de ménage,
se rangeait en demi-cercle,
prête à l'aider.
Il fallait se mettre à deux
pour tenir la chaise
et un troisième l'aidait
à monter dessus, et l'y maintenait
et un quatrième
lui avançait un clou
et un cinquième
lui tendait le marteau
et il prenait le clou
et le laissait tomber.

— Bon ! disait-il d'un air furieux,
voilà le clou perdu.
Le clou se retrouvait enfin,
mais cette fois
c'était le marteau qu'on avait perdu.
— Où est le marteau ?
Qu'ai-je fait du marteau ?
Bon Dieu !
Vous voilà sept
à bayer aux corneilles
autour de moi,
et vous ne savez pas
ce que j'ai fait du marteau !
On lui retrouvait son marteau,
mais alors il n'arrivait plus
à retrouver la marque
qu'il avait faite sur le mur
pour savoir où enfoncer le clou,
et nous montions
l'un après l'autre
sur la chaise, à côté de lui,
pour tâcher de la découvrir ;
et nous l'apercevions chacun
à une place différente,
et il nous traitait tous d'imbéciles,
l'un après l'autre,
et nous faisait descendre.
Et il prenait la règle,
et remesurait, et constatait
qu'il fallait la moitié
de 31 pouces et trois huitièmes
à partir du coin,
et il tentait
de faire le calcul mentalement,
et il perdait la tête.
Et nous essayions tous
de faire le calcul mentalement,
et arrivions tous
à des résultats différents.
L'oncle Podger était obligé
de mesurer à nouveau.
Il se servait d'un bout de ficelle,
cette fois,
et en s'efforçant
d'atteindre un point
situé trois pouces
au-delà de sa portée maxima,
la ficelle glissait,
et il s'étalait sur le piano,
d'où résultait
un bien joli effet musical,
grâce à la soudaineté avec laquelle
son crâne et son corps frappaient
toutes les touches à la fois.
Et tante Maria disait
qu'un tel langage
en présence des enfants
était inadmissible.
Enfin, l'oncle Podger
avait de nouveau déterminé
l'endroit,
et posait la pointe du clou dessus

suite →

L'ONCLE PODGER (suite)

à l'aide de la main gauche,
et saisissait le marteau
de la main droite.
Et, du premier coup,
il s'écrasait le pouce,
et laissait tomber le marteau,
avec un hurlement,
sur les orteils de quelqu'un.
Tante Maria faisait remarquer
avec douceur que,
la prochaine fois que l'oncle Podger
aurait à planter un clou,
elle espérait
qu'il le lui ferait savoir à temps,
et elle prendrait ses dispositions
pour aller passer une huitaine
chez sa mère
en attendant qu'il eût fini.
— Oh ! Vous les femmes,
vous en faites toujours,
des chichis, pour rien !
répliquait l'oncle Podger
en se relevant.
Si moi, j'aime m'occuper
un peu de la sorte...
Et alors il s'y reprenait à nouveau,
et, au deuxième coup,
le clou tout entier
passait outre le plâtre,
avec la moitié du marteau,
et l'oncle Podger
se trouvait projeté contre le mur
avec une force quasi suffisante
à lui aplatir le nez.
Alors, il nous fallait
retrouver la règle et la ficelle,
et on faisait un nouveau trou ;
et vers minuit,
le tableau était posé,
tout de guingois et instable,
tandis que tout alentour,
sur plusieurs yards carrés,
le mur semblait avoir été
passé au râteau,
et que chacun était mortellement
éreinté et malheureux,
à l'exception de l'oncle Podger.
— Eh bien, voilà ! prononçait-il
en descendant pesamment
de la chaise
en plein sur les doigts de pied
de la femme de ménage
et contemplant
avec une fierté non dissimulée
le dégât qu'il avait commis.
Il y a, ma foi, des gens
qui feraient venir un ouvrier
pour un petit ouvrage comme ça !

Questionnaire

A **Parmi tous ces personnages cochez ceux qui sont cités dans l'histoire de l'oncle Podger.**

☐ 1 le cultivateur	☐ 11 Will	☐ 21 Ted
☐ 2 Henry	☐ 12 Mr Hackett	☐ 22 la couturière
☐ 3 l'encadreur	☐ 13 Grand-père Podger	☐ 23 Jim
☐ 4 Mr Dolley	☐ 14 Gary	☐ 24 Bob Wilber
☐ 5 Franck	☐ 15 Oncle Podger	☐ 25 Eddie
☐ 6 le facteur	☐ 16 le quincaillier	☐ 26 la bonne
☐ 7 le menuisier	☐ 17 le pharmacien	☐ 27 David
☐ 8 John Bax	☐ 18 Mr Goggles	☐ 28 Tante Podger
☐ 9 le peintre	☐ 19 Anthony	☐ 29 Jules
☐ 10 Maria	☐ 20 Tom	☐ 30 le domestique

B **Lequel de ces 3 personnages est l'oncle Podger de l'histoire ?**
Entourez le numéro qui convient.

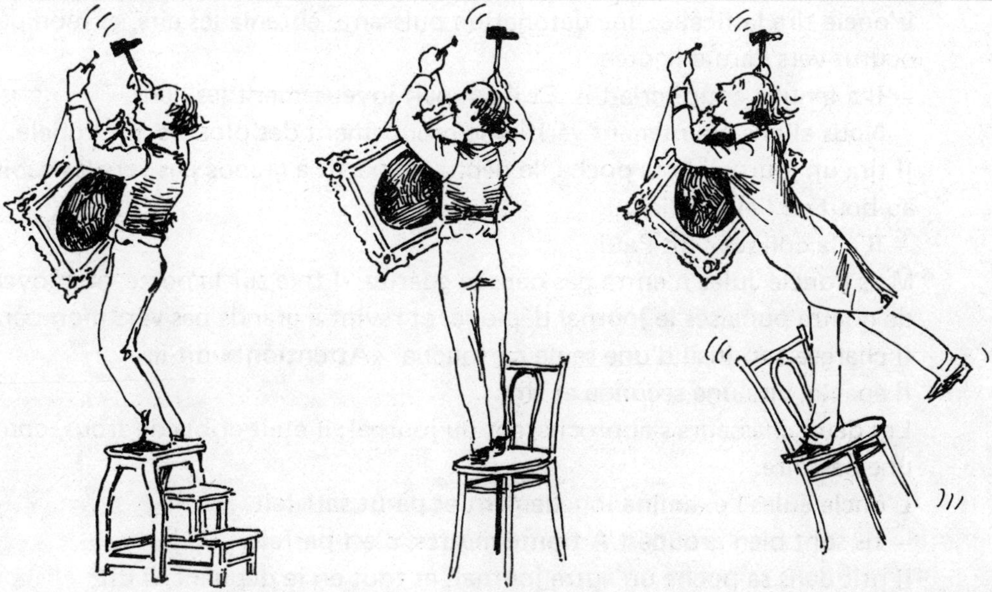

1 2 3

corrigé p. 71

A3 Tournoi 2

Vous avez lu l'histoire de l'oncle Podger.
Dans chacun des trois textes qui suivent, il est aussi question d'un oncle.
Lisez-les et trouvez lequel des trois oncles ressemble le plus à l'oncle Podger.

1. LES DANGEREUSES EXPÉRIENCES DE L'ONCLE JULES

Vers les trois heures, mon père nous appela.
— Venez ici! cria-t-il. Et restez derrière nous! Nous allons essayer les fusils!
L'oncle Jules avait solidement attaché l'arquebuse à deux grosses branches parallèles, et déroulait une longue ficelle dont une extrémité commandait la gâchette. A dix pas du fusil, il s'arrêta.
Ma mère et ma tante, accourues, nous forcèrent à reculer encore plus loin.
— Attention! dit l'oncle. J'ai mis triple charge, et je vais tirer les deux coups à la fois. Si le fusil explose, les éclats pourraient siffler à nos oreilles!
Toute la famille se mit à l'abri derrière des troncs d'olivier, et chacun risquait un oeil.
Seuls, les hommes restèrent à découvert, héroïques.
L'oncle tira la ficelle: une détonation puissante ébranla les airs, et mon père courut vers l'arme ligotée.
— Il a tenu le coup! cria-t-il. Et il coupait joyeusement les liens.
— Nous allons maintenant vérifier le groupement des plombs, dit l'oncle.
Il tira un journal de sa poche, le déplia, et partit à grands pas vers les cabinets, au bout de l'allée d'iris.
— Il a la colique? dit Paul.
Mais l'oncle Jules n'entra pas dans la guérite: il fixa sur la porte, au moyen de quatre punaises le journal déployé, et revint à grands pas vers mon père.
Il chargea son fusil d'une seule cartouche. «Attention!» dit-il.
Il épaula, visa une seconde et tira.
Les deux chasseurs s'approchèrent du journal: il était criblé de trous, comme une passoire.
L'oncle Jules l'examina longuement et parut satisfait.
— Ils sont bien groupés. A trente mètres, c'est parfait.
Il prit dans sa poche un autre journal, et tout en le dépliant, il dit:
— A vous Jospeh!

Tandis qu'il mettait la nouvelle cible en place, mon père chargea son fusil.

— Allez-y!

Mon père visa... Je tremblais qu'il ne manquât la porte: c'eût été l'humiliation définitive, et l'obligation, à mon avis, de renoncer à la chasse... La détonation fut effrayante...

Le coup avait frappé le milieu de la porte, car les plombs entouraient le journal sur les quatre côtés. Je ressentis une fierté triomphale, et j'attendais que l'oncle Jules exprimât son admiration. Il s'avança, examina la cible, se retourna et dit simplement:

— Ce n'est pas un fusil, c'est un arrosoir!... On va maintenant essayer les plombs de quatre, de cinq et de sept.

Ils tirèrent encore trois coups de fusil chacun, toujours suivis d'examens et de commentaires de l'oncle. Enfin, il s'écria:

— Pour les deux dernières, on va tirer des chevrotines. Serrez bien votre crosse, Joseph, car j'ai mis une charge et demie de poudre. Et vous mesdames, bouchez-vous les oreilles, car vous allez entendre le tonnerre!

Ils tirèrent en même temps; le fracas fut étourdissant, et la porte tressaillit violemment.

L'oncle arracha les journaux superposés, et je vis, incrustés profondément dans le bois, une vingtaine de petites billes de plomb.

— C'est du bois dur, dit-il. Elles n'ont pas traversé! Si nous avions eu des balles...

Heureusement, ils n'en avaient pas eu, car à travers la porte massacrée nous entendîmes une faible voix. Elle disait, incertaine:

— Est-ce que je peux sortir, maintenant?

C'était la bonne.

suite ⟶

CORRIGÉ

A3 Réussite 2

Les 7 titres possibles sont : 4 – 7 – 9 – 11 – 12 – 16 – 17

2. MON ONCLE DÉMÉNAGEUR

Je dois vous dire que je suis littéralement brisé... A la maison, avec Papa, on a profité des derniers beaux jours pour déménager. Alors, vraiment je suis brisé... Papa aussi est brisé... Le secrétaire de la salle à manger aussi est brisé, d'ailleurs !

Papa nous avait dit: «C'est pas la peine d'appeler les déménageurs, on peut bien faire le travail nous-mêmes».

Je ne sais pas si on a fait aussi bien que les déménageurs; ce que je sais, c'est que, maintenant, on a du bois pour allumer le four cet hiver !

La veille, Papa nous avait dit: «Mes enfants n'oubliez pas de mettre la petite aiguille du réveil sur six heures, parce que demain on déménage et il va falloir se lever de bonne heure».

Alors,dès qu'on s'est levé, le lendemain matin, quand le réveil a sonné... à neuf heures moins dix... on s'est tous mis au travail.

C'est alors que mon oncle est arrivé. C'est un grand gaillard, mon oncle, avec une barbe blonde et un pantalon de velours. Il nous a dit:

— J'arrive juste à point! Les déménagements, moi, je connais ça par coeur. Je vais vous prêter la main et ça va aller vite!»

Et ça a été vite... plus vite encore qu'on ne l'aurait pensé!

Je dois vous dire que nous habitons au quatrième étage... avec un oncle qui s'y connaissait en déménagement ça nous faisait donc des étages de moins à descendre et à monter.

Alors Papa lui a confié le beau secrétaire en acajou auquel on tient beaucoup et une belle marmite en bronze du quatorzième siècle.

Et mon oncle est parti avec tout ça dans les escaliers.

Ça a bien marché au début. Puis après, il y a eu une secousse terrible. On ne savait pas ce qui arrivait. On l'a su plus tard quand mon oncle nous l'a raconté, sur son lit, à l'hôpital.

— Je n'ai pas vu la première marche, nous a-t-il dit.

Ce n'est d'ailleurs pas le plus grave. Ce qui est ennuyeux c'est qu'il n'ait pas vu les autres marches non plus. Il nous avait dit: «Je vais aller vite!» On ne pensait quand même pas qu'il allait descendre à cette vitesse.

Lui non plus d'ailleurs. Car il a été tout surpris de se retrouver au rez-de-chaussée, la tête dans la marmite en bronze au milieu des morceaux d'acajou. A notre arrivée il nous a demandé gentiment, juste avant de s'évanouir:

— Il n'y a rien d'autre à descendre ?

— Si, lui a dit Papa, toi: on va te descendre à l'hôpital !

3. MON ONCLE BENJAMIN

Mon oncle aperçût une paysanne qui cherchait à se frayer un passage parmi la foule: il fit signe qu'on la laissât approcher.

— Je voudrais bien savoir dit-elle, si ce que dit la vieille mère Crothon est la pure vérité: elle prétend que vous faites des miracles.

— Sans doute, répondit mon oncle, quand ils ne sont pas trop difficiles.

— En ce cas, pourriez-vous guérir par miracle mon père qui est malade, depuis ce matin, d'une maladie que personne ne connaît ?

— Pourquoi pas ? dit mon oncle...

L'idée de faire un miracle enflammait l'ambition de l'oncle Benjamin.

Il suivit donc la jeune paysanne, traînant à sa suite, comme une comète, un long cortège de curieux; étant entré dans la maison, il vit sur son lit un paysan qui avait la bouche de travers et semblait vouloir manger son oreille; il demanda comment cet accident lui était survenu, si ce n'était pas à la suite d'un bâillement ou d'un éclat de rire.

— Ça lui est arrivé ce matin en déjeunant, répondit sa femme, comme il voulait casser une noix entre ses dents.

— Très bien! dit mon oncle, dont la figure s'illumina, et avez-vous appelé quelqu'un ?

— Nous avons envoyé chercher M. Arnout, qui a déclaré que c'était une attaque de paralysie.

— On ne peut mieux. Je vois que le docteur Arnout connaît la paralysie comme s'il l'avait inventée; et que vous a-t-il ordonné ?

— Cette drogue qui est là dans cette fiole.

Mon oncle ayant examiné la drogue, reconnut que c'était un vomitif et jeta la fiole par la rue. Son assurance produisit un excellent effet.

— Je vois bien, monsieur, dit la bonne femme, que vous êtes capable de faire le miracle que nous vous demandons.

— Des miracles comme celui-là, répondit Benjamin, j'en ferais cent par jour si j'en étais fourni.

Il se fit apporter une cuiller de fer et en enveloppa l'extrémité de plusieurs bandes de linge fin; il introduisit cet instrument improvisé dans la bouche du patient, souleva la mâchoire supérieure qui avait enjambé la mâchoire inférieure, et la remit en son lieu et place ; car ce malade n'avait pour

suite ⟶

toute maladie que la mâchoire détraquée, ce que mon oncle, avec son coup d'œil gris qui s'enfonçait comme un clou dans chaque chose, avait reconnu tout de suite. Le paralysé du matin déclara qu'il était complètement guéri, et il se mit à manger comme un forcené d'une soupe aux choux préparée pour le dîner de la famille.

Le bruit se répandit dans la foule, avec la rapidité de l'éclair, que le père Pintot mangeait la soupe aux choux. Et les malades d'accourir pour implorer la protection de mon oncle. La mère Pintot, toute fière de ce que le miracle avait eu lieu dans sa famille, présenta à mon oncle, pour l'aplanir, un de ses cousins qui avait l'épaule gauche comme un jambon; mais mon oncle, qui ne voulait pas compromettre sa réputation, lui répondit que tout ce qu'il pouvait c'était de faire passer la bosse de l'épaule gauche à l'épaule droite: que c'était là un miracle fort douloureux et que sur dix bossus il s'en trouvait à peine deux qui n'en fussent pas morts.

Lequel de ces trois oncles ressemble le plus à l'oncle Podger.
Cochez le numéro qui convient.

1 ☐ L'oncle Jules 2 ☐ Mon oncle déménageur 3 ☐ Mon oncle Benjamin

corrigé p. 71

A3 Concours 1

Sauriez-vous répondre à quelques-unes de ces questions ?

	a	b	c	d
1 Les îles Galapagos sont situées...	en Méditerranée ☐	dans l'océan Atlantique ☐	dans l'océan Pacifique ☐	je ne sais pas ☐
2 Ces îles sont éloignées de la côte la plus proche de	10 km ☐	100 km ☐	1000 km ☐	je ne sais pas ☐
3 Les îles Galapagos sont au nombre de	3 ☐	13 ☐	153 ☐	je ne sais pas ☐
4 Galapagos signifie en Espagnol	tortue terrestre ☐	Pays de Galles ☐	îles merveilleuses ☐	je ne sais pas ☐
5 Ces îles ont un climat	chaud comme à l'équateur ☐	doux comme en Bretagne ☐	froid comme en haute montagne ☐	je ne sais pas ☐
6 Combien de ces îles sont habitées par l'homme	aucune ☐	4 ☐	toutes ☐	je ne sais pas ☐
7 L'otarie est un animal marin qui ressemble	au brochet ☐	au phoque ☐	à la baleine ☐	je ne sais pas ☐
8 L'iguane est	une plante comestible ☐	un reptile comme le crocodile ☐	une sorte de bateau ☐	je ne sais pas ☐
9 Une tortue géante peut vivre jusqu'à l'âge de	7 à 8 ans ☐	comme l'homme de 70 à 100 ans ☐	près de 200 ans ☐	je ne sais pas ☐
10 Une tortue géante peut rester sans manger pendant	8 jours ☐	1 mois ☐	1 an ☐	je ne sais pas ☐

Vous connaitrez toutes les réponses exactes en lisant maintenant le texte de la page suivante .

VISITE AUX ILES GALAPAGOS

Mireille et Aline sont deux photographes françaises. Elles racontent leur visite aux îles Galapagos. C'est un archipel composé de 13 îles et de 40 îlots ; il est situé dans l'océan Pacifique à 1000 km des côtes d'Amérique du Sud ; 4 seulement de ces îles sont habitées.

Chargées
de nos appareils-photos
nous louons
un bateau de pêche
pour aller
d'île en île.
Nous couchons
sur le pont.
Pour boire,
nous avons
de l'eau
dans des bonbonnes
et des citrons verts.
Pour manger
il suffit
de laisser traîner
une ligne
pour accrocher
un énorme poisson.
Le premier matin
notre bateau
est accompagné
par une troupe
de dauphins.

Ils nagent
par couples
sautant
très haut,
juste au-devant
de la proue.
Manifestement
ils s'amusent
beaucoup.
Puis, tout à coup,
à 2 km de la côte,
ils nous laissent.
L'île d'Espanola
nous offre
un spectacle
extraordinaire :
sur les rochers
il y a
des centaines
d'oiseaux blancs
avec des pieds
d'un bleu vif :
on les appelle
des «Fous à pieds bleus»

Ils jouent
et se promènent
parmi
des otaries.
Lorsque
nous partons
en barque
pour accoster,
les otaries
nagent vers nous
à toute vitesse.
Un grand mâle
aboie
comme un chien.
Nous nous sentons
un peu inquiètes,
mais nous voyons vite
qu'il n'est pas
méchant.
Quant aux femelles
avec leurs petits
elles veulent
tout inspecter,
tout renifler.

Une grosse mémère
réussit même
à se hisser
dans la barque.
A terre,
quelle chaleur !
il fait 40°
à l'ombre,
mais il n'y a pas
d'ombre !
Rien que
quelques cactus.
Nous nous
approchons
des fous à pieds bleus.
Ils nous regardent
intrigués.
Leurs pattes
semblent chaussées
de palmes en caoutchouc.
Ils se laissent
photographier
sans difficultés.
Un bon bain
dans la mer
nous rafraîchit
quelque peu.
Heureusement
que les barracudas,
ces terribles
poissons carnivores,
ne sont pas
dans les parages !
Mais voici
les otaries
qui accourent.
Elles aiment jouer.
Nous nous baignons
avec elles.
Elles sentent
très mauvais,
mais elles sont
si affectueuses
avec leurs bons yeux
de chien
qu'on n'y pense plus.
Il y a aussi
les iguanes marins.
Il n'en existe
nulle part ailleurs.
Avec leurs pattes
griffues,
ils peuvent escalader
des obstacles
parfaitement lisses.
Les vagues
les rabattent
avec une force
incroyable
contre les rochers
mais ils ne sentent pas
les chocs.
Leurs corps
sont résistants
et souples.
On pense que
leur espèce
a évolué
à partir
des iguanes terrestres.
Ceux-ci, devenus
trop nombreux,
auraient obligé
une partie
de leur propre
population
à vivre
dans la mer
et à se nourrir
d'algues.
Nous avons
également
rencontré
des tortues géantes.
«Galapagos»
veut d'ailleurs dire
en espagnol :
«tortues terrestres».
A leur vue,
les premiers explorateurs
espagnols
s'enfuirent
terrorisés !

suite ⟶

VISITE AUX ILES GALAPAGOS (suite)

Plus tard,
des pirates
plus audacieux
en capturent.
Ils découvrent
en effet
que ces gros animaux
peuvent vivre
une année entière
sans se nourrir !
Ils les emportent
sur leurs bateaux
comme conserves vivantes.
Ces merveilleuses tortues
peuvent atteindre
un âge très avancé :
200 ans.
Le fameux explorateur
anglais,
le capitaine Cook,
en transporta une
en 1770
aux Iles Tonga.
Elle est morte
en 1966 !
Nous admirons
leur taille imposante,
leurs pattes énormes,
leur regard
à la fois amical
et inquiétant.
Mais vite
une dernière photo
avant de quitter
ces îles
d'un autre monde :
celle d'un fou
à pieds bleus.
Il se laisse tomber
de 15 m de haut,
s'enfonce de 2 m
sous les eaux bleues
de la mer
et reprend son vol,
un poisson au bec.

CORRIGÉS

A4 **Réussite 1**
2 – 4 – 6 – 7 – 8 – 10 – 13 – 15 – 18

A4 **Réussite 2**
1 – 3 – 6 – 7 – 9 – 11 – 13 – 14 – 16 – 18 – 20

A3 Concours 1

Pouvez-vous maintenant répondre aux questions ? (vous n'avez pas le droit de revenir au texte).

	a	b	c	d
1 Les îles Galapagos sont situées...	en Méditerranée ☐	dans l'océan Atlantique ☐	dans l'océan Pacifique ☐	je ne sais pas ☐
2 Ces îles sont éloignées de la côte la plus proche de	10 km ☐	100 km ☐	1 000 km ☐	je ne sais pas ☐
3 Les îles Galapagos sont au nombre de	3 ☐	13 ☐	153 ☐	je ne sais pas ☐
4 Galapagos signifie en Espagnol	tortue terrestre ☐	Pays de Galles ☐	îles merveilleuses ☐	je ne sais pas ☐
5 Ces îles ont un climat	chaud comme à l'équateur ☐	doux comme en Bretagne ☐	froid comme en haute montagne ☐	je ne sais pas ☐
6 Combien de ces îles sont habitées par l'homme	aucune ☐	4 ☐	toutes ☐	je ne sais pas ☐
7 L'otarie est un animal marin qui ressemble	au brochet ☐	au phoque ☐	à la baleine ☐	je ne sais pas ☐
8 L'iguane est	une plante comestible ☐	un reptile comme le crocodile ☐	une sorte de bateau ☐	je ne sais pas ☐
9 Une tortue géante peut vivre jusqu'à l'âge de	7 à 8 ans ☐	comme l'homme de 70 à 100 ans ☐	près de 200 ans ☐	je ne sais pas ☐
10 Une tortue géante peut rester sans manger pendant	8 jours ☐	1 mois ☐	1 an ☐	je ne sais pas ☐

A3 Concours 2

PETIT NICOLAS EST «DROLEMENT» MALADE !

Je me sentais
très bien
hier,
la preuve,
j'ai mangé
des tas de caramels,
de bonbons,
de gâteaux,
de frites et de glaces,
et, dans la nuit,
je me demande pourquoi,
comme ça,
j'ai été très malade.
Le docteur
est venu
ce matin.
Quand il est entré
dans ma chambre,
j'ai pleuré,
mais plus par habitude
que pour autre chose,
parce que
je le connais bien,
le docteur,
il est rudement gentil.
Et puis ça me plaît
quand il met la tête
sur ma poitrine,
parce qu'il est tout chauve
et je vois
son crâne qui brille
juste sous mon nez
et c'est amusant.
Le docteur
n'est pas resté
longtemps,
il m'a donné
une petite tape
sur la joue
et il a dit
à maman
«Mettez-le
à la diète
et surtout,
qu'il reste couché,
qu'il se repose»
Et il est parti.
Maman m'a dit
«Tu as entendu
ce qu'a dit
le docteur.
J'espère
que tu vas être
très sage
et très obéissant»
Moi,
j'ai dit à maman
qu'elle pouvait
être tranquille.
C'est vrai,
j'aime beaucoup
ma maman
et je lui obéis toujours.
Il vaut mieux,
parce que,
sinon,
ça fait des histoires.
J'ai pris un livre
et j'ai commencé à lire,
c'était chouette
avec des images
partout
et ça parlait
d'un petit ours
qui se perdait
dans la forêt
où il y avait
des chasseurs.
Moi j'aime mieux
les histoires de cow-boys,
mais tante Pulchérie,
à tous mes anniversaires,
me donne des livres
pleins de petits ours,
de petits lapins,
de petits chats,
de toutes sortes

une cuisse de poulet,
c'est bon froid,
du gâteau à la crème
et une bouteille de lait.
«Nicolas !»
j'ai entendu crier
derrière moi.
J'ai eu très peur
et j'ai tout lâché.
C'était maman
qui était entrée
dans la cuisine
et qui ne s'attendait
sans doute pas
à me trouver là.
J'ai pleuré,
à tout hasard,
parce que maman
avait l'air fâchée
comme tout.
Alors,
maman n'a rien dit,
elle m'a emmené
dans la salle de bain,
elle m'a frotté
avec l'éponge
et l'eau de Cologne
et elle m'a changé
de pyjama,
parce que,
sur celui que je portais,
le lait
et le gâteau à la crème
avaient fait
des éclaboussures.
Maman m'á mis
le pyjama rouge
à carreaux
et elle m'a envoyé
coucher en vitesse,
parce qu'il fallait
qu'elle nettoie la cuisine.
De retour dans mon lit,
je n'ai pas voulu
reprendre le livre
avec le petit ours
que tout le monde
voulait manger.
J'en avais assez
de cette espèce d'ours
qui me faisait faire
des bêtises.
Mais ça ne m'amusait pas
de rester comme ça,
sans rien faire,
alors j'ai décidé
de dessiner.
Je suis allé chercher
tout ce qu'il me fallait
dans le bureau de papa.
Je n'ai pas voulu prendre
les belles feuilles
de papier blanc
avec le nom de papa
écrit en lettres brillantes
dans le coin,
parce que
je me serais fait gronder,
j'ai préféré prendre
des papiers
où il y avait des choses
écrites d'un côté
et qui ne servaient
sûrement plus.
J'ai pris aussi
le vieux stylo de papa,
celui qui ne risque plus rien.
Vite, vite, vite,
je suis rentré
dans ma chambre
et je me suis couché.
J'ai commencé
à dessiner
des trucs formidables :
des bateaux de guerre
qui se battaient
à coups de canon
contre des avions
qui explosaient
dans le ciel,
des châteaux forts
avec des tas de monde
qui attaquaient

suite →

PETIT NICOLAS EST «DROLEMENT» MALADE (suite)

et des tas de monde
qui leur jetaient
des choses
sur la tête
pour les empêcher
d'attaquer.
Comme
je ne faisais pas de bruit
depuis un moment,
maman est venue voir
ce qui se passait.
Elle s'est mise
à crier de nouveau.
Il faut dire
que le stylo de papa
perd
un peu d'encre,
c'est pour ça
d'ailleurs
que papa
ne s'en sert plus.
C'est très pratique
pour dessiner
des explosions,
mais
je me suis mis de l'encre
partout
et aussi sur les draps
et le couvre-lit.
Maman était fâchée
et ça ne lui a pas plu
les papiers
sur lesquels je dessinais,
parce qu'il paraît
que ce qui était écrit
de l'autre côté du dessin,
c'était des choses
importantes
pour papa.
Maman m'a fait lever,
elle a changé
les draps du lit,
elle m'a emmené
dans la salle de bain,
elle m'a frotté
avec une pierre ponce,
l'éponge
et ce qui restait
au fond de la bouteille
d'eau de Cologne
et m'a mis
une vieille chemise de papa
à la place du pyjama,
parce que,
de pyjama propre,
je n'en avais plus.
Le soir,
le docteur
est venu mettre
sa tête sur ma poitrine,
je lui ai tiré la langue,
il m'a donné
une petite tape
sur la joue
et il m'a dit
que j'étais guéri
et que je pouvais
me lever.
Mais
on n'a vraiment pas
de chance
avec les maladies,
à la maison,
aujourd'hui.
Le docteur a trouvé
que maman
avait mauvaise mine
et il lui a dit
de se coucher
et de se mettre à la diète.

A4 Réussite 1

Coche les séries de mots où les quatre mots ne sont pas semblables deux à deux, comme dans le numéro 2.

1 ☐
magasin
fontaine
magasin
fontaine

2 ☒
maison
garage
maison
gorge

3 ☐
vitrine
forêt
vitrine
forêt

4 ☐
demeure
bois
domaine
bois

5 ☐
fourche
brochet
fourche
brochet

6 ☐
hache
désert
hache
dessert

7 ☐
bâtiment
haie
bâtiment
haïr

8 ☐
marteau
requin
manteau
requin

9 ☐
clou
truite
clou
truite

10 ☐
hérisson
gonfler
hanneton
gonfler

11 ☐
éponge
herbe
éponge
herbe

12 ☐
chaussure
chaussée
chaussure
chaussée

13 ☐
tête
fête
bête
fête

14 ☐
chemise
bouche
chemise
bouche

15 ☐
culotte
doigt
calotte
doigt

16 ☐
gilet
genou
gilet
genou

17 ☐
crayon
bourgeon
crayon
bourgeon

18 ☐
encre
plante
ancre
plante

19 ☐
crêpe
facteur
crêpe
facteur

20 ☐
garde
fromage
garde
fromage

corrigé p. 60

A4 Réussite 2

Coche les séries de mots où les quatre mots ne sont pas semblables deux à deux, comme dans le numéro 1.

1 ☒	2 ☐	3 ☐	4 ☐
blouse	clou	mouche	marchand
corde	boucle	foule	marche
blouse	clou	mouche	marchand
cote	bouche	moule	marche

5 ☐	6 ☐	7 ☐	8 ☐
couteau	cirque	bouche	numéro
aliment	barque	vitrine	minute
couteau	cirque	loupe	numéro
aliment	marque	vitrine	minute

9 ☐	10 ☐	11 ☐	12 ☐
boule	branche	toiture	cadeau
escargot	broche	montre	terrain
houle	branche	voiture	cadeau
escargot	broche	mouton	terrain

13 ☐	14 ☐	15 ☐	16 ☐
lunette	allonger	épicerie	caisse
fourchette	tablier	bouvreuil	brouette
lunette	allonger	épicerie	caisse
fourche	tablette	bouvreuil	chouette

17 ☐	18 ☐	19 ☐	20 ☐
animal	couler	gendarme	forger
malheureux	calmer	lumière	autobus
animal	coucher	gendarme	force
malheureux	calmer	lumière	autobus

corrigé p. 60

A4 Tournoi 1

Chaque phrase a été répétée une fois ; vérifiez que les répétitions sont exactes. S'il y a des erreurs, dessinez une croix dans le rond (ou les ronds) correspondant, comme dans l'exemple ci-dessous.

La foire commence samedi dans mon quartier.
1 ⊗ Les manèges s'installent sur la place du marché.
2 ○ La foire commence samedi dans mon village.
Les manèges s'installent sur la place du marché.

Je regarde un film de Tarzan, à la télévision, chaque vendredi soir.
3 ○ A la Saint Georges, sème ton orge.
4 ○ Je regarde un film de Tarzan, à la télévision, chaque vendredi soir.
A la Saint Georges, plante ton orge.

Mon père m'a offert un superbe vélo de course.
5 ○ Frédéric ne veut plus aller à l'école, il préfère vagabonder.
6 ○ Mon père m'a donné un superbe vélo de course.
Frédéric ne veut plus aller à l'école, il préfère vagabonder.

Si les pies perchent haut leur nid, le vent soufflera toute l'année.
7 ○ Sébastien mange de la brioche au goûter.
8 ○ Si les pies perchent haut leur nid, le vent soufflera toute l'année.
Sébastien mange de la moutarde au goûter.

Au bois voisin, il y a des violettes, de l'aubépine et de l'églantier.
9 ○ Un accident grave vient de se produire dans la grande rue.
10 ○ Au bois voisin, il y a des géraniums, de l'aubépine et de l'églantier.
Un accident grave vient de se produire dans la grande rue.

Nicolas achète des cartes postales pour son correspondant.
11 ○ Quand la pluie menace, les hirondelles volent bas.
12 ○ Nicolas achète des cartes postales pour son camarade.
Quand la pluie menace, les hirondelles volent haut.

corrigé p. 71

A4 Tournoi 2

Chaque phrase a été répétée une fois ; vérifiez que les répétitions sont exactes. S'il y a des erreurs, dessinez une croix dans le rond (ou les ronds) correspondant.

Maman nous a promis des gâteaux pour le goûter.
1 ○ Mon chapeau est un peu grand et me tombe sur les yeux.
2 ○ Maman nous a promis des gâteaux pour le dîner.
Mon chapeau est un peu grand et me tombe sur les yeux.

Vers six heures de gros nuages sont arrivés brusquement.
3 ○ Les canards barbotent dans les flaques d'eau.
4 ○ Vers six heures deux gros nuages sont arrivés brusquement.
Les canards barbotent dans les flaques d'eau.

Cécile a soufflé toutes ses bougies d'un seul coup.
5 ○ Un vieux monsieur ramasse les feuilles sèches dans le jardin.
6 ○ Cécile a soufflé toutes ses bougies d'un seul coup.
Un vieux monsieur ramasse les feuilles sèches dans le jardin.

Patrick, blessé dimanche matin, est sorti hier soir du gouffre.
7 ○ Qu'elle est imposante cette vieille forêt avec ses pins majestueux!
8 ○ Patrick, blessé dimanche soir, est sorti hier matin du gouffre.
Qu'elle est imposante cette vieille forêt avec ses sapins majestueux!

Il faut être prudent dans la cueillette des champignons.
9 ○ A chaque saison, un ver de terre enfouit 150 g de feuilles.
10 ○ Il faut être prudent dans la cueillette des champignons.
A chaque saison, un ver de terre enfouit 150 g de feuilles.

Un hêtre puise chaque jour, par ses racines, 500 l d'eau du sol.
11 ○ Les élèves jouent aux billes dans la cour de l'école.
12 ○ Un hêtre puise chaque jour, par ses racines, 500 l d'eau du sol.
Les élèves jouent au ballon dans la cour de l'école.

corrigé page à droite

CORRIGÉS DES TOURNOIS

A1 Tournoi 1

Pain (9 fois) : lignes 1 – 10 – 19 – 24 – 26 – 28 – 31 – 38 – 47
Bientôt (4 fois) : lignes 8 – 18 – 25 – 34
Construction (1 fois) : ligne 25
Mademoiselle (2 fois) : lignes 25 - 33

A1 Tournoi 2

2 (lac) – 5 (mare) – 9 (canal) – 13 (source) – 21 (rivière) – 31 (torrent) – 33 (fleuve) – 34 (ruisseau) – 38 (océan) – 44 (mer) = 10 noms

---

A2 Tournoi 1

1 : c – 2 : b – 3 : a – 4 : b – 5 : a – (6) – 7 : c – 8 : b – 9 : a – 10 : b – (11) – 12 : b – (13) – 14 : c – 15 : c – 16 : b – (17) – 18 : b – (19) – (20) – 21 : a – (22) – 23 : a – 24 : a – 25 : c – 26 : c – 27 : b

A2 Tournoi 2

(1) – 2 : b – 3 : b – 4 : b – 5 : c – (6) – (7) – 8 : b – 9 : a – (10) – 11 : b – 12 : a – 13 : a – 14 : c – (15) – (16) – 17 : c – 18 : b – 19 : c – 20 : a – (21) – 22 : a – 23 : b – 24 : c – 25 : b – (26) – 27 : a – 28 : b – (29) – 30 : b

---

A3 Tournoi 1

A : 3 – 10 – 11 – 15 – 18 – 20 – 23 – 26 – 28
B : n° 2 –

A3 Tournoi 2

Oncle n° 2

A4 Tournoi 1

1 – 4 – 5 – 8 – 9 – 11 – 12

A4 Tournoi 2

1 – 3 – 7 – 8 – 12

A4 Concours 1

Ballon de football

Ce ballon de football que nous vous proposons est un modèle de compétition. Il est réalisé dans un cuir naturel et est entièrement cousu à la main. Il est composé de 32 panneaux noirs et blancs qui sont revêtus d'un produit imperméable.

Skis de fond

Ces skis de fond sont destinés aux bons skieurs. Fabriqués avec soin, ils sont composés d'un noyau en bois enrobé dans plusieurs couches de fibre de verre. Ces skis permettent de glisser avec une grande facilité et en toute sécurité même sur un sol accidenté comportant de nombreuses bosses.

Canoë gonflable

Nous fabriquons des canoës gonflables très confortables. Ils conviennent parfaitement pour effectuer des promenades en rivière ou au bord de la mer. Ils sont réalisés, comme les dossiers gonflables qui les accompagnent dans un tissu caoutchouté de haute qualité. Le poids du bateau est de 20 kg. Nous le livrons avec 2 pagaies et un gonfleur.

Une montre d'enfant

Cette montre est enfermée dans un boîtier en acier chromé. Elle possède une trotteuse centrale et un dateur qui indique le jour de la semaine et le jour du mois. Toutes les aiguilles et tous les chiffres sont lumineux. Son mécanisme est entraîné par une petite pile électrique renouvelable une fois par an. Elle est étanche sous l'eau jusqu'à une profondeur de 200 m. Son bracelet est métallique.

☐

Ballon foot, modèle compétition. Cuir naturel, cousu main : 32 panneaux noirs et blancs. Revêtement imperméable.

☐

Skis de fond pour bons skieurs. Fabrication soignée. Noyau de bois enrobé dans plusieurs couches de fibres de verre. Tenue exceptionnelle ; très maniables dans les bosses.

☐

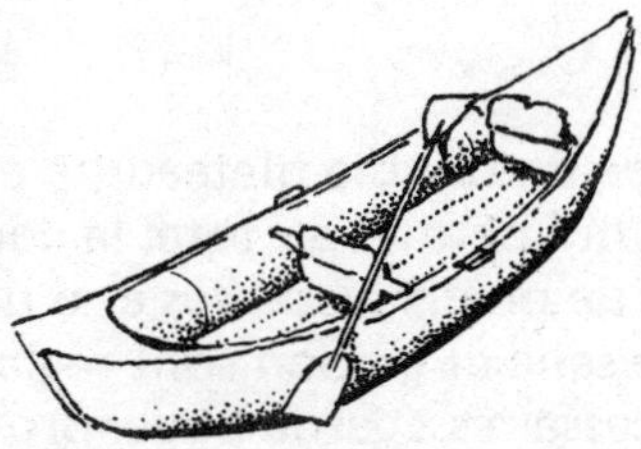

Canoë gonflable pour promenade en rivière ou bord de mer. Tissu caoutchouté de haute qualité. Poids : 20 kg. Livré avec 2 dossiers gonflables, 2 pagaies et 1 gonfleur.

☐

Montre enfant étanche. Boîtier acier chromé. Trotteuse centrale. Dateur indiquant le jour et le quantième du mois. Aiguilles et chiffres lumineux. Mécanisme à pile (durée : 2 ans). Bracelet cuir.

Un arbuste décoratif : le rhododendron

Le rhododendron est une plante qui donne de belles fleurs rouges pendant tout le printemps. Ses feuilles ne tombent pas en hiver. Pour obtenir de bons résultats, il faut planter le rhododendron dans de la terre de bruyère à un endroit moyennement exposé au soleil. Il ne faut pas trop l'arroser en été. A noter que cette plante ne souffre pas du climat marin, humide et doux.

Un poisson de mer : le thon

Le thon est un poisson de mer à la chair excellente et très recherchée : on en fait des conserves.
C'est un animal qui mesure de 1 à 2 m de longueur : il peut même atteindre 4 m. Son poids moyen est d'une centaine de kilos mais certains sujets pèsent jusqu'à 500 kg. On le trouve dans toutes les mers chaudes. Il vagabonde par bandes jusque dans la mer du Nord. Ce poisson qui pond ses œufs au printemps (en mer Méditerranée notamment) se nourrit surtout de sardines, de maquereaux et de harengs.

Un vélo garçonnet

Ce vélo demi-course pour enfant possède un double plateau (le plus petit compte 42 dents, le plus grand 50) ; ce qui permet au total la combinaison de 10 vitesses différentes. Il est pourvu de pneus bicolores et d'une selle type course recouverte de peau. A noter que selle et guidon sont réglables.
Ce vélo possède tous les accessoires nécessaires : garde-boue, protège-chaîne, éclairage et porte-bagages arrière. Il est livré, de plus, avec une pompe.
Son poids total est de 10,8 kg.

Un aspirateur pour la maison

L'appareil de type S 2021 est un aspirateur monté sur roulettes qui convient bien pour des appartements dont la surface varie entre 80 et 100 m^2 .
Son moteur a une puissance électrique de 600 watt. Le débit d'air produit par la soufflerie est de 1500 l. par minute. Le sac de poussière a été conçu pour une contenance de 2,8 l.
Cet aspirateur de qualité possède une carrosserie réalisée dans un acier très résistant. L'appareil est vendu avec un câble électrique monté sur un enrouleur automatique qui en facilite l'utilisation.

☐

– belle floraison d'avril à juin ;
– feuillage persistant en hiver ;
– à planter dans de la terre de bruyère;
– réclame beaucoup d'humidité;
– exposition souhaitable : mi-ombragée ;
– accepte bien le climat humide et doux du bord de mer.

☐

– longueur moyenne : de 1 à 2 m.
– poids moyen : 100 kg.
– peut atteindre exceptionnellement 4 m. et peser 1/2 tonne ;
– fréquente surtout les mers chaudes ;
– pond des œufs au printemps en Méditerranée ;
– vagabonde par bandes jusqu'en mer du Nord ;
– se nourrit de maquereaux, de sardines, de harengs ;
– chair excellente, utilisée pour faire des conserves.

☐

– vélo enfant demi-course – double plateau (42 et 50 dents) 10 vitesses – pneus bicolores – freins sport – selle course recouverte de peau – – porte-bagage arrière – protège chaîne – éclairage – guidon et selle réglables – timbre – pompe – poids 10 kg 800.

☐

Type / Qualité	B 401	C 803	S 2021	MR 10	Rapido 2
Puissance en watt	400	400	600	1000	950
Débit en litre par minute	1500	1200	1500	1800	1600
Capacité du sac de poussière en litre	1	2,5	2,8	5	3,6
Enrouleur du câble électrique	oui	non	oui	oui	oui
P sur patins R sur roulettes	P	P	R	R	P
Pour appartement de - 50 m2	X	X			
de 50 à 100 m2				X	X
de +de 100 m2			X	X	X

A5 Concours 1

MOND DES PARPAILLOUNS

Mond des Parpaillouns était le plus illustre braconnier du pays ●
Il habitait un «mas» qui n'était qu'un long rez-de-chaussée, surmonté d'un grenier, et prolongé par une bauge, dans laquelle une truie maigre à faire peur, mais d'une longueur extraordinaire, pataugeait jusqu'au ventre dans un fumier de sa fabrication, et criait de faim toute la journée ●
La façade du mas était lépreuse et décrépie, mais deux gros mûriers, survivants de l'époque du ver à soie, l'ombrageaient délicieusement ●
A travers la pénombre de la grande cuisine, aux volets toujours mi-clos, on voyait d'abord danser des guêpes brillantes dans la poussière d'or d'un mince rayon de soleil ● Elles venaient se nourrir des restes épars sur la table soupe séchée dans des assiettes grasses, fragiles pattes de grives, croûtes de fromage, grains de raisins crevés, et trognons de poires ou de pommes ●
Aux murs pendaient des tresses d'ail, d'échalotes, de tomates d'hiver, et le sol aux carreaux bossés était encombré par toutes sortes d'épaves : chaises dépaillées, poêlons de terre sans queue, cruches égueulées, seaux percés, bouts de corde chevelus, cages obliques, et tout un bric-à-brac d'outils agricoles hors d'usage ●
Enfin, dans un coin, une longue paillasse sans le moindre châlit, et une couverture trouée représentaient la chambre à coucher... L'aspect du propriétaire répondait à celui de sa demeure ●

Il était toujours vêtu d'un très vieux pantalon de velours jaune, merveilleusement râpé, et réparé aux genoux et aux fesses par des rectangles de velours gris ● Sa chemise était grise, elle aussi, mais ce n'était pas sa couleur naturelle toujours entrebâillée sur sa poitrine, elle laissait voir une toison grise et blanche qui ressemblait à celle du blaireau ●
Il faisait sa toilette à sec, en se grattant, mais le dimanche, il taillait sa barbe avec un sécateur ● Il s'était un jour cassé l'avant-bras, en tombant avec son escalier ; comme il avait prétendu se soigner lui-même, les os ne s'étaient jamais ressoudés, et il avait ainsi, entre le coude et le poignet, une articulation supplémentaire ● Sa main pouvait prendre des positions surprenantes, et jusqu'à faire un tour complet sur elle-même, si bien que son bras ressemblait à une vis de pressoir ● Il disait que c'était très commode : moi, je ne le regardais pas trop quand il en faisait la démonstration, parce que ça me donnait mal au cœur ●

A5 Concours 2

LA REINE DES PROUESSES

La fille du roi, étant orpheline de père et de mère, prit la résolution de se marier. Elle fit publier dans tout le royaume que, pour l'épouser, il fallait venir à son palais dans une voiture marchant toute seule et répandant la lumière à sept lieues autour d'elle.

Trois frères, dont le plus jeune était boiteux, eurent le désir d'épouser la reine.

Pour essayer de faire la voiture merveilleuse, ils allèrent séparément dans la forêt voisine, mais par le même chemin. L'aîné s'en alla le premier. A l'entrée de la forêt, il rencontra une femme qui lui demanda :
— *Que viens-tu faire ici ?*
— Je viens faire des cuillers à pot.
— *Eh bien, mon fils, à chaque coup de hache que tu donneras, tu feras une cuiller à pot !*

Bientôt, le second frère rencontra la même vieille qui lui posa la même question. Il répondit :

— Je viens ici, marraine, pour faire des cuillers.

— *Eh, bien, mon fils, à chaque coup de hache que tu donneras, tu feras une cuiller.*

Le plus jeune des trois frères, le boiteux, arriva enfin. A la même demande de la bonne femme, il répondit avec beaucoup de politesse :

— Je voudrais, marraine, épouser la fille du roi, et pour cela, je viens ici essayer de faire la voiture merveilleuse qui répandrait la lumière à sept lieues autour d'elle et qui marcherait toute seule. Mais je sais bien que je ne réussirai pas.

— *Tu réussiras mon enfant. Du courage ! Tu feras bien vite cette voiture qui répandra la lumière à sept lieues autour d'elle et qui marchera toute seule. Mais ne manque pas de faire monter dans ta voiture tous ceux que tu trouveras sur ton chemin.*

Le jeune homme salua la vieille et la remercia de ses bonnes paroles. Ses deux frères marchaient loin devant lui. Il se mit à crier :

— Attendez-moi, j'ai trouvé quelque chose de précieux !

Quand il fut arrivé près d'eux, il leur montra un morceau de bois. Mécontents d'avoir été trompés, ils se mirent à marcher vite et le laissèrent encore loin derrière eux. Peu de temps après, il leur cria :

— Attendez-moi ! Certainement, j'ai trouvé quelque chose de beau !

Ses frères ne voulaient pas le croire, ils se disaient qu'il voulait encore les tromper.

Comme il insistait, ils attendirent, et

suite →

lorsqu'il les eut rejoints, il leur montra un crottin de cheval. Ils se fâchèrent et le quittèrent pour toujours.

Comme les arbres, à cet endroit, étaient assez gros pour faire une grande voiture, notre boiteux s'y arrêta et se mit à travailler.

Les arbres tombaient sous sa hache et se transformaient par enchantement.

Quand la voiture fut finie, il y monta : aussitôt elle commença à répandre autour d'elle la lumière à sept lieues à la ronde et à marcher toute seule vers le palais de la reine. Le jeune homme ne se sentait pas d'aise.

Bientôt, il rencontra sur sa route un homme qui léchait une pelle de four qui n'avait pas touché de pain depuis sept ans.

— **Que fais-tu là ?** demanda le jeune homme.

— *J'ai une si grande faim que j'ai du plaisir à lécher cette pelle de four qui n'a pas touché de pain depuis sept ans.*

— **Monte dans ma voiture et je te donnerai du pain à manger !**

Et il y monta.

Peu de temps après, notre voyageur trouva un homme qui grignotait la côte d'un bœuf tué depuis sept ans.

— **Que fais-tu là ?** lui demanda-t-il.

— *J'aime tant la viande que j'ai du plaisir à grignoter cette côte de bœuf tué depuis sept ans.*

— **Monte dans ma voiture et je te donnerai de la viande à manger !**

Quelque temps après, il rencontra un homme qui léchait une douvelle de barrique qui n'avait pas contenu de vin depuis sept ans.

— **Que fais-tu là ?** lui dit le jeune homme.

— *J'aime tant le vin que j'ai du plaisir à lécher cette douvelle qui n'a pas touché de vin depuis sept ans.*

— **Monte dans ma voiture et je te donnerai du vin à boire.**

Notre voyageur avait déjà trois compagnons.

Le palais de la reine était bien loin. La voiture, en ce moment, traversait une grande lande. Les voyageurs y virent un homme qui se mettait des entraves.

— **Que fais-tu là ?** lui cria le maître de la voiture.

— *Je me mets des entraves, répondit-il. Je voudrais prendre ce lièvre que vous voyez courir là-bas, sur la lande, et je ne le puis pas, parce que je cours trop vite. Je prends mon élan, et, rendu à lui, je passe toujours par-dessus. Mais avec ces entraves, je courrai moins vite et je le prendrai.*

— Oh ! Laisse courir ce lièvre, monte dans ma voiture et viens avec nous !

Cette voiture ne suivait aucun chemin. Elle allait par monts et par vaux, directement vers le palais de la reine. Elle traversait un champ lorsque le jeune voyageur remarqua un homme couché par terre, qui appliquait son oreille sur le bout d'un sillon.

— Que fais-tu là ? lui demanda-t-il.

— J'ai semé hier de l'avoine dans ce champ et je suis venu l'écouter germer.

— Monte dans ma voiture et viens avec nous.

Il se laissa persuader et monta dans la voiture.

Longtemps après, ils trouvèrent un homme qui, de son souffle, faisait tourner sept moulins à vent placés à la file sur la colline.

— Que fais-tu là ? dit le voyageur.

— Je fais tourner mes sept moulins à vent en soufflant dessus.

— Monte dans ma voiture et viens avec nous, je te rendrai heureux.

Bientôt enfin la voiture arriva au palais de la princesse qui en fut tout éblouie. Elle appela ses servantes et ses valets pour venir la voir. Le jeune homme descendit et se présenta à la jeune reine.

Mais quand elle vit qu'il était boiteux, elle n'en voulut pas pour époux et usa de ruse pour s'en défaire.

Elle fit cuire une grande fournée de pain et lui dit qu'elle l'épouserait si lui et ses gens mangeaient toute cette fournée de pain en un seul repas.

Notre jeune homme appela celui qu'il avait trouvé léchant une pelle de bois et lui dit d'essayer de manger tout ce pain en un seul repas.

Celui-ci se mit à l'œuvre et avala tout le pain aussi vite et aussi facilement que je mange un gâteau de deux liards.

La reine en fut vivement contrariée. Elle fit tuer un gros bœuf, le fit rôtir tout d'une pièce et dit qu'elle n'épouserait pas le jeune homme si lui et sa compagnie ne mangeaient en un seul repas ce bœuf entier.

Le jeune homme appela celui qu'il avait trouvé grignotant une côte de bœuf et lui ordonna de manger ce gros bœuf rôti.

Il se mit à rire de bonheur, déplaça le bœuf et se mit à le manger aussi vite que je mange une poire.

La reine ne se rendit pas encore. Elle fit apporter une grande tonne de vin rouge et dit qu'il fallait boire celle-ci en un seul repas, sinon le mariage n'aurait pas lieu.

Le jeune homme appela alors celui qu'il avait trouvé léchant une douvelle de barrique, et il lui ordonna de boire cette tonne de vin.

La figure de celui-ci s'épanouit de bonheur. Il fit un grand trou dans la tonne, y appliqua ses lèvres et ne s'en

suite →

sépara qu'après l'avoir vidée, ce qui ne fut pas long.

Mais, ne pouvant se décider à épouser le boiteux, la reine lui dit encore :

— Il y a une fontaine à sept lieues d'ici. Je veux en avoir une potée d'eau avant une heure, ou je ne te ferai pas roi.

Le jeune homme donna alors un pot à celui qu'il avait trouvé occupé à se mettre des entraves, lui dit d'aller chercher de l'eau à cette fontaine et d'être de retour avant une heure. Le coureur promit et disparut.

Pendant ce temps, on examinait la voiture et tout le monde la trouvait merveilleuse. Le jeune homme avait l'œil sur la pendule qui était sur la cheminée de la grande salle. Le temps passait et le coureur n'arrivait pas.

Le boiteux prit alors celui qu'il avait trouvé en train d'écouter son avoine germer. Il lui dit d'écouter pour savoir où le coureur était rendu.

Après avoir appliqué son oreille contre la terre, il dit :

— Le coureur s'est endormi sur le bord de la fontaine, et il dort si profondément que je l'entends ronfler.

— Je ne serai donc pas roi ! s'écria le prétendant au désespoir.

Cependant, il chercha vite celui qui faisait tourner sept moulins de son souffle, il monta avec lui, et avec celui qui entendait si loin, sur la plus haute tour du palais et fit montrer au souffleur l'endroit où le coureur dormait.

— Vois-tu, là-bas, au loin, un bouquet d'arbres ? C'est près de là que dort le coureur sur le bord de la fontaine !

Le souffleur abattit les arbres d'un seul souffle, le coureur s'éveilla, saisit sa potée d'eau et arriva au palais en un instant.

Et le jeune homme offrit à la reine de l'eau à boire et il lui dit :

— Tu vois, Dame, que j'accomplis promptement toutes tes volontés. Ne diffère pas davantage mon bonheur, et personne ne travaillera autant que moi à te rendre heureuse.

La reine lui donna la main. Le lendemain, M. le curé les maria. Il y eut ensuite une grande noce qui dura huit jours. Moi, je pris un morceau de pain et de beurre, et je m'en revins à la maison.

B1 Réussite 1

Dans chaque liste de huit mots, trouve et coche, comme dans la première liste, le mot qui a presque le même sens que le mot écrit en gras. La liste «a» est donnée en exemple.

(a)

1 le chat
2 le matin
3 les ciseaux
4 le bûcheron
5 **le siège**
6 le chemin
7 ✗ le fauteuil
8 la marmite

(b)

1 **la soupe**
2 le gâteau
3 le poisson
4 le drapeau
5 le potage
6 les cheveux
7 les chaussures
8 la neige

(c)

1 le sud
2 le bureau
3 la pluie
4 la musique
5 l'orange
6 la campagne
7 l'écurie
8 **l'averse**

(d)

1 la montre
2 un bain
3 **la maison**
4 le souper
5 les yeux
6 l'époque
7 la chaumière
8 la gorge

(e)

1 **subitement**
2 beaucoup
3 forcément
4 tout à coup
5 presque
6 demain
7 voici
8 vraiment

(f)

1 j'ai peur
2 je suis gentil
3 j'ai faim
4 je suis content
5 j'ai honte
6 **je suis effrayé**
7 j'ai de la peine
8 je suis nerveux

(g)

1 le bras
2 le visage
3 le dos
4 le pied
5 la main
6 le cœur
7 **la figure**
8 le côté

(h)

1 c'est grand
2 c'est humide
3 **c'est joli**
4 c'est malheureux
5 c'est gros
6 c'est beau
7 c'est plein
8 c'est lourd

(i)

1 on nage
2 **on regarde**
3 on oublie
4 on se balance
5 on m'attend
6 on observe
7 on ouvre
8 on ferme

suite ⟶

(j)

1 le placard
2 la pluie
3 une pierre
4 sa poupée
5 une veste
6 le trésor
7 le navire
8 **un caillou**

(k)

1 on s'entend bien
2 on s'amuse bien
3 on écoute bien
4 **on s'accorde bien**
5 on chante bien
6 on écrit bien
7 on danse bien
8 on mange bien

(l)

1 des aliments
2 un balcon
3 un élève
4 le clocher
5 le grenier
6 **un écolier**
7 un clairon
8 du gibier

(m)

1 un angle
2 un grade
3 un ongle
4 une horloge
5 la coqueluche
6 un journal
7 **un coin**
8 la gueule

(n)

1 par hasard
2 par milliers
3 par instant
4 par malheur
5 **par moment**
6 par plaisir
7 par avance
8 par miracle

(o)

1 un beau film
2 un beau bateau
3 un beau panorama
4 un beau bracelet
5 un beau geste
6 un beau matin
7 un beau livre
8 **un beau paysage**

(p)

1 un daim
2 le dessus
3 un démon
4 la direction
5 les dominos
6 le détroit
7 **un diable**
8 le dindon

(q)

1 si bien que...
2 de crainte que...
3 jusqu'à ce que...
4 à mesure que...
5 de sorte que...
6 **de peur que...**
7 à tel point que...
8 en même temps que...

(r)

1 **prochainement**
2 avant
3 après
4 devant
5 parfois
6 ensuite
7 bientôt
8 maintenant

corrigé p. 103

B1 Réussite 2

Dans chaque liste de huit mots, trouve et coche, comme dans la première liste, le mot qui a presque le même sens que le mot écrit en gras.

(a)
1 dessus
2 dehors
3 **dedans**
4 au-dessous
5 par ici
6 en arrière
7 à l'intérieur
8 à côté

(b)
1 **une grotte**
2 une montagne
3 une échelle
4 une caverne
5 un glacier
6 une allée
7 une forêt
8 un guide

(c)
1 on gagne
2 **on économise**
3 on pédale
4 on se promène
5 on observe
6 on se repose
7 on rêve
8 on épargne

(d)
1 **une carafe**
2 un bassin
3 une marmite
4 un verre
5 une cravate
6 une corbeille
7 une bouteille
8 une courge

(e)
1 il est vif
2 il est adroit
3 **il est sot**
4 il est lent
5 il est méchant
6 il est poli
7 il est riche
8 il est bête

(f)
1 plus
2 **environ**
3 à point
4 autant
5 à peu près
6 justement
7 en détail
8 en même temps

(g)
1 le champ
2 le semeur
3 le fromage
4 **la prairie**
5 la récolte
6 le faucheur
7 le gardien
8 le pré

(h)
1 suivre
2 savoir
3 **piloter**
4 conduire
5 renverser
6 perdre
7 mordre
8 mourir

(i)
1 gentil
2 **drôle**
3 complet
4 malade
5 coupable
6 amusant
7 sérieux
8 grave

suite →

(j)

1 un camarade
2 un cahier
3 un gendarme
4 une porte
5 une bouteille
6 **un compagnon**
7 un bureau
8 un oiseau

(k)

1 beaucoup
2 encore
3 **probablement**
4 demain.
5 sans doute
6 jamais
7 de place en place
8 en gros

(l)

1 **ils s'unissent**
2 ils arrivent
3 ils s'allient
4 ils se lèvent
5 ils se parlent
6 ils se réveillent
7 ils se trompent
8 ils entreprennent

(m)

1 **le pistolet**
2 la cause
3 le wagon
4 le volant
5 le vitrail
6 la destination
7 le revolver
8 le défaut

(n)

1 goutte-à-goutte
2 **très vite**
3 sain et sauf
4 par-ci par-là
5 ventre à terre
6 avec joie
7 à peu près
8 sans doute

(o)

1 un chemin
2 une ferme
3 un chêne
4 **une région**
5 une auberge
6 une voiture
7 une contrée
8 une découverte

(p)

1 elle est souriante
2 elle est belle
3 elle est bavarde
4 elle est travailleuse
5 elle est charitable
6 elle est gourmande
7 **elle est jolie**
8 elle est propre

(q)

1 le clocher
2 **le paysan**
3 l'agriculteur
4 le sentier
5 la fourche
6 la colombe
7 la gerbe
8 le fusil

(r)

1 en voiture
2 à pied
3 **en autobus**
4 en chemin de fer
5 en camion
6 en bateau
7 en autocar
8 en brouette

corrigé p. 103

CORRIGÉS

B1 Tournoi 1

	(a)	(b)
1	une pierre	le caillou
2	de la joie	du plaisir
3	du chagrin	de la peine
4	la ville	la cité
5	la bague	l'anneau
6	en vacances	en congé
7	un pirate	un corsaire
8	la pendule	l'horloge
9	la lassitude	la fatigue
10	la tâche	la besogne
11	un poupon	un bébé
12	un policier	un gendarme
13	un domestique	un serviteur
14	le métier	une profession
15	un bâtiment	une construction
16	un banquet	un festin

B1 Tournoi 2

	(a)	(b)
1	le parfum	l'odeur
2	quand	lorsque
3	on grimpe	on monte
4	quelle vitesse !	quelle rapidité !
5	une bougie	la chandelle
6	le bénéfice	le profit
7	le tonneau	le baril
8	on se distrait	on s'amuse
9	bravement	courageusement
10	les soldats	les militaires
11	un combat	une bataille
12	c'est compliqué	c'est difficile
13	des inquiétudes	des craintes

B1 Tournoi 1

Vous soulignez les deux mots de sens très proche ; l'un est dans la colonne a, l'autre dans la colonne b.
Les deux premiers synonymes sont donnés en exemple.

	(a)	(b)
1	le placard — la pluie — la règle — un trésor — des ennuis — une pierre — le miel	*ma poupée — une mésange — du fer — minuit — le caillou — un ministre — une mule*
2	la crainte — la main — des routes — du foin — l'oiseau — de la joie — de l'huile	*une couleuvre — la cour — mon cousin — du plaisir — le cou — mon costume*
3	du lard — le juge — une lame — du chagrin — un laboureur — un lièvre	*la cravate — le ciel — les yeux — un bol — du sel — de la peine — des joueurs*
4	un navire — la ville — une veste — la gomme — de la limonade — du fil	*une lampe — le coude — un crayon — la cité — la multiplication — la mer*
5	une cruche — la date — la bague — des pommes — le bonheur	*bonjour — l'anneau — des fleurs — un boxeur — une brebis — des perles — du café*
6	en vacances — en vélo — en plus — en voiture — en voyage — en français	*en anglais — en avion — en avance — en congé — en file indienne — en deux*

	ⓐ	ⓑ
7	un pied — un couvercle — un cou — du lait — un pirate — un coussin — un coup	*un corset — un cortège — un corps — un corsaire — un coq — un corridor — une corne*
8	le calendrier — des bottes — la pendule	*les bœufs — des bonbons — l'horloge — la cheminée*
9	la cheminée — la carafe — au lit — la lassitude — un brin	*mardi — la fatigue — du poulet — la preuve — le prix*
10	la production — de la viande — du poil — la tâche	*le ventre — les pirates — la pipe — la besogne — la haie*
11	un voyageur — une chaise — un poupon — un pommier	*un plongeon — un bébé — du blé — des lunettes — des bras*
12	une boutique — un policier — un bruit — un bonnet	*un berceau — un cadre — du bois — une aiguille — un gendarme*
13	du saucisson — dimanche — un domestique — à droite	*une entrée — un serviteur — l'épée — les larmes — la loi*
14	le monde — le métier — de la bronchite — un cadeau	*du canard — une profession — mes dents — le déjeuner*
15	un dessin — un masque — un bâtiment — du mal	*une construction — un cadran — la folie — un casque — la fée*
16	un banquet — un bain — un parc — une part	*un outil — des oreilles — un festin — un orage — des clous*

corrigé p. 85

B1 Tournoi 2

Vous soulignez les deux mots de sens très proche ; l'un est dans la colone a, l'autre dans la colonne b.

	a	b
1	la couleur — le parfum — l'aspect — la beauté — la forme — la qualité — le feuillage	*l'orphelin — l'opération — l'orchestre — la paille — l'odeur — l'orgueil — la pancarte*
2	depuis — ensuite — enfin — puisque — quand — ou bien — mais	*avec — à peu près — devant — sinon — aujourd'hui — lorsque — toujours*
3	on marche — on chante — on y va — on grimpe — on répond — on le sait	*on écrit — on ne dit rien — on montre — on monte — on écoute — on danse — on récite*
4	quelle lenteur ! — quelle grâce ! — quelle souplesse ! — quelle chance ! — quelle adresse ! — quelle belle voix ! — quelle vitesse !	*quelle politesse ! — quel accueil ! — quel honneur ! — quelle patience ! — quelle paresse ! — quelle rapidité ! — quel courage !*
5	la statue — la cheminée — un as — une bougie — une infirmière — une idée — une pendule —	*la carafe — les petits pois — la brouette — le coquelicot — l'arrosoir — la chandelle — l'apprenti*
6	le bijoutier — l'estomac — le livre — des précautions — le bénéfice — le paquet — le brouillard	*le journal — le profit — le règlement — l'argent — le panier — le tonnerre — l'explosion*

	a	b
7	un voyageur — le bavard — le dé — le nouveau-né — le tonneau — le danger — la file	*la naissance — le dîner — le baril — la serviette — le mouvement — le retard — l'aviateur*
8	on se déplace — on se couche — on se plaint — on regarde — on se distrait — on se lave — on s'empresse	*on se lève — on se bat — on s'endette — on s'évanouit — on s'amuse — on s'en moque*
9	gentiment — avec force — gaiement — méchamment — rudement — bravement — calmement	*chaudement — clairement — courageusement — complètement — correctement — dangereusement — énormément*
10	les pompiers — les instituteurs — les soldats — les cultivateurs — les marchands — les écoliers — les artistes	*les ouvriers — les violonistes — les couturières — les militaires — les secrétaires — les comptables — les concierges*
11	un jeudi — un devoir — une leçon — un combat — un orchestre — un concert — un spectacle	*une trompette — un sport — une bataille — un ennui — un arrêt — un chœur — une collection*
12	c'est compliqué — c'est malin — c'est grave — c'est ridicule — c'est juste — c'est vrai — c'est doux	*c'est gentil — c'est clair — c'est bon — c'est difficile — c'est facile — c'est haut — c'est dangereux*
13	des difficultés — des inquiétudes — des dettes — des satisfactions — des occupations — des doutes — des faveurs	*des craintes — des rougeurs — des douleurs — des plaintes — des amendes — des pleurs — des punitions*

corrigé p. 85

B1 Concours 1

gaspiller (son argent)

piller (une maison) — perdre (la tête) — grapiller (des cerises) — perdre (le match) — manger (ses économies) — perdre (ses cheveux) — perdre (patience)

observer (le règlement)

respecter (ses parents) — observer (un insecte) — répéter (une phrase) — observer (une minute de silence) — respecter (la loi) — s'observer (dans une glace) — répéter (une pièce de théâtre)

s'accorder (entre camarades)

accorder (sa guitare) — entendre (des cris) — s'y entendre (en mécanique) — accorder (une autorisation) — accorder (le verbe et le sujet) — entendre (les témoins) — s'entendre (entre amis)

expédier (un colis à un ami)

expédier (son adversaire au tapis) — adresser (un reproche à son camarade) — envoyer (ses enfants à la campagne) — s'adresser (au concierge) — adresser (un paquet à un camarade) — expédier (les affaires courantes) — adresser (un malade à un grand médecin)

tendre (l'oreille)

tirer (l'oreille) — faire (la sourde oreille) — casser (les oreilles à quelqu'un) — avoir (de l'oreille) — être (dur d'oreille) — rougir (jusqu'aux oreilles) — prêter (l'oreille) — casser (les oreilles d'une soupière)

battre (des mains)	aplanir (un terrain) – aplatir (son nez sur la vitre) – applaudir – s'aplatir (derrière une haie) – aplanir (les difficultés) – battre (la campagne) – battre (du tambour) – se battre
battre (en retraite)	reculer (sa chaise) – abattre (ses cartes) – reculer (la date du départ) – abattre (une perdrix) – abattre (un gros chêne) – reculer (devant l'ennemi) – s'abattre (sur le sol) – abattre (un gros travail)
aimer (lire)	aimer (sa mère) – ne s'intéresser (à rien) – aimer (à se battre) – intéresser (ceux qui vous écoutent) – aimer (les confitures) – s'intéresser (à la santé de quelqu'un) – s'intéresser (à la lecture) – aimer (le théâtre)
donner (des vacances)	donner (la main à quelqu'un) – donner (des ordres) – accorder (un piano) – s'accorder (du repos) – s'accorder (sur un prix) – accorder (des jours de congé) – donner (de ses nouvelles) – accorder (le verbe et le sujet)
s'appliquer	s'emporter – appliquer (la loi) – apporter (ses outils) – appliquer (une deuxième couche de peinture) – appliquer (des sanctions) – apporter (du soin à son travail) – apporter (des nouvelles à quelqu'un) – appliquer (sa main sur la figure)

B1 Concours 2

entraîner (des frais)	causer (avec son voisin) — entraîner (quelqu'un dans sa chute) — causer (des dépenses) — entraîner (quelqu'un à voler) — s'entraîner (pour la course) — traîner (une lourde charge) — se traîner (par terre)
arrêter (la date d'une rencontre sportive)	fixer (un tableau au mur) — arrêter (le combat) — fixer (quelqu'un avec les yeux) — arrêter (un malfaiteur) — fixer (un rendez-vous à quelqu'un) — s'arrêter (de fumer) — fixer (le jour du match)
charger (un revolver)	aimer (les bonbons) — se charger (d'une responsabilité) — s'armer (de patience) — charger (les bagages) — armer (un pistolet) — charger (les ennemis) — changer (de voiture)
toucher (beaucoup d'argent)	gagner (la porte) — gagner (la bataille) — gagner (du temps) — toucher (terre) — toucher (quelqu'un par téléphone) — toucher (à tout) — toucher (une grosse somme) — toucher (le bateau ennemi)
vérifier (la fermeture d'une porte)	vérifier (l'adresse de quelqu'un) — assurer (son service)— vérifier (un renseignement dans le dictionnaire) — s'assurer (contre les accidents) — assurer (quelqu'un de son amitié) — mettre (à la porte) — s'assurer (qu'une porte est fermée) — assurer (à son père qu'on ne sait rien)

guérir	aller (à la pêche) — rétablir (l'ordre) — aller (en vélo) — rétablir (la vérité) — aller (beaucoup plus mal) — rétablir (les communications) — s'en aller — se rétablir
surveiller (les dépenses)	tenir (sa droite) — contrôler (les papiers) — dépenser (son courage) — tenir (sa place) — tenir (les promesses) — tenir (les cordons de la bourse) — se dépenser (au football) — dépenser (de l'argent)
occuper (un appartement)	habiter (à la campagne) — occuper (un poste de directeur) - occuper (le terrain) — loger (à l'hôtel) — se loger (une aiguille dans le pied) — loger (une grosse armoire dans un coin) — habiter (dans un immeuble)
commettre (une faute d'orthographe)	écrire (une lettre) — faire (le clown) — écrire (ses mémoires) — écrire (à l'encre) — faire (ses chaussures) — écrire (un mot de travers) — faire (le pain) — commettre (un crime)
livrer (un bandit à la police)	remettre (son chapeau) — livrer (le passage à un convoi exceptionnel) — remettre (un livre dans la bibliothèque) — remettre (sa démission) — livrer (des marchandises) — remettre (un malfaiteur aux gendarmes) — remettre (un match au lendemain) — dénoncer (quelqu'un)

B2 Réussite 1

Repère le plus vite possible dans chaque liste le mot qui ne convient pas. Tu peux l'entourer ou le souligner. Le premier est donné en exemple.

	a	b	c	d
1	banane	oranger	cheval	chanter
2	orange	pin	chèvre	crier
3	pêche	bouleau	chien	hurler
4	cerise	aubépine	cochon	finir
5	citron	brique	cirque	siffler
6	fraise	sapin	corbeau	murmurer
7	chaussure	pommier	coucou	parler
8	groseille	chêne	éléphant	bavarder

	e	f	g	h
1	le paquet	le camion	le berger	gai
2	le timbre	l'avenue	le cultivateur	joyeux
3	le facteur	la ruelle	le valet de ferme	content
4	le téléphone	l'impasse	le faucheur	heureux
5	la lettre	l'autoroute	le tracteur	satisfait
6	la poste	la rue	le moissonneur	lourd
7	la cathédrale	la chaussée	la bergère	réjoui
8	le courrier	le chemin	la fermière	ravi

	i	j	k	l
1	le cuisinier	courir	la bouche	la brosse à dent
2	l'épicier	sauter	la tête	le peigne
3	le boucher	grimper	le nez	la serviette
4	le meunier	plonger	la joue	le savon
5	le boulanger	manger	l'oreille	le bain
6	le laitier	nager	l'œil	la douche
7	le poirier	boxer	l'estomac	la serpillière
8	le pâtissier	pédaler	les sourcils	la savonnette

corrigé p. 109

B2 Réussite 2

Repère le plus vite possible dans chaque liste le mot qui ne convient pas. Tu peux l'entourer ou le souligner.

	a	b	c	d
1	des lettres	la maison	le capot	de la confiture
2	le facteur	la cave	le moteur	de la glace
3	le guichet	le garage	le pare-brise	une brioche
4	la poste	le sous-chef	le coffre-fort	des gâteaux secs
5	le téléphone	le grenier	l'essuie-glace	du dessert
6	le téléski	le sous-sol	les pneus	de la crème à raser
7	le timbre	la cuisine	les phares	de la crème fouettée
8	le télégramme	les chambres	les freins	des fruits

	e	f	g	h
1	un train	la source	le bûcheron	le juge
2	la voie ferrée	le ruisseau	les arbres	le coupable
3	le rail	la rivière	la forêt	la jupe
4	le chemin de fer	l'affluent	l'écorce	la justice
5	un chemin de terre	le fleuve	le sous-bois	le tribunal
6	la gare	la crue	le feuillage	l'avocat
7	les wagons	la grue	le garde-forestier	le criminel
8	la locomotive	les rives	le garde-boue	le témoin

	i	j	k	l
1	le ciel	la plage	la charrue	la guerre
2	les planètes	la mer	le chariot	les blessés
3	la terre	les rochers	le tracteur	le champ de bataille
4	les étoiles	la marée	le champ de blé	les tanks
5	le soleil	la côte	les semailles	le champ de mines
6	le luxe	la côtelette	le champ de bataille	les obus
7	l'univers	les vagues	la récolte	le champ de courses
8	un satellite	une île	la moisson	les canons

corrigé p. 109

B2 Tournoi 1

Vous barrez dans chaque série le (ou les) mot (s) qui ne va (vont) pas avec le thème de la liste. La série 1 est donnée en exemple.

① une rose — un lys — la tulipe — un dahlia — un œillet — ~~un œil~~ — une violette — ~~une voilette~~ — du lilas — un iris — un coquelicot

② une rose rouge — un lys immaculé — la tulipe de Hollande — un dahlia fripé — un œillet de chaussure — une violette parfumée — du lilas double — l'iris de l'œil — un coquelicot des champs

③ un requin — la truite — la truie — le hareng — le saumon — le sermon — la baleine — l'anguille — l'aiguille — la carpe — le brochet — la broche

④ un requin vorace — une truite vagabonde — le hareng saur — le saumon voyageur — la baleine de parapluie — l'anguille glissante — une perche vivante — une carpe énorme — un brochet gourmand

⑤ le fleuve — le ruisseau — la rivière — l'affluent — l'océan — le canal — la mer — la mère — le lac — une mare — le torrent

⑥ le fleuve en crue — le ruisseau limpide — la rivière sinueuse — l'affluent rapide — l'océan atlantique — le canal auditif — le torrent dangereux — un lac de montagne — la mer morte — la mare du village — la mère de famille

⑦ le merle — le geai — le paon — la pie — la cigogne — un corbeau — le pigeon — le message — la mésange — le pic-vert

⑧ le merle siffleur — un paon orgueilleux — une mésange blessée — le pic du terrassier — la pie bavarde — le pigeon voyageur — une cigogne adulte — un cordeau noir

corrigé p. 98

B2 Tournoi 2

Vous barrez le plus vite possible dans chaque série le ou les mots qui ne vont pas avec le thème de la liste.

(1) des chaussures — une escadrille — des souliers — des pantoufles — des chaussons — un scandale — des sandales — des bottes — des sabots — des brodequins

(2) des chaussures de montagne — des espadrilles de corde — des souliers de cuir — des pantoufles confortables — des chaussons aux pommes — des sandales neuves — des bottes de cavalier — le sabot du frein — des brodequins solides

(3) un violon — une trompette — un corps — un tambour — un piano — un saxophone — une guitare — un ogre — un tambour — une grosse caisse

(4) un violon ancien — une trompette d'argent — un cor au pied — un tambour basque — un piano à queue — un saxophone en cuivre — une guitare électrique — un orgue de Barbarie

(5) une serviette — une torche — un mouchoir — une nappe — du linge — des chiffres — des draps — des chiffons — des torchons — un gant de toilette

(6) une serviette de table — un torchon à vaisselle — un mouchoir de poche — une nappe de brouillard — des draps blancs — du linge propre — des chiffons sales — des gants de boxe

(7) une scie — une perceuse — des clous — des tenailles — un marmot — une vis — un tourne-disque — des pinces — des ciseaux — un mètre pliant

(8) une scie circulaire — un marteau de cordonnier — la vis à bois — un petit tournevis — la perceuse électrique — le clou du spectacle — des ciseaux pointus — des tenailles neuves — un maître rigide — une pince de menuisier

corrigé p. 98

CORRIGÉS

B2 Tournoi 1

1 : un œil et une voilette
2 : un œillet de chaussure et l'iris de l'œil
3 : la truie, le sermon, l'aiguille et la broche
4 : la baleine de parapluie
5 : la mère
6 : le canal auditif et la mère de famille
7 : le message
8 : le pic de terrassier et un cordeau noir

B2 Tournoi 2

1 : une escadrille et un scandale
2 : des chaussons aux pommes et le sabot du frein
3 : un corps et un ogre
4 : un cor au pied
5 : une torche et des chiffres
6 : une nappe de brouillard et des gants de boxe
7 : un marmot et un tourne-disque
8 : le clou du spectacle et un maître rigide

B3 Tournoi 1

La mer morte : phrase 4 — La bataille de Marathon : phrase 5 — Le castor : phrase 3 — Les «Zeppelins» : phrase 2 — Le château de Versailles : phrase 1

B3 Tournoi 2

L'animal le plus long : 3
L'animal à la vie la plus longue : 5
L'animal le plus grand : 4
L'animal le plus gros : 3
L'animal le plus rapide : 5

B4 Tournoi 1

1 : l'instrument — 2 : du métal — 3 : des aliments — 4 : arme — 5 : une habitation — 6 : de la boisson — 7 : sport — 8 : gibier

B2 Concours 1

(a)

☐ **1** une banane d'Afrique
☐ **2** des oranges mûres
☐ **3** une cerise rouge
☐ **4** la pêche à la baleine
☐ **5** un citron vert
☐ **6** des fraises des bois
☐ **7** du raisin sec
☐ **8** des pruneaux d'Agen

(b)

☐ **1** une table de nuit
☐ **2** une chaise longue
☐ **3** un buffet de bois blanc
☐ **4** une banquette à 2 places
☐ **5** un fauteuil Louis XV
☐ **6** un banc de poissons
☐ **7** une armoire à linge
☐ **8** un lit tout neuf

(c)

☐ **1** un crâne solide
☐ **2** une tête d'épingle
☐ **3** des dents de lait
☐ **4** des joues rouges
☐ **5** des yeux bleus
☐ **6** un front haut
☐ **7** des lèvres roses
☐ **8** une bouche d'incendie

(d)

☐ **1** une ampoule au pied
☐ **2** une plaie profonde
☐ **3** une piqûre d'insecte
☐ **4** une blessure grave
☐ **5** une cheville foulée
☐ **6** une entorse au règlement
☐ **7** un bras cassé
☐ **8** une jambe fracturée

(e)

☐ **1** un cœur fatigué
☐ **2** l'estomac creux
☐ **3** des poumons perforés
☐ **4** le gros intestin
☐ **5** la langue française
☐ **6** un foie malade
☐ **7** des reins douloureux
☐ **8** un petit cerveau

(f)

☐ **1** un cahier d'écolier
☐ **2** un cartable neuf
☐ **3** une trousse en plastique
☐ **4** une feuille d'impôt
☐ **5** un crayon de papier
☐ **6** un stylo-bille
☐ **7** une livre de beurre
☐ **8** un carnet d'orthographe

B2 Concours 2

(a)

- ☐ **1** des pommes de terre
- ☐ **2** des betteraves rouges
- ☐ **3** des choux de Bruxelles
- ☐ **4** des radis roses
- ☐ **5** des pommes d'arrosoir
- ☐ **6** des haricots verts
- ☐ **7** des pois cassés
- ☐ **8** des carottes râpées

(b)

- ☐ **1** une brosse à dents
- ☐ **2** un gant de toilette
- ☐ **3** un verre à dents
- ☐ **4** de l'eau de Cologne
- ☐ **5** du savon à barbe
- ☐ **6** un sèche-cheveux
- ☐ **7** un gant de boxe
- ☐ **8** une serviette de toilette

(c)

- ☐ **1** un cheval de labour
- ☐ **2** des bêtes à cornes
- ☐ **3** une vache à lait
- ☐ **4** un troupeau de moutons
- ☐ **5** un veau gras
- ☐ **6** un lapin de garenne
- ☐ **7** un cochon de lait
- ☐ **8** un coq de basse-cour

(d)

- ☐ **1** une scie à métaux
- ☐ **2** un mètre pliant
- ☐ **3** une boîte à outils
- ☐ **4** une pince multiple
- ☐ **5** une clé à molette
- ☐ **6** une mèche à bois
- ☐ **7** une lime à fer
- ☐ **8** une mèche de cheveux

(e)

- ☐ **1** un couteau de cuisine
- ☐ **2** un moule à gâteau
- ☐ **3** un dessous-de-plat
- ☐ **4** une poêle à frire
- ☐ **5** des assiettes creuses
- ☐ **6** des cuillers à soupe
- ☐ **7** des verres à pied
- ☐ **8** des verres de lunettes

(f)

- ☐ **1** une autoroute
- ☐ **2** une ruelle étroite
- ☐ **3** un chemin de traverse
- ☐ **4** une route nationale
- ☐ **5** la piste cyclable
- ☐ **6** une rue à sens unique
- ☐ **7** une piste d'envol
- ☐ **8** un sentier de montagne

B3 Réussite 1

**Lis les phrases suivantes et repère les mots absurdes qui y ont été glissés.
Tu peux les souligner.
Essaye ensuite de trouver les mots qui conviendraient à leur place.
Attention : les faits relatés dans ces paragraphes sont tout à fait exacts.
Seuls un ou deux mots viennent dans le texte comme des «cheveux sur la soupe». La première phrase est donnée en exemple.**

1 — Dans les Pyrénées, au Pic du Midi de Bigorre (2865 m d'altitude) on a construit il y a une centaine d'années un observatoire <u>peureux</u> pour étudier les astres. Dans cette région, en effet, le ciel est particulièrement pur et sans <u>meubles</u>.

2 — La hura est une plante qui pousse en Amérique tropicale. Ses fruits, lorsqu'ils sont mûrs, explosent, sous l'effet de la chaleur solaire. Les graines qu'ils contiennent sont ainsi projetées très courageusement et avec une telle force qu'elles pourraient briser une vitre ou assommer un secret animal.

3 — L'espadon est un gros poisson qui peut mesurer 5 à 6 mètres de long et peser près de 300 km. Son nez se prolonge en une sorte d'épée avec laquelle il peut facilement transpercer les parois d'une barque.

4 — Près des régions polaires, en Islande, les habitants se chauffent grâce à l'eau chaude qui jaillit du sous-sol volcanique. Grâce à cette eau polie, ils peuvent également, pendant les rudes hivers, se baigner à l'air libre et cultiver des leçons dans des serres.

5 — Les Kangourous vivent en Australie. Ces animaux étranges ont une tête à longues oreilles, semblables à celles des lapins. Les petits après leur naissance, continueront de se développer pendant près de 6 mois, dans la poche ventrale de leur mère. Un Kangourou peut faire grâce à ses grandes lunettes arrière des bonds de plus de 2 m.

corrigé p. 109

B3 Réussite 2

Lis les phrases suivantes et repère les mots absurdes qui y ont été glissés
Tu peux les souligner.
Essaye ensuite de trouver les mots qui conviendraient à leur place.
Attention : les faits relatés dans ces paragraphes sont tout à fait exacts.
Seuls un ou deux mots viennent dans le texte comme «des cheveux sur la soupe».

1 — La Camargue, région de France, située à l'embouchure du Rhône, possède aussi ses cow-boys : on les appelle des «gardians». Ils surveillent les importants troupeaux de vaches élevés dans cette région.
Montés sur leur cheveu, les gardians parcourent la Camargue derrière leurs troupeaux. Comme les cow-boys, ils portent de grands chapeaux, des chemises calculées et des bottes de cuir.

2 — Les arènes de Nîmes ont été bâties au Ie siècle avant Jésus-Christ. Elles pouvaient accueillir vingt mille spectateurs sur leurs gredins. A l'intérieur de ce grandiose monument, très bien conservé, se déroulent de nos jours des courses de taureaux, des spectacles de danse ou des concerts. On parvient aux trente-cinq rangées de gradins par des couloirs intérieurs et de très nombreuses escalopes.

3 — Sais-tu que les glaciers de nos montagnes ne sont pas immobiles ? Ils se déplacent sensiblement à la même vitesse que la petite aiguille d'une montre, semblant couler comme un fleuve qui descendrait très très lentement la montagne.
La «mer de glace» dans les Alpes est un glacier qui prend naissance à 3500 m de lassitude au-dessus de la ville de Chamonix. Le fleuve de glace de 12 km de long avance à la vitesse de 90 m par an.
D'autres glaciers vont moins vite. Ainsi en 1820 une avalanche félicita 3 alpinistes dans la crevasse d'un glacier près du Mont-Blanc. Leurs cadavres conservés dans la glace sont ressortis en 1861, 3000 m plus bas : 3000 m en 40 ans. Calcule toi-même la distance parcourue par le clapier en 1 an !

4 — Les Français pendant très longtemps ont ignoré le sucre. Pour adoucir leurs poisons ou leurs aliments ils se contentaient d'y ajouter du miel. Les croisés partis pour Jérusalem au XIe siècle découvrirent le sucre utilisé par les arabes au Moyen-Orient. Ceux-ci l'obtenaient à partir de la canne à sucre : une plante qui mesure de 3 à 4 m de hauteur. C'est pourquoi, en France, pendant très longtemps, le sucre fut appelé «le miel d'Orient».

5 — Il existe des animaux carnivores, comme le lion ou le loup mais sais-tu qu'il existe aussi des plantes carnivores ? On raconte qu'en Amérique du Sud, les fleurs de la mort sont capables d'engloutir un homme tout entier et de le digérer. En Guyane, des feuilles gluantes peuvent même capturer des singes. C'est ce que racontent les légendes.
Chez nous, les plantes carnivores sont moins voraces mais bien réelles. Elles portent des noms charmants : Drosera ou rosée du soleil. Leurs feuilles, armées de poils gluants et mobiles peuvent attraper des insectes. Les unes happent leur proie puis se referment dessus comme une huître pour digérer tranquillement. D'autres attendent patiemment qu'un forgeron vienne se prendre au piège de leur parfum et de leurs jolies couleurs. Comme tu le vois, il existe aussi des plantes qui aiment la chair fraîche !

corrigé p. 109

CORRIGÉS

B1 Réussite 1

a : 7 — b : 5 — c : 3 — d : 7 — e : 4 — f : 1 — g : 2 — h : 6 — i : 6 — j : 3 — k : 1 — l : 3 — m : 1 — n : 3 — o : 3 — p : 3 — q : 2 — r : 7

B1 Réussite 2

a : 7 — b : 4 — c : 8 — d : 7 — e : 8 — f : 5 — g : 8 — h : 4 — i : 6 — j : 1 — k : 5 — l : 3 — m : 7 — n : 5 — o : 7 — p : 2 — q : 3 — r : 7

B3 Tournoi 1

Cochez le plus vite possible le numéro de la phrase qui a été mise par erreur dans chacun des textes ci-dessous.
La première phrase est donnée en exemple.

La mer morte

☐ 1 – La mer morte n'est pas une mer mais un grand lac salé situé au Moyen Orient entre Israël et la Jordanie.

☐ 2 – Long de près de 100 km, il est situé à 393 m au-dessous du niveau de la mer : c'est l'endroit le plus bas de la surface du globe.

☐ 3 – Ses eaux sont très salées et un baigneur peut aisément y flotter et même lire son journal en faisant la planche.

☒ 4 – Le soldat couvrit les 42 km sans s'arrêter et mourut d'épuisement à son arrivée à Athènes.

☐ 5 – A cause de cette importante quantité de sel (26 %) aucun poisson ne peut y vivre d'où son nom de mer morte.

La bataille de Marathon

☐ 1 – En 490 avant J.-C., le roi des Perses, Darius, débarqua avec son armée à Marathon, plaine cotière située à 42 km au Nord-Est d'Athènes, principale ville de la Grèce.

☐ 2 – Il trouva en face de lui, pour défendre le pays, une armée de 11000 grecs commandés par Miltiade.

☐ 3 – Après 3 jours d'hésitation, Miltiade passe à l'attaque : encerclant les Perses, il massacra 6000 d'entre eux.

☐ 4 – Le général victorieux envoya alors à Athènes un certain Philippidès pour annoncer cette belle victoire aux Athéniens.

☐ 5 – Ils étaient construits d'une armature très légère en aluminium recouverte d'une enveloppe imperméable contenant le gaz.

Le castor

☐ 1 – Il vit surtout au Canada et en Sibérie là où abondent l'eau et la forêt.

☐ 2 – C'est un animal rongeur qui peut mesurer jusqu'à 1 m de long , ses dents lui permettent de couper jusqu'à des troncs d'arbres.

☐ 3 – Ce lac où il est très difficile de plonger a une profondeur de 400 m dans sa partie nord et d'une dizaine de mètres seulement dans sa partie sud.

☐ 4 – Il peut ainsi les abattre et les utiliser pour construire des huttes et des barrages.

☐ 5 – Sa queue plate et ses pattes arrière palmées font de lui un excellent nageur. Il peut rester près d'un quart d'heure sous l'eau sans revenir respirer à la surface.

Les «Zeppelins»

☐ 1 – Les «Zeppelins» étaient des ballons dirigeables construits par les Allemands dans la première moitié de ce siècle.

☐ 2 – Le roi-soleil s'y installa avec ses serviteurs, ses soldats, ses ministres. Le château devint alors le théâtre de fêtes somptueuses.

☐ 3 – Ils ressemblaient à d'énormes cigares qui pouvaient atteindre plus de 200 m de long.

☐ 4 – Ils étaient capables de traverser l'Atlantique en 110 heures avec 55 passagers à bord.

☐ 5 – Le plus gros d'entre eux s'écrasa en flammes lors d'un atterrissage à New York le 6 mai 1937 à 19 h 25, faisant 13 morts.

Le château de Versailles

☐ 1 – Ils se nourrissent d'écorce d'arbre et adorent manger des orties. On les chasse pour leur belle fourrure.

☐ 2 – C'est à la place d'un petit pavillon de chasse que Louis XIV fit construire, dans les bois de Versailles son majestueux palais.

☐ 3 – La façade du château mesure plus de 500 m de long.

☐ 4 – Elle domine d'immenses jardins et de magnifiques bassins où sont installés plus de 400 jets d'eau.

☐ 5 – Les plus grands artistes de l'époque (Mansart l'architecte, Le Nôtre le jardinier) travaillèrent à la construction de cet ensemble prestigieux.

corrigé p. 98

B3 Tournoi 2

Cochez le plus vite possible le numéro de la phrase qui a été mise par erreur dans chacun des textes ci-dessous.

L'animal le plus long

☐ 1 – Le plus long de tous les animaux est un habitant des mers : c'est la méduse géante qui vit dans l'Atlantique Nord.

☐ 2 – Elle possède un corps mou et gélatineux, et ressemble à un gros champignon armé, comme la pieuvre, de longs tentacules.

☐ 3 – Une autre serait morte à plus de 200 ans le 19 mai 1966. Elle connaissait bien le proverbe «Qui va lentement va sûrement».

☐ 4 – «Bras» écartés, notre méduse a donc une envergure de 75 m.

☐ 5 – Pour se déplacer les méduses possèdent un organe qui fonctionne comme les moteurs à réaction de nos avions.

L'animal à la vie la plus longue

☐ 1 – Peu d'animaux ont une vie plus longue que celle de l'homme.

☐ 2 – Un chameau peut vivre exceptionnellement jusqu'à 100 ans et maître corbeau atteint parfois la soixantaine.

☐ 3 – L'éléphant et l'hippopotame réputés pour leur longévité ne peuvent guère dépasser 50 ans.

☐ 4 – Seule, la tortue a l'espoir de devenir plus que centenaire. Une tortue rapportée à l'île Maurice en 1766 est morte en 1918 ; elle avait donc plus de 152 ans.

☐ 5 – Elle est capable de courir à plus de 50 km à l'heure sur des dizaines de kilomètres. Seule la gazelle peut la suivre à cette allure.

L'animal le plus grand

☐ 1 – Si on classait les animaux par rang de taille en commençant par les plus grands, la girafe d'Afrique, avec son cou démesuré, serait, sans discussion à la première place.

☐ 2 – On a tué en 1930 un grand mâle qui mesurait 5,85 m de haut.

☐ 3 – Avec une telle taille, la girafe peut facilement regarder, depuis la rue, ce qui se passe au deuxième étage d'un immeuble.

☐ 4 – Ce corps ne dépasse guère 2 m de diamètre mais ses nombreux tentacules atteignent jusqu'à 36 m de longueur.

☐ 5 – Afin de descendre jusqu'à la surface de l'eau la girafe en effet doit écarter démesurément ses pattes de devant ou même se mettre à genoux.

L'animal le plus gros

☐ 1 – Le plus gros de tous les animaux vit dans les océans : c'est le rorqual bleu, un mammifère marin de la famille des baleines.

☐ 2 – Le plus gros rorqual capturé mesurait 33,50 m de long et pesait 130 tonnes environ soit le poids d'une trentaine d'éléphants d'Afrique.

☐ 3 – Si ce grand cou est bien pratique pour attraper les feuilles des arbres, il est bien gênant pour boire.

☐ 4 – Un rorqual en fuite peut nager, malgré ses dimensions énormes, à la vitesse de 37 km/h.

☐ 5 – A sa naissance, une petite baleine mesure déjà 7 à 8 m et pèse 2 tonnes. Elle grossira de 100 kg par jour pendant les 6 premiers mois.

L'animal le plus rapide

☐ 1 – Dans la spécialité «course de vitesse» le guépard est le champion du monde parmi les animaux terrestres.

☐ 2 – Il peut effectuer des pointes de 100 km à l'heure. Mais l'antilope, très rapide également n'est pas loin de lui ravir son titre.

☐ 3 – Derrière eux les meilleurs coureurs sont : le lièvre (74 km/h), le kangourou (72 km/h) et le cheval (70 km/h).

☐ 4 – Sur longue distance, le guépard est cependant largement battu par l'antilope, grande championne en course de fond.

☐ 5 – La langue de ce géant des mers pèse 4 tonnes à elle seule.

corrigé p. 98

HALTE-LA !

C'était l'hiver. La famille Dupont était partie faire du ski dans le Jura. Le voleur profita de leur présence pour pénétrer dans leur appartement parisien et les voler. Il était habitant du quartier et connaissait bien l'immeuble. Pour ne pas être reconnu, il avait passé une vieille veste trouée, il avait coiffé une casquette à large visière qui lui cachait les yeux et il avait enfilé de grosses bottes de caoutchouc. C'est grâce aux empreintes laissées par la semelle de ses souliers, dans la terre du jardin voisin, que les gendarmes l'ont aisément reconnu.

CUEILLETTE D'AUTOMNE

C'est l'automne, Pascalet, muni de sa musette part dans les bois à la recherche de champignons. Oh ! le joli cèpe ! vite, il se baisse, le cueille et le dépose délicatement dans son panier. Puis, heureux, il continue sa promenade, respirant avec plaisir le bon air de la forêt et admirant les rayons du soleil qui filtrent sous les feuillages. De temps en temps, il se penche pour cueillir les clochettes parfumées du muguet. Quand l'astre du jour décline à l'horizon, il reprend le chemin de la maison.

LA MISERE

Il était une fois de pauvres gens habitant une pauvre chaumière. Ils portaient de beaux vêtements et ne mangeaient pas toujours à leur faim. Chaque soir la vieille Babette se lamentait en regardant la marmite remplie seulement d'eau, d'un maigre navet et des restes d'un succulent pot au feu.
Hélas ! encore une bien pauvre soupe pour le dîner.

EN ROUTE POUR L'AVENTURE

Les pionniers préparaient minutieusement leurs bagages avant de s'engager sur la piste de Santa Fé. Ils mettaient au point leurs attelages, vérifiaient leurs armes, chargeaient la poudre et les munitions.
Puis les lourds chariots s'ébranlèrent, toutes voiles dehors sous la conduite des pisteurs armés de carabines.
La route était longue. Il fallait retrouver les points d'eau et rechercher la nourriture pour les hommes et les bêtes. Le froid, la faim, les Indiens décimèrent les voyageurs. Mais enfin, tous arrivèrent sans encombre à la fin de ce long voyage à travers des contrées inconnues.

UN MATCH MÉMORABLE

C'est la finale du grand tournoi international de tennis. Nastase le roumain et Borg le suédois, luttent avec acharnement. Les deux joueurs sont à égalité. Qui va marquer le dernier point et remporter la victoire ? Nastase profitant d'un moment d'attention de son adversaire place soudain un revers imparable. La foule l'applaudit et le pauvre Borg, dépité, jette sa raquette et quitte tristement le terrain.

CORRIGÉS

B2 Réussite 1

a : 7 — b : 5 — c : 5 — d : 4 — e : 7 — f : 1 — g : 5 — h : 6 — i : 7 — j : 5 — k : 7 — l : 7

B2 Réussite 2

a : 6 — b : 4 — c : 4 — d : 6 — e : 5 — f : 7 — g : 8 — h : 3 — i : 6 — j : 6 — k : 6 — l : 7

B3 Réussite 1

Les mots absurdes à éliminer sont soulignés. Les mots qui conviendraient à leur place sont entre parenthèses.

1 : <u>peureux</u> (scientifique) et <u>meubles</u> (nuages)
2 : <u>courageusement</u> (loin) et <u>secret</u> (petit)
3 : <u>km</u> (kg)
4 : <u>polie</u> (chaude) et <u>leçons</u> (légumes)
5 : <u>lunette arrière</u> (patte arrière)

B3 Réussite 2

1 : <u>cheveu</u> (leurs chevaux) et <u>calculées</u> (bariolées)
2 : <u>gredins</u> (gradins) et <u>escalopes</u> (nombreux escaliers)
3 : <u>lassitude</u> (d'altitude), <u>félicita</u> (précipita) et <u>clapier</u> (glacier)
4 : <u>poisons</u> (boissons)
5 : <u>forgeron</u> (moucheron)

B3 Concours 2

UN CHIEN DANS UN JEU DE QUILLES

Par un bel après-midi de printemps, deux enfants jouent aux quilles sur la place du village. Leur chien Zouzou écoute d'un œil attentif la préparation du jeu. Luc balaie soigneusement l'emplacement des quilles puis dispose celles-ci en rangs serrés. Georges prend la première boule et vise avec soin. Il tire... raté ! pas une quille n'a bougé. Luc à son tour prend la boule, vise... Trop tard ! Zouzou, tout joyeux a culbuté d'un bond toutes les boîtes. Il ne comprend pas, maintenant,pourquoi les enfants l'enferment quand ils sortent leurs quilles !

MAITRE RENARD

Le renard vit dans un terrier. Il le creuse avec ses pattes avant et rejette la terre avec ses pattes arrière. La femelle y met bas 3 ou 4 renardeaux. Très vite, ils quitteront le nid pour aller à la recherche de nourriture. Leur ouïe très fine leur permet de suivre leur proie à l'odeur. Ils aiment beaucoup rendre visite aux poulaillers où ils commettent de grands ravages. Très rusés, ils savent échapper à la poursuite des chiens. Les chasseurs les recherchent pour leur fourrure.

SOLDATS A L'ENTRAINEMENT

Les jeunes soldats marchaient, sac au dos, les grands devant, les petits derrière. Ils traversaient une immense et épaisse forêt. Malgré la fraîcheur, la sueur coulait sur leur visage. Au moment de la halte, ils sortirent de leurs paniers, le pain, les conserves et la boisson. Ils mangèrent sans trop se presser. Puis fatigués d'avoir tant conduit, ils s'accordèrent une bonne heure de sieste. Ils durent ensuite reprendre la route pour regagner, après 3 heures de marche la caserne où ils trouvèrent enfin le repos.

UN GRAND CHEF

Le chef cuisinier déposa avec précaution son canard dans un grand plat beurré et l'enfourna. Les marmitons s'activaient autour des casseroles où mijotaient de succulentes sauces. Une vieille femme épluchait des navets. Un aide mettait de temps en temps une pelletée de charbon dans la grosse cuisinière à gaz. Une agréable odeur emplissait toute la pièce. Une panne d'électricité interrompit quelque temps ces préparatifs mais finalement, le chef, très fier, put servir à ses clients impatients la magnifique dinde rôtie.

LES EMBOUTEILLAGES URBAINS

La circulation était particulièrement intense dans la ville en cette veille de vacances. Il fallait parfois une heure pour parcourir quelques kilomètres seulement. De longues files de voitures attendaient patiemment. Un conducteur nerveux, seul dans sa voiture pensait : «Ce serait pourtant si simple d'accélérer la circulation : il suffirait que tous les feux verts durent plus longtemps»... juste à ce moment le feu passa au rouge et notre homme recula brusquement pour ne pas perdre de temps.

CORRIGÉS

B4 Réussite 1

a : 5 — b : 3 — c : 7 — d : 5 — e : 5 — f : 8 — g : 5 — h : 4 — i : 6 — j : 7 — k : 2 — l : 4

B4 Réussite 2

a : 7 — b : 6 — c : 4 — d : 5 — e : 6 — f : 4 — g : 3 — h : 4 — i : 7

B5 Réussite 1

1 — arbre : il est en acier et il tourne.
2 — greffe : un local, un bureau, une pièce.
3 — grève : un endroit en bord de mer.
4 — police : un document que doit posséder tout conducteur.
5 — banc : une bande, un ensemble.
6 — manège : un lieu où l'on dresse les chevaux et forme les cavaliers.
7 — griffe : un cachet, un timbre de caoutchouc.

B5 Réussite 2

1 — de nombreux lustres : depuis bien longtemps (un lustre = 5 ans).
2 — arête : angle formé par 2 faces, 2 pans, 2 côtés.
3 — col : le goulot. Ex. , col de la bouteille.
4 — balle : la fine enveloppe qui entoure un grain de blé, de seigle, etc.
5 — crèpe de deuil : morceau de tissu noir que portent les parents du défunt à un enterrement.
6 — index : liste alphabétique située à la fin d'un livre pour faciliter les recherches.
7 — impératif : une nécessité, une obligation.

B4 Réussite 1

Repère le plus vite possible le mot-étiquette de chaque ensemble de mots. Exemple dans la liste suivante : marteau, pelle, râteau, outil, tenaille, scie, le mot-étiquette est «outil», car chacun des autres mots désigne un outil. Tu peux l'entourer ou le souligner. La liste «a» est donnée en exemple.

	(a)	(b)	(c)	(d)
1	navire	ouragan	broche	poireau
2	barque	tempête	pendentif	pomme de terre
3	porte-avion	vent	bague	carotte
4	kayak	bourrasque	diadème	chou
5	bateau (entouré)	brise	bracelet	légume
6	paquebot	mistral	boucles d'oreilles	haricot
7	canot	cyclone	bijou	petit pois
8	voilier	bise	collier	navet

	(e)	(f)	(g)	(h)
1	brochet	lit	fauteuil	chaussette
2	requin	chaise	chaise	pantalon
3	truite	table	tabouret	veste
4	sardine	fauteuil	banquette	vêtement
5	poisson	buffet	siège	complet
6	hareng	commode	escabeau	jupe
7	anguille	armoire	banc	gilet
8	morue	meuble	canapé	robe

	(i)	(j)	(k)	(l)
1	pantoufle	pomme	folie	peste
2	sandale	poire	maladie	guerre
3	botte	banane	gale	famine
4	sabot	noisette	rhume	castastrophe
5	soulier	citron	grippe	tremblement de terre
6	chaussure	fraise	oreillons	inondation
7	espadrille	fruit	bronchite	sècheresse
8	brodequin	pêche	rougeole	cyclone

corrigé p. 111

B4 Réussite 2

Repère le plus vite possible le mot-étiquette de chaque ensemble de mots. Exemple dans la liste suivante : marteau, pelle, râteau, outil, tenaille, scie, le mot-étiquette est «outil», car chacun des autres mots désigne un outil. Tu peux l'entourer ou le souligner.

(a)	(b)	(c)
1 le verbe	1 des torchons	l'assiette
2 le déterminant	2 des serviettes	le plat
3 l'adjectif	3 des mouchoirs	le saladier
4 la préposition	4 des draps	la vaisselle
5 le nom	5 des chemises	le verre
6 l'adverbe	6 du linge	le bol
7 le mot	7 des nappes	la soupière
8 l'article	8 des maillots	la tasse

(d)	(e)	(f)
1 l'eau	des lions	de la monnaie
2 le vin	des tigres	des pièces
3 le lait	des panthères	des centimes
4 la bière	des loups	de l'argent
5 le liquide	des ours	des sous
6 l'alcool	des fauves	des francs
7 l'essence	des lynx	des dollars
8 le sang	des guépards	des billets

(g)	(h)	(i)
1 la gentillesse	des hurlements	la méchanceté
2 la franchise	un murmure	la colère
3 la qualité	le brouhaha	la jalousie
4 la bonté	des bruits	l'impolitesse
5 la propreté	du vacarme	la gourmandise
6 le courage	le tumulte	la paresse
7 la politesse	du tapage	le défaut
8 la patience	le fracas	le mensonge

corrigé p. 111

B4 Tournoi 1

Repérez le plus vite possible le mot-étiquette de chaque ensemble de mots. Vous pouvez les écrire en marge.

1 .... un piano — un violon — des orgues — un clairon — un grosse caisse — l'accordéon — l'instrument — la guitare — le tambour — la clarinette

2 .... du fer — de l'or — du cuivre — du plomb — de l'acier — du métal — de l'argent — de l'étain — du platine — de l'aluminium

3 .... de la farine — du cacao — des confitures — des aliments — du fromage — du pâté — du jambon — de la compote — des nouilles — du riz

4 .... fusil — épée — sabre — canon — carabine — poignard — pistolet — mitrailleuse — arme — révolver —

5 .... une villa — un chalet — un pavillon — une cabane — un château — une hutte — une habitation — une case — une maison — une maisonnette

6 .... du café — du vin — du lait — une orangeade — de l'eau — un jus de fruit — du champagne — du thé — de la boisson — de la bière

7 .... natation — rugby — course — football — tennis — ski — gymnastique — patinage — cyclisme — sport

8 .... sanglier — gibier — lapin — cerf — biche — perdrix — grive — lièvre — faisan — pigeon

corrigé p. 98

B4 Tournoi 2

Repérez le plus vite possible le mot-étiquette de chaque ensemble de mots. Vous pouvez les écrire en marge.

1	le goûter — le dîner — le souper — le repas — le banquet — le petit déjeuner — le festin — le pique-nique — le déjeuner
2	du coton — du feutre — du lainage — de la soie — du drap — du velours — de la flanelle — du tissu
3	un menuisier — un maçon — un cordonnier — un peintre — un charpentier — un artisan — un vitrier — un potier — un forgeron
4	des poussins — un poulet — un dindon — une dinde — de la volaille — une poule — un coq — une oie — une cane — un canard — un poulet
5	un béret — un chapeau — un bonnet — un passe-montagne — un képi — une casquette — une cagoule — une capuche — une toque de fourrure — une coiffure
6	du bois — du charbon — du pétrole — du gaz butane — du mazout — du combustible — de l'huile — du gaz oil
7	un chêne — un bouleau — un tilleul — un saule — un pin — un châtaignier — un sapin — un peuplier — un arbre — un charme
8	une casserole — une louche — une marmite — une poêle — un chaudron — une passoire — une écumoire — un ustensile — un couvercle — une cocotte
9	du pain — du beurre — du lard — du poisson — des fruits — de la viande — de la salade — de la nourriture — de la soupe — du fromage

corrigé p. 118

LA PARTIE DE BOULES

Deux équipes s'affrontent en finale lors d'un concours de pétanque. La première, l'équipe des Bellons est composée de Joseph, le père du petit Marcel Pagnol qui raconte l'histoire, de son oncle Jules et du braconnier «Mond des Parpaillouns». La triplette adverse comprend Monsieur Pignatel, Monsieur Ficelle et le redoutable Pessuguet, le meilleur joueur de la région.

C'est à six heures du soir, ainsi que l'avait prévu M. Vincent, que la dernière partie put commencer. Il faisait encore très chaud, et le soleil déclinait rapidement. La finale opposait l'invincible Triplette des Bouches-du-Rhône, qui avait triomphé facilement de ses adversaires, et notre chère équipe des Bellons. Nous étions partagés entre la fierté de voir nos champions accéder à la finale et la crainte à l'idée de l'humiliante défaite que le terrible Pessuguet allait leur infliger.

Celui-ci, en entrant sur le terrain et en apercevant Joseph des Bellons, fit un petit sourire qui me déplut. De plus, à pile ou face, il gagna l'avantage de lancer le bouchon le premier, ce qui me parut de mauvais augure.

La partie commença : Joseph était pâle et l'oncle Jules rouge comme un poivron. L'équipe de Pessuguet en trois parties marqua huit points.

Je tremblais de rage, à cause de la chance insolente de ces étrangers et de l'incroyable déveine des nôtres. A la quatrième partie l'oncle Jules, après avoir longuement examiné le terrain, lança sa boule si haut, qu'elle frappa la branche d'un platane et faillit lui retomber sur la tête, ce qui fit rire tous les spectateurs.

Quand les Pessuguet eurent marqué douze points, je ne pus en supporter davantage et me sauvai vers la place avec mon ami Lili.

Là, on dansait. Nous restâmes, une dizaine de minutes, le cœur battant à regarder la jeunesse qui tournoyait. Soudain Lili, n'y tenant plus retourna en courant vers les lieux du drame.

Lorsqu'il reparut au coin de la ruelle, au lieu de venir vers moi, il s'arrêta, mis ses mains en cornet, et d'une voix claire et dure, il cria :

— Les Bellons mènent par 13 à 12 !

La musique s'arrêta net, les couples hésitèrent. Il cria de nouveau :

— 13 à 12 pour les Bellons ! Venez voir !

Il repartit vers le cercle, et je courus après lui. Toute la foule suivait.

Comme nous arrivions au Jeu de Boules, le gérant du cercle s'élança à notre rencontre, les deux bras levés, les paumes en avant.

— Attention, cria-t-il. Restez ici ! Ne troublez pas les joueurs ! Du silence, pour l'amour de Dieu ! On mesure !

La foule s'aligna tout le long du terrain, et les hommes marchaient sur la pointe des pieds.

Sous les platanes les six joueurs étaient rassemblés, autour d'une dizaine de boules qui entouraient le bouchon. Quatre hommes, dont mon père, étaient debout, les poings sur les hanches. Ils regardaient l'oncle Jules, et Pessuguet, qui étaient à croupetons. L'oncle Jules mesurait le point avec une ficelle, et Pessuguet le surveillait, d'un air mauvais. Il cria soudain :

— Le second point n'y est pas ! Je vous l'avais dit !

— C'est exact, dit l'oncle Jules en se relevant. Nous n'en avons qu'un. Mais il nous reste une boule à jouer.

Et il montra Joseph, qui s'avançait, une boule à la main. Il était calme, et souriant. Il regarda le jeu et dit :

— En pointant, je ne le gagnerai pas, et je risque même de faire entrer leur boule.

— En tirant, dit Pessuguet, vous risquez de faire partir la vôtre. Et puis, même si la mienne s'en va, ça ne change rien, parce que nous tenons aussi par la boule de Pignatel...

— Oui, dit Joseph. Mais si je réussis un carreau, ça nous fera quinze...

Il revint vers le «rond», d'un pas décidé. Dans l'espoir de le troubler, Pessuguet courut soudain vers lui, regarda d'un air soupçonneux le pied gauche de Joseph, et se baissa pour constater que ce pied ne «mordait» pas sur le rond. Pendant ce temps, Pignatel, qui était resté près du jeu, faisait trois pas de côté, afin de projeter son ombre sur la boule visée.

M. Vincent, dans la foule, cria :

— Hé l'ami ! Tirez votre ombre de là ! Faites «soleiller» la boule !

suite ⟶

LA PARTIE DE BOULES (suite)

Mais ce gredin de Pignatel faisait semblant de ne pas comprendre que c'était à lui qu'on parlait. Alors, Mond des Parpaillouns s'approcha de lui, et dit aimablement :

— O Pignatel, pousse-toi un peu !

Et sans attendre qu'il «se poussât» de lui-même, il lui posa sa meilleure main sur l'épaule, et l'envoya valser à deux mètres, en disant d'un air mauvais :

— Pardon, excuses.

— C'est le règlement ! cria le gérant du Cercle. La boule doit «soleiller» !

Pignatel n'insista pas. Joseph, le talon gauche au milieu du rond, la pointe du pied relevée, visa longuement, dans un silence solennel. Mais comme il allait prendre son élan, une quinte de toux stridente déchira la gorge de Ficelle : Joseph s'arrêta, sans manifester la moindre impatience, mais la foule murmura, indignée, et le gros Elzéar, le Roi du Pois Chiche, cria :

— A ce qu'il paraît qu'aux Accates, ils ont la coqueluche jusqu'à cent ans !

Mond s'approcha de Ficelle, et dit à voix haute :

— Le meilleur remède pour ça, c'est de lui frapper dans le dos !

Mais comme il levait sa grosse patte, Ficelle fit quatre pas en arrière, en disant: «Non, merci... c'est pas la peine !»

Le silence retomba... Alors, Joseph fit les trois sauts réglementaires, et sa boule fila dans les airs, étincelante comme un petit soleil. Je ne pouvais plus respirer, et la main de Lili serra mon bras brusquement, tandis que la dernière boule n'en finissait plus de tomber... Et soudain, un claquement retentit : la boule noire de Pessuguet se mit à briller comme l'argent. Joseph avait réussi le carreau. Immobile, et souriant à peine, il dit de sa voix naturelle :

— Et ça fait quinze !

Alors, des applaudissements crépitèrent, mêlés de cris et de bravos, et la foule se rua vers lui, tandis que monsieur le curé, le dernier mot des vêpres sur la bouche, descendait au galop la ruelle, en relevant sa soutane à deux mains.

Alors, on but le champagne de la victoire.

CORRIGÉ

B4 Tournoi 2

1 : le repas — 2 : du tissu — 3 : un artisan — 4 : de la volaille — 5 : une coiffure — 6 : du combustible — 7 : un arbre — 8 : un ustensile — 9 : de la nourriture

B4 Concours 2

MOMO

Momo est un pauvre enfant abandonné. Il est élevé par Madame Rosa, une vieille parisienne malade qui habite un quartier de Paris surtout peuplé de noirs africains. Petit garçon, à la fois tendre et malicieux, Momo vit un peu solitaire et livré à lui-même, en se débrouillant à sa manière pour se procurer de l'argent de poche.

Le plus grand ami que j'avais à l'époque était un parapluie nommé Arthur que j'ai habillé des pieds à la tête. Je lui avais fait une tête avec un chiffon vert que j'ai roulé en boule autour du manche et un visage sympa, avec un sourire et des yeux ronds, avec le rouge à lèvres de Madame Rosa. C'était pas tellement pour avoir quelqu'un à aimer mais pour faire le clown car j'avais pas d'argent de poche et j'allais parfois dans les quartiers français là où il y en a. J'avais un pardessus trop grand qui m'arrivait aux talons et je mettais un chapeau melon, je me barbouillais le visage de couleurs et avec mon parapluie Arthur, on était marrants tous les deux. Je faisais le rigolo sur le trottoir et je réussissais à ramasser jusqu'à vingt francs par jour, mais il fallait faire gaffe parce que la police a toujours un œil pour les mineurs en liberté. Arthur était habillé comme un unijambiste avec un soulier de basket bleu et blanc, un pantalon, un veston à carreaux sur un cintre que je lui avais attaché avec des ficelles et je lui avais cousu un chapeau rond sur la tête. J'avais demandé à Monsieur N'Da Amédée de me prêter des vêtements pour mon parapluie et vous savez ce qu'il a fait ? Il m'a emmené avec lui au Pull d'Or, boulevard de Belleville où c'est le plus chic et il m'a laissé choisir ce que je voulais. Je ne sais pas s'ils sont tous comme lui en Afrique, mais si oui, ils doivent manquer de rien.

Quand je faisais mon numéro sur le trottoir, je me dandinais, je dansais avec Arthur et je ramassais du pognon. Il y avait des gens qui devenaient furieux et qui disaient que c'était pas permis de traiter un enfant de la sorte. Je ne sais pas du tout qui me traitait, mais il y en avait aussi qui avaient de la peine. C'est même curieux, alors que c'était pour rire.

Arthur se cassait de temps en temps. J'ai cloué le cintre et ça lui a fait des épaules et il est resté avec une jambe de pantalon vide, comme c'est normal chez un parapluie. Monsieur Hamil n'était pas content il disait qu'Arthur

suite ⟶

ressemblait à un fétiche. Je dormais avec mon parapluie Arthur serré dans mes bras et le matin, je regardais si Madame Rosa respirait encore.

Une fois, alors que j'avais la police aux fesses parce que j'avais causé un attroupement en faisant le comique, j'ai laissé tomber Arthur et il s'est dispersé dans tous les sens, chapeau, cintre, veston, soulier et tout. J'ai pu le ramasser mais il était nu comme Dieu l'a fait. Eh bien, ce qu'il y a de curieux, c'est que Madame Rosa n'avait rien dit quand Arthur était habillé et que je dormais avec lui, mais quand il a été défroqué et que j'ai voulu le prendre avec moi sous la couverture, elle a gueulé, en disant qu'on n'a pas idée de dormir avec un parapluie dans son lit. Allez-y comprendre.

Alors j'ai pris Arthur, je suis sorti et je me suis assis sur le trottoir pour ne pas pleurer devant tout le monde.

Lis ce texte et réponds au questionnaire qui suit.
Des lettres manquent parfois et sont remplacées par une astérisque.
Malgré cela tu comprendras facilement.

LA FORET LANDAISE

Deux enfants, Paul et sa petite sœur Camille ont remporté le 1er prix d'un concours télévisé. Leur récompense : parcourir la France. Ils visitent aujourd'hui en compagnie d'un guide, M. Beliet, une immense forêt de pins dans les Landes au sud de Bordeaux.

1 Après avoir roulé un mo*ent dans l'air sur*hauffé, ils laissent la voit*re et pénètrent da*s le sous-bois. Les a*bres suspendent leu*s frondaisons de de*telles au-d*ssus de l'eau rougie d'une pe*ite *ivière : la Leyre. Elles s'y reflètent *ranquillement, à peine chiffonnées par *e sillage d'un *anoë, avant de rep*endre leur imm*bilité. Les rives sont bordées de *oseaux et de joncs. A tra*ers le feuilla*e, les rayons de *oleil font pleu*oir des confettis phospho*escents sur le nez de Camille.

«Comme les *igales sont assourdissantes!» d*t la petite *ille, avec un joli souri*e à l'adresse d* M. Beliet.

L'odeur de résine des pins mariti*es les p*end aux narines.

«Jadis, e*plique M. Beliet, les Landes étaient des *arécages, où seules p*ussaient les herbes à m*uton. L'homme était be*ger. Pour parcourir c*s étendues hu*ides, il lui falla*t des échasses. Ainsi juché, à 1,50m du sol, il pou*ait *urveiller son trou*eau, tout en filant la quenouille.

— Des hommes qui *ilaient !»

Paul est un peu *urpris.

«Depuis des *iècles, le vent fu*ieux souff*ant de l'Atlantique bal*yait le *able des dunes, qui marcha*ent pour ainsi dire vers les *aisons et les cult*res. Le mérite d'avoir pensé à ret*nir les *rains de sab*e revient à l'ing*nieur Nicolas Brémontier, qui est à l'orig*ne de *ette magnifique *orêt. En 1780, on a*ait des id*es.

2 — Et ces *etits pots au flanc des pins, à quoi ser*ent-ils, demande Camille. Les arb*es qui les portent sont-ils ma*ades ?»

M. Beliet éclate de *ire.

«Tu *evrais sa*oir, Camille, que les pins sécrètent de la rési*e ou gemme. Pour

suite →

la réco*ter, on enlève une su*face d'écor*e et l'on met en place les pots et les crampons, sortes de go*ttières par où s'écoule la *ésine. On peut aussi pulvériser sur le tr*nc entaillé de l'acide sulfurique, qui favorise la sécrétion de ge*me. Mais c'est un procédé *angereux tant pour l'h*mme que pour les é*ureuils, qui vi*nnent boi*e de l'eau de pl*ie et ri*quent de s'empoi*onner.

— Pauvres petits écu*euils...

— Aujourd'hui, les gem*eurs ont abandonné le m*tier, ou plu*ôt leurs fem*es, à qui incombait *a tâche dé*agréable de la *écolte.

Paul ne résiste pas à l'e*vie de tou*her la coulée *e gemme onctueuse qui bou*llonne sur l'é*orce rosée d'un pin.

«C'est en*ore plus collant que du chewing-*um», dit-il, essayant en vain de se débarr*sser d* la boulette de poix.

La colophane, *n produit dérivé de la *ésine, entre dans la *abrication *u chewing-gum, justem*nt», dit M. B*liet.

3 «Comme la *orêt est propre et *ien soignée ! admire Camille.

— C'est parce qu'*lle est entre*enue, Camille. La fo*êt vierge est un mythe des écol*gistes. Aba*donnée à elle-même, une *orêt ne peut *as être belle.

— Comment *ela ? s'indigne la p*tite fille.

— La main d* l'homme doit intervenir *our plusieurs raisons, q*e je vais *ous expliquer. Les forêts na*urelles sont pleines d'arb*es parasités, ou difformes, ou p*urris. Tandis qu'u*e forêt *ultivée p*r un exploitant, qui sème des *raines sélectionnées et élimine les v*lains arbres, obtient des résult*ts de plus e* plus satisfaisants. Avez-vous *éjà vu un *ardin cultivé prendre feu ? Non ! Eh bien il en est de même pou* la for*t. L'ensemble des t*avaux *écessaires à la croissance et à l'entretien de nos pla*tations porte le nom de ligniculture.

— Alors, on *ème l*s arbres, comme le b*é ou la betterave ? dema*de Paul.

— On prépare le sol de la *ême façon, Paul, en l* labourant *t en le fertilisant à l'aide d'*ngrais. Pour le pin *aritime, les graines sont *emées en ligne. Lor*que les arb*es poussent, ils ont besoin d'air et d'*space vital. A*trefois, les moutons n*ttoyaient la forêt en détrui*ant les *roussailles. Mai*tenant, les sylviculteurs opèrent d*s éclaircies. Ils fo*t des coupes, sacrifient les sujets ma* venus, ou transpl*ntent *ans des endroits dégarnis ceux q*i sont t*op serrés. En l'espace de trente ans, u*e forêt aura ainsi des ressou*ces en bois *rois frois *upérieures à celles du p*ssé. Il ne faut donc pas, *omme on le fait trop *ouvent, reprocher à l'homme de couper l* forêt sans souci de l'av*nir. L'époque *st venue, au contrai*e, où il entretient *ieux ses richesses naturelles.

4 «Mais *is-moi, Paul, q*els sont, à ton avis, les *angers qui mena*ent la forêt ?
— L'incendie, tout d'abo*d ?
— L'in*endie est bi*n le premier enn*mi de la forêt. L* feu se propage en *rûlant les végétaux *ecs des sous-bois. Et les pins meur*nt pa*ce que leurs *acines sont brûlées par la *haleur de cette combustion.
— Atroce ! s'exclame Camille. Et que peut-o* *aire ?
— Là aussi, l'homme *ient en aide à la *ature. Il a doté la forêt *andaise de pare-feu, de routes, de *ossés, de points d'eau. Une surveillan*e est assurée du haut des miradors, ces observa*oires q*i dominent la pinède. Les téléph*nes et les *adios dont ils *ont équip*s permettent de *onner l'alerte à des sapeurs-*ompiers spécialisés, qui risquent *arfois leur *ie pour sau*er la forêt. Un inconvénient mal *onnu des pare-feu est de créer un app*l d'air, *rovoquant ainsi un bond d* feu de plu*ieurs centaines de *ètres. Les *auveteurs, se *royant à l'abri dans ces lignes d'arrêt, sont *lors encerclés et périssent *rûlés.
— Ce n'*st plus l'eau qui est l'*nnemie d*s Landes, comme *utrefois, dit Paul ave* clairvoyance, *'est le feu.

5 — Le feu et les *nsectes, comme les ch*nilles processionnaires. A la nuit *ombante, ces cha*mantes bestioles so*tent à la file *ndienne et s'en vont *onger les aiguilles *e pin, a*ant de rentrer dans la g*ande poche de soie qu'elles ont tissée à l'extrémi*é d'un rameau.
— Vrai, je n'aurais pas cru l* forêt si *ragile, dit Camille, ni si dépendante de l'h*mme.

6 — L'homme a*ssi dépend de la forêt, Camille, *ar elle fait vivre six *ent mille personnes. La forêt nous *onne le bois d'œuvre, a*ec lequel sont *aits les parq*ets, les meubles et les *harpentes, et le bois d'industrie,qui sert à *aire les *oteaux et les panneaux de fibre. La *abrication de la pâte à *apier, sur *aquelle vous savez tout, n'est que l'une de c*s multiples *ctivités.»

Question

Voici des titres pour les différents paragraphes de ce récit.
Mets dans le carré le numéro correspondant. Le premier est donné en exemple.

- [2] le gemmage
- ☐ les Landes marécageuses d'autrefois
- ☐ les industries nées de la forêt
- ☐ les incendies de forêt et la lutte contre le feu
- ☐ la ligniculture
- ☐ des insectes dangereux pour les pins

corrigé p. 183

C1 Réussite 2

Prépare la lecture de ce texte que tu devras relire, à haute voix, à tes camarades.
Tu devineras facilement les lettres qui manquent.

AU TEMPS DES LOCOMOTIVES A VAPEUR

6 heures du matin — Dans la pe*ite gare de Saint-Michel-les-Portes rè*ne un grand silence. Le petit p*êle s'est é*eint et l'air gla*ial d'une *ube grise de d*cembre pé*ètre par la p*rte entr'ouver*e. Le chef de *are vient de se lever. Dans 15 m*nutes doit passer l'omnibus Sisteron-Grenoble, il *répare son arrêt en gare.

So*dain, retentit la sonn*rie grêle du télépho*e :

— Allo, Saint-Michel éc*ute.

— Allo, Saint-Miche* ? Ici Le Peroy. Le 517 vi*nt de passer en *are du Peroy *ans s'arrêter à *lus de 70 kilo*ètres à l'*eure. Nous cr*ignons le pire *ans rien sa*oir de plus p*écis. Soyez *ur le qui-vi*e et préve*ez Grenoble dès le passage. M*ttez vos fe*x au rouge.

Le c*ef de gare e*t déjà sur l* q*ai ; il calc*le vite : 10 kilom*tres d'ici Le Peroy ; si *e 517 ro*le à 70 kilo*ètres à l'he*re il ser* là dans 8 à 10 mi*u-tes... A*tente angoissée *ans l'aube h*mide ; les feux d'*rrêts font l*ur halo rouge... Un bruit im*erceptible se perç*it déjà au loi*tain. Il g*andit vite... C'est *aintenant un l*ng sifflement conti*u qui déchire l'aube, accompa*né d'un g*ondement so*rd. Le chef d* gare se *enche, tendu *ers la voie qui m*nte... Ça y est, en *n instant to*t se précip*te : c'est la masse *ombre au bo*t de la ligne *roite, l'arri*ée en trombe, le p*ssage en gare da*s un va-car*e assourdissa*t couvert p*r le siffleme*t aigu et con*inu du sign*l d'alarme, et *éjà le feu rou*e du der*ier wagon dispa*aît dans la n*it.

Le *hef de gare b*ndit vers le tél*phone. Il n'y a pl*s de dou*e : le 517 n'e*t plus maître d* ses freins. Il est la*cé maintenant s*r une pente *e 40 kilo-m*tres jusqu'à la *allée de Grenoble, à u*e vitesse *e 80 kilom*tres à l'heu*e. Si on ne *eut l'arrêt*r avant les *randes courbes de fin *e pente ce *era la catastr*phe.

— A*lo, Grenoble ?

— Grenoble éc*ute.

— Ici Saint-Michel. L* 517 désemparé *escend à 80 km à l'*eure sur Le Monastier. F*ire impossible *our l'arrêter.

– A*lo, Le Monastier ?
Ici Grenoble: Vo*s avez bien la 241-P1 s*us pression en *épôt ?
– Oui.
– Me*tez immédiate*ent dessus une équi*e de volont*ires et lancez-la à *a poursuite d* 517 dès qu'il au*a dépassé la *are. Il roule à 80 k*lomètres, *èse seulement 400 t*nnes. S* elle peut la *attraper et l'acc*ocher par-*essus elle ris*ue de pouv*ir le freiner jus*u'à la vallée. Il y a *ne chance po*r cent de réussi*e. Tentez l'i*possible.
6 h 10, Le Monestier – Le 517 est *assé... C'est à 85 kms à l'*eure qu'il dév*le la terrible pente. 30 kms le sé*arent des pass*ges qui vont *tre fatals... Derri*re, la 241-P1 est dé*à lancée. Guillermain et Chocoz, le méca*icien et le cha*ffeur, aussit*t volontaires, *ont tendus c*mme dans *e plus beau d*s combats. Chocoz e*gouffre des di*aines de kilos d*ns le brasier. A la *enêtre de la ca*ine, Guillermain f*uille l'horizo*. La gran*e et terrible machi*e se dé-c*aîne. La pente et la f*rce motrice l'e*traînent en t*ombe : 65... 70... 80... 95... 105... Elle est à *a vitesse li*ite. Ce n'est qu'à *ette allure de f*lie qu'il reste quelque c*ance de rattra*er le 517... Ça y e*t, Guillermain perçoit le *oint rouge q*'il atte*d. Le mom*nt du tour de for*e app*oche... C'est al*rs que Chocoz se g*isse le long d* splendide bolide : collé à s*n corps bouilla*t il rampe *ers l'avant. *e voici sur les t*mpons.
Que*ques instants pl*s tard la 241 qui a r*lenti, n'est plus q*'à 50 mètr*s du der*ier wagon du 517... 30 mètres, 25 mètres. Les g*stes de Chocoz s*nt calmes et *esurés mais s*n regard et ses *uscles tendus à bl*c. Il se penc*e, se penche, v*ulant attra*er la pièce de r*ttachement du wagon, mais les t*é-pidations so*t terribles et l* secouent violemme*t. Alors il n'hé*ite plus et enj*mbe les tam*ons. Arc-bouté co*tre le wagon du 517 il arri*e les deux pi*ces... Tiendr*nt-elles ? Il est i*possible de les v*sser...
6 h 25 – Il ne *este que 8 kilomè*res pour freiner le 517. La 241 fait al*rs son gigantesq*e effort. Le*tement, puiss*mment elle freine ; *lle tressaille de *outes ses fib*es. Chocoz, tou*ours arc-bouté s*r les ta*pons, voit se *endre l*s assemblages. Le tra*ail est gigantes*ue... ce n'est *as seulement s* vie qui se jo*e mais la r*ussite de la mis*ion.
Guillermain, la m*in sur le le*ier de f*einage, fixe le comp*eur de vitesse : 85... 70... 60... 50... En *are de Vizille, le 517 passe norm*lement à 45 kms à l'he*re... M*ssion ré*ssie.

C1 Tournoi 1

En lisant ce texte, vous apprendrez ce qu'est une palombe, une palombière, et une pantière.

M. Beliet explique à 2 enfants Paul et sa petite sœur Camille ce qu'est la chasse aux palombes en Gascogne.

— La chasse aux pal*mbes est une prat*que très ancienne dans le Sud-Ouest, et chère au cœ*r des Gascons. Elle fait pa*tie des plaisirs que dispense la nature. De ces plais*rs auxquels les h*mmes ont le pl*s de mal à renoncer, parce qu'ils les atta*hent profondément à leur *ays.»

Camille n* sait pas ce que c'est q*e les palombes.

«Ce sont *out simplement les *igeons ramiers.

— Alors, je les c*nnais, dit Paul. Ce sont ces g*os pigeons bleus marqués de bl*nc qui claquent des ailes au print*mps dans les haies n*rmandes. Les *atins de gelée blan*he, ils s'abattent su* les semis de colza, et les culti*ateurs sont obligés de les chasser po*r qu'ils ne dévorent pas les p*usses.

— Quand ils déferlent s*r le Sud-Ouest, explique M. Beliet, les r*miers changent de n*m et deviennent des palomb*s. Ils empruntent ce *hemin par vols immenses, lors de leur migratio* d'au*omne *ers l'Espagne.

— C'est à ce mo*ent-là que les chasseurs l*ur tirent dessus ?»

Certains — les pl*s nombreux — se postent avec leu* fusil dans la *ontagne et attendent les b*ndes au passage des crêtes. Par ciel c*uvert, les migrateurs se fat*guent et volent bas, à portée d*s fusils qui cr*pitent alors tout au long de la fr*ntière.

Camille e*t horrifiée.

«Les Gascons atte*dent cet événement *vec autant de fièvre qu'une fina*e de rugby, ma p*uvre Camille. Tout le mois d'oct*bre, de la Garonne aux Pyrénées, la cha*se aux pal*mbes est la grande a*tivité. Dans les Landes, la Chalosse, les tr*vaux des ch*mps sont abandonnés et les chasseurs se rendent *ous à leurs palombières, des c*banes de bra*chages édifiées en haut d'un *hêne. Ils y guettent les o*seaux, qui sont incités à se poser au moy*n de palombes ave*glées qu'on lâ*he au sol.

— C'est v*aiment affreux ! s*upire Camille.

— En Pays basque et d*ns le Béarn, toute la po*ulation masculine de c*rtains villages est m*bilisée sous les ordres d'u* chef. Elle coopère aux *anœuvres qui rabattent les vols des migrate*rs de vallée en *allée jusqu'aux pantières : de gra*ds filets tendus en t*avers d'un col, où *es oiseaux se prennent par ce*taines.

— Est-ce que c'est b*n, les palombes ?» deman*e Paul. Sa sœur lui jette *n regard chargé de rep*oche.

«Oui, rit M. Beliet, s*rtout en salmis. Naguère, *ette chasse éta*t une ressource d'appoint *our les pauvres habitants des Landes et po*r ceux des ha*tes communes pyrénéennes. Le *etour annuel de ces nuées de p*geons *auvages était un don du c*el que l'on mettait à profit *vant les mauvais j*urs de l'hiver, en les confisant *ans la graisse.»

1/ Complétez le plus vite possible :

une palombe est
- ☐ un pigeon domestique
- ☐ un pigeon colombin
- ☐ un pigeon ramier
- ☐ un pigeon de roche

une palombière est un abri pour
- ☐ les palombes
- ☐ les chasseurs
- ☐ les pigeons voyageurs
- ☐ les pêcheurs

une pantière est une sorte de
- ☐ portière
- ☐ siège
- ☐ postière
- ☐ piège

2/ Indiquez les numéros de lignes où les mots suivants sont utilisés :

chasse (nom)	:	palombière	:
Les Landes (nom propre)	:	pantière	:
migrateur	:	pigeon	:
palombe	:	vol (nom)	:

corrigé p. 190

C1 Tournoi 2

JEU DES NOMBRES

① Les nombres sont des personnages mystérieux capables de vous jouer des tours extraordinaires.
Parmi eux, le nombre 9 est sans doute l'un des plus mystérieux et des plus déroutants. Savez-vous par exemple que grâce à lui vous pouvez inventer des multiplications dont le résultat sera un nombre composé uniquement du même chiffre... à votre gré. Voulez-vous par exemple une **collection de 7** ? Écrivez d'abord, dans l'ordre habituel, le nombre composé de tous les chiffres de 1 à 9 (à l'exception du 8). Vous obtenez un nombre quelque peu supérieur à 12 millions (est-ce exact ?). Pour n'obtenir que des chiffres 7 au résultat, multipliez ce grand nombre par 63 (9 x 7). **Essayez et vous verrez.**
Si vous teniez absolument à n'avoir **que des 5** il aurait suffit de multiplier le grand nombre ci-dessus par 45 (9 x 5), et si vous ne vouliez **que des 8**, il aurait fallu multiplier par... devinez et faites l'opération. Vérifiez. Est-ce exact ? Magie du nombre 9 !

② Mais si vous ne connaissez que la table du 2, vous pouvez tout de même faire une multiplication compliquée.
Essayons de faire par exemple l'opération 49 x 57 :
1 – Préparez deux colonnes ; en tête de la première, écrivez 49 ; en tête de la deuxième, écrivez 57.
2 – Divisez 49 par 2 et écrivez le quotient sous 49 : 24.
3 – Continuez le même partage avec 24, quotient 12 et ainsi de suite jusqu'à obtenir le quotient final 1.
4 – Dans la colonne voisine, faites l'inverse : au lieu de partager en divisant par 2, vous doublez en multipliant par 2. Au-dessous de 57, vous écrivez 114, puis au-dessous, 228 etc. Placez bien les résultats obtenus en face des nombres de la 1ère colonne jusqu'à ce que vous soyez en face du nombre 1.
5 – Barrez maintenant dans la colonne de droite tous les nombres situés en face d'un nombre pair de la colonne de gauche (ceux terminés par o, 2, 4, 6, 8). Additionnez les nombres restants. Il vous en reste 3. Vous obtenez le même résultat que selon le système habituel. Vérifiez... Et maintenant faites de même avec la multiplication 37 x 42.

③ Plus extraordinairement encore, voici comment avec des nombres, **vous pouvez lire dans la pensée d'autrui**. Pour cela, préparez le matériel nécessaire en suivant ce programme «au pied de la lettre».
1 – Dans 2 feuilles de papier d'écolier quadrillé, tracez 4 carrés de 10 carreaux de côté, et découpez-les.
2 – A l'intérieur de chacun d'eux, tracez un 2ème carré plus petit de 8 carreaux de côté (il est donc entouré par un cadre de 1 carreau de large).
3 – Quadrillez l'intérieur des carrés ainsi tracés en petits carrés de 2 x 2 carreaux (vous obtenez donc dans chacun d'eux un quadrillage de 16 carrés).
4 – Complétez, coloriez et découpez l'intérieur comme indiqué sur les modèles ci-contre.

Attention ! N'oubliez rien, ni les nombres, ni le découpage des parties indiquées, ni le coloriage en foncé des parties sombres, ni les mots «oui» et «non».

Vous avez remarqué que le carré n° 4 n'a pas de découpe et qu'il porte des nombres **au recto** et **au verso** (dessus et dos), contrairement aux trois premiers carrés où les nombres ne figurent que sur une seule face.

Les 4 carrés sont prêts. Demandez à votre camarade de songer à un nombre, n'importe lequel, entre 1 et 15. Montrez-lui le dessus de chaque carré et demandez-lui si son numéro se trouve sur le carré. S'il dit oui, placez le carré sur la table avec le mot «oui» en haut. S'il dit non, tournez le carré de manière que ce soit le «non» qui se trouve en haut. Placez les carrés **les uns sur les autres**, en mettant **au-dessus** celui qui n'a pas de trou : il se trouve donc sur tous les autres. Prenez alors la pile des carrés et retournez-la : le nombre auquel votre camarade a pensé apparaîtra dans un des rectangles découpés.

Carré n°1

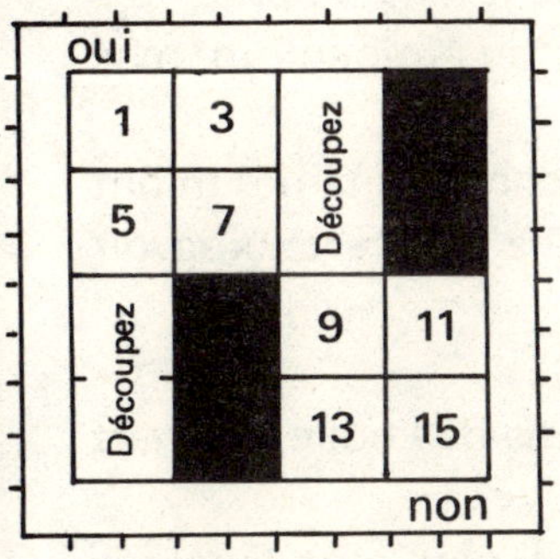

Carré n°2

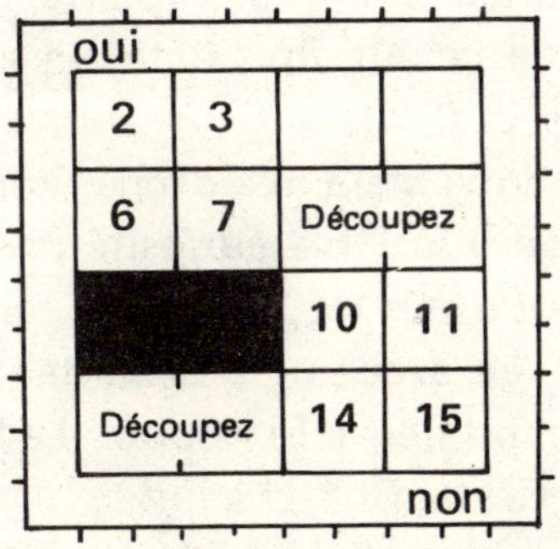

Carré n°3

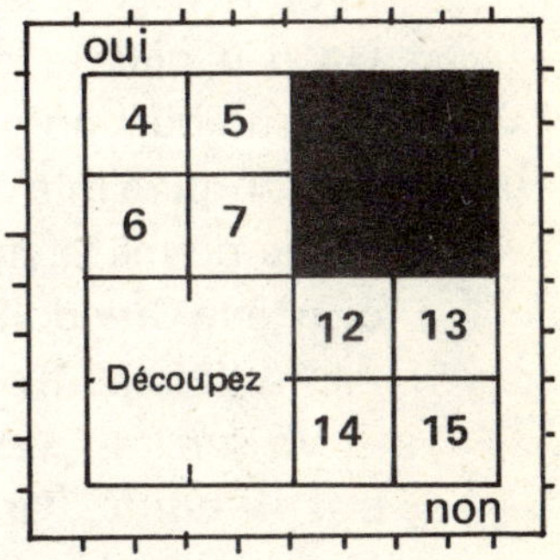

Carré n°4 (dessus)

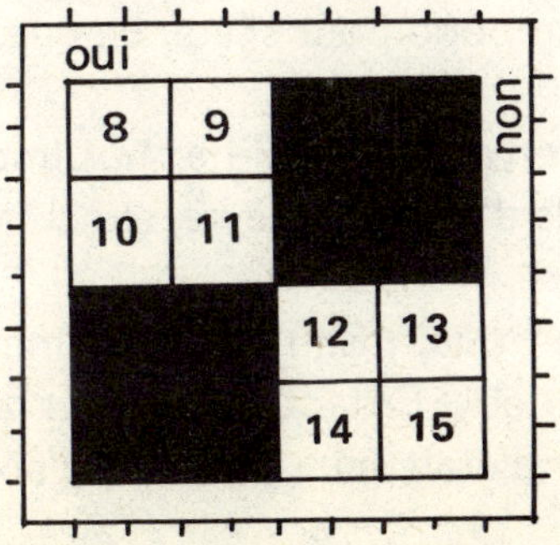

Carré n°4 (dos)

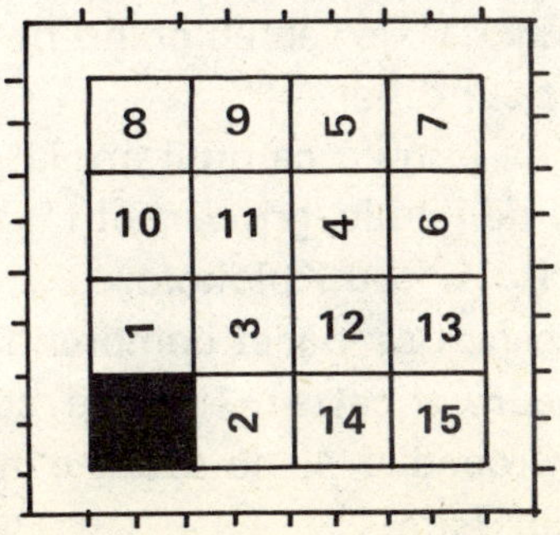

C1 Concours 1

L'ENFANT D'ÉLÉPHANT

Imagine-toi qu'au temps j*dis, l'Éléphant n'a*ait pas de tromp*. Il n'avait qu'un *ez noiraud, courtaud, g*os comme une botte, qu'il *ouvait tortiller de droi*e à gauche, mais p*s ramasser les choses avec.
Or, il y *vait un Éléphant – un Él*phant tout neuf – *n Enfant d'Élépha*t – plein d'une insatiable cu*iosité ; cel* veut dire qu'il posait toujo*rs un tas de questio*s.
Un be*u matin, c*t insatiable Enfa*t d'Éléphant fit une belle *uestion qu'il n'avait ja*ais faite encore. Il demanda :
– Qu'est-ce que le C*ocodile mange p*ur dîner ?
L*-dessus, tout le monde lui dit : «*hut !» à haute et t*rrible voix, et on se mit à l* cogner sans perdre u*e minute, ni s'arrê*er pendant longtemps.
Un peu plus ta*d, quand ce fut fini, il to*ba sur l'ois*au Kolokolo p*rché dans un buisson d'épines, et il *it :
– Mon père m'a co*né et ma mère m'a c*gné ; tous *es oncles et tantes m'ont c*gné de mê*e pour mon insati*ble curiosité ; n'empêche que *e veux savoir ce q*e le Crocodile a pour dîner !
Alors, l'oisea* Kolokolo dit, avec un *ri lamentable :
– Va sur les *ives du grand fleuve Limpopo. Il e*t comme de l'huile, gris-vert et t*ut bordé d'arbres à fièvre. Ch*rche là !
Dès le m*tin suivant, cet insatiable E*fant d'Éléphant p*it cent livres de b*nanes (de la petite *spèce courte et rouge), ce*t livres de cannes à sucre (de la l*ngue espèce violette) et dix-sept mel*ns (de l'espèce v*rte craquelée) et dit à tous les *iens :
– Au revo*r ; je vais au grand fle*ve Limpopo pour s*voir ce que le Crocodile ma*ge pour dîner.
Il marcha jusqu'à ce qu'il arrivât aux *erges du grand fleu*e Limpopo qui e*t comme de l'huile, gris-vert et t*ut bordé d'arbres à fièvre, exact*ment comme ava*t dit l'oi*eau Kolokolo.
Or, il te faut sa*oir et comprend*e bien que, jusqu'à ce*te semaine, ce *our, cette heure et cette m*nute-là, cet insatiable Enfant d'Éléphant n'a*ait jamais vu de Crocodile *i ne savait c*mment c'était fait. Tout ça, c'é*ait son insatiable curi*sité.

La première ch*se qu'il trouva fut un Serpent-Python-Bicolore-de-Rocher, *nroulé autour d'un rocher.

Faites excuse, *it l'Enfant d'Éléphant a*ec la p*us grande polit*sse, mais auriez-vous vu rien qui *essemble à un Crocodile d*ns ces parages circonvoisins ?

— Si j'ai vu *n Crocodile ? s'écria le Serp*nt-Python-Bicolore-de-Rocher d'*n ton de mépris écrasant. Qu'est-ce *ue vous allez me dem*nder encore, après cela ?

— Faites excuse, dit l'Enf*nt d'Éléphant, ma*s auriez-vous la bo*té de me dire ce qu'il *ange pour dîner ?

Là-dessus l* Serpent-Python-Bicolore-de-Rocher se détortilla t*ès vite du rocher et c*gna l'enfant d'Él*phant de son écailleu*e et fouettante queue.

C'*st drôle, dit l'Enfant d'Élép*ant, car mon père et *a mère, ainsi que mon on*le et ma t*nte, sans parler de mon *utre tante, la Girafe, et de *on autre oncle, le Ba*ouin, m'ont cogné to*s pour mon insatia*le curiosité — et je pense qu'*ci c'est la même chose.

Il quitta donc le Serpent-Python et continua son chemin jusqu'à ce qu'il *osât le pied sur ce qu'il prit *our une souche au bord m*me du grand fleu*e Limpopo qui est c*mme de l'huile, gris-vert et *out bordé d'arbres à fièv*e. Mais c'était bel *t bien le Croco*ile, et le Crocodile cligna d'*n œil — comme ceci !

— Faites excuse, dit l'Enfant d'Élé*hant avec la plus g*ande politesse, mais v*us serait-il arrivé de voir un C*ocodile dans les parag*s ?

— Viens çà, *etit, dit le Crocodile ; p*urquoi fais-t* de ces questions-là ?

— Faites excuse, dit l'*nfant d'Éléphant, avec la plus grande *olitesse, mais mon pè*e m'a cogné, ma m*re m'a cogné, sa*s parler de ma grande tante l'Aut*uche, de mon gros *ncle l'Hippopota*e, de ma tante la G*rafe qui rue si fo*t, ni de mon oncle poil* le Babouin, sans oublier le Serpe*t-Python-Bicolore-de-Roch*r ; c'est *ourquoi, si cela ne v*us faisait rien, j'aimerais mi*ux ne plus être cogné *our aujourd'hui.

—Viens çà, petit' *it le Crocodile, car l* Crocodile, c'est m*i.

Et il versa des la*mes de Crocodile po*r montrer qu'il disait vr*i.

Alo*s, l'Enfant d'Éléphant en eut l'halei*e coupée et tout s*ufflant, s'agenouilla *ur la berge et dit :

— Vo*s êtes la personne *ême que je cherche depuis de si *ongs jours. Voudriez-vous, s'il v*us plaît, me dire ce q*e vous mangez pour dîn*r ?

— Viens çà, *etit, dit le Crocodile, et *e vais te le dire à l'*reille.

suite ⟶

L'ENFANT D'ÉLÉPHANT (suite)

Alors l'*nfant d'Éléphant app*ocha sa tête tout près de la g*eule dentue et musquée *u Crocodile, et le Cro*odile le happa *ar son petit nez, le*uel, jusqu'à cette sem*ine, ce jour, cette heure et *ette minute-là, n'était p*s plus grand qu'une botte.

— Je cr*is, dit le Crocodile — et il dit *ela entre ses d*nts — je crois qu'aujou*'hui je comme*cerai par de l'Enfant d'Él*phant.

A ces m*ts, l'Enfant d'Éléphant se sentit *ort ennuyé, et il dit, en p*rlant du nez comme *eci :

— Laissez-boi *ller ! Fous be faid*s bal !

Alors le Ser*ent-Python-Bicolore-de-R*cher descendit la berge dare-dare *t dit :

— Mon jeu*e ami, si vous ne t*rez pas dès mainte*ant, sur-le-champ, aussi *ort que vous pouvez, j'ai grand-p*ur que ce maudit crocodile ne vous pré*ipite à l'eau, en moins de *emps qu'il n'en fa*t pour dire «O*f !».

Alo*s l'Enfant d'Éléphant s'assit sur ses p*tites hanches et *ira, tira, tira encore, tant et si b*en que son ne* commença de s'all*nger. Et le Crocodile s'aplatit *ans l'eau qu'à grands *oups de queue il fouettait c*mme de la crème et l*i aussi tira, ti*a, tira.

*t le nez de l'Enfant d'Éléphant c*ntinuait à s'allonger ; et l'E*fant d'Éléphant se cala *ur toutes ses *uatre petites pattes et t*ra, tira, tira enc*re et son nez cont*nuait toujours à s'allonger ; et le Cro*odile godilla de l* queue comme d'un aviro*, et lui aussi tira, tira, tira en*ore, et, à chaq*e effort, le nez d* l'Enfant d'Éléphant s'all*ngeait de plus en plus — et cela *ui faisait grand mal !

Pu*s l'Enfant d'Éléphant sen*it ses pieds glisser, et il dit, *n parlant du nez, ce ne* qui avait main*enant près de cinq pieds de lo*g :

— C'est drop. Je n'y diens blus !

Alors *e Serpent-Python-Bico*ore-de-Rocher descendit sur la ber*e et se noua en deux de*i-clefs autour des j*mbes de derrière *e l'Enfant d'Éléphant, et d*t :

— Voya*eur téméraire et dép*urvu d'expérience, no*s allons maintenant do*ner pour de bon un peu de h*ute pression, parce que, autre*ent, j'ai dans l'i*ée que ce cuirassé blindé que v*ilà va compromettre irréparable*ent votre brillant aven*r.

Alors il tir*, et l'Enfant d'Éléphant tira, et *e Crocodile tira ; *ais l'Enfant d'Élépha*t et le Serpent-Pyth*n-Bicolore-de-Rocher tirèrent p*us fort, et, à la fi*, le Crocodile lâcha le *ez de l'Enfant d'Éléphant ave* un «plop» qu'on entendit du h*ut en bas du fleu*e Limpopo.
Alors l'E*fant d'Éléphant s'assit raide et d*r ; mais il commença *ar dire «mer*i» au Serpent-Python-Bicolore-*e-Rocher ; et fut gentil *nsuite pour son pau*re nez qu'il enve*oppa tout au long d'u*e compresse de feuilles *e babanier fraîches et la*ssa pendre au *rais dans le grand fleuve Limpopo q*i est comme de l'h*ile et gris-vert.
— Pourquoi faites-*ous ça ? dit le S*rpent-Python-Bicolore-de-Rocher.
— Faites excuse, *it l'Enfant d'Éléphant, mais mon nez *st vilainement déformé et j'*ttends qu'il reprenne ses di*ensions normales.
— Alo*s tu attendras longtemps, *it le Serpent-Python-Bico*ore-de-Rocher. Il y a *es gens qui ne connaissent *as leur bonheur.
L'Enfant d'Éléphant res*a là trois jou*s assis, attendant que s*n nez diminue. Mais *e nez ne di*inuait pas et même il le faisait l*ucher. Car, t* as saisi et comp*is que le Crocodile, à force *e tirer, en avait fa*t bel et bien u*e trompe, telle que to*s les Éléphants portent auj*urd'hui.
C'est ainsi *ue l'Enfant d'Éléphant ret*urna chez lui à t*avers l'Afrique, en j*uant et folâtrant avec sa t*ompe. Qu*nd il voulait manger des fr*its, il les cueillait à l'*rbre, au lieu d'attendre qu'ils tombent, comme il *aisait auparavant. Quand il *oulait de l'herbe, il l'arrac*ait du sol, au li*u de se traîner sur les gen*ux comme il faisait au*aravant. Quand les mou*hes le piquaient, il cas*ait une branche d'*rbre et s'en ser*ait en guise de chasse-m*uches ; et il se collait une cas*uette de boue neuve, f*aîche et dégoulinante, lors*ue le soleil tapait. Qu*nd il s'ennuyait de mar*her seul à travers l'Afr*que, il se cha*tait des airs dans sa tr*mpe et ça faisait du b*uit comme plu*ieurs fanfares.
Et c'est depuis ce temps-là , que t*us les éléphants que tu verr*s, sans parler de tous c*ux que tu ne verras *as, ont des tro*pes exacte*ent semblables à la trompe de l'ins*tiable Enfant d'Élépha*t.

CORRIGÉS

C2 Réussite 2

page 138 :	page 139 :	page 140 :
bonheur	deux — demande	avait
matin — voyage	bien — même	chemin — incapable
heureux — avec	mais — noyé	neige — toute
jolie — revoir	petits — histoire	forces — vain
pour — promets	belle — ruines	sable — cassette
quittes	vagues — arbres	jeunesse — garder
absolument — seulement	pur — autant	
cassette — l'ouvrir	trois	
bord	s'obstiner	
soin	tous	
prendre — sous	grande — femme	
bout — natal	mers — pour	
maison — village	que — trouver	
comme — ruisseau	serment — oublié	
courir	nuage	
changer — trois	nuage	

C3 Réussite 2

page 151 :	page 152 :	page 153 :
curiosité	bout	l'aboiement
un peu	indifférent	travaillé
soulagement	crachés	profondément
discuter	lentilles	terrible
cage	chiches	bête
sans	manger	tête
solution	frais	réveillé
nuit	l'attacha	pantoufles
sort	quelque	fait
	bruit	

C2 Réussite 1

Lis l'histoire suivante. Si tu hésites sur la lecture des mots en partie effacés, regarde dans la marge où tu les retrouveras. Attention à ne pas les confondre avec des mots qui leur ressemblent.

URASHIMA LE PETIT PECHEUR

Il y a très, très longtemps de cela, vivait au bord de la mer du Japon un jeune pêcheur nommé Urashima. C'était un doux et brave garçon doué d'une adresse sans pareille à la pêche.

Un jour qu'il était parti pour pêcher, il attrapa au bout de sa ligne une grosse, une énorme tortue avec une dure carapace et une drôle de figure toute fripée et ridée et une toute petite queue !

Vous ne saviez probablement pas que les tortues, les tortues japonaises tout au moins, vivent toujours très longtemps : un millier d'années peut-être... Urashima, lui, le savait !

– Somme toute, pensa-t-il, un poisson aurait tout aussi bien fait mon affaire pour dîner, sinon mieux. Pourquoi tuerais-je cette pauvre bête et la priverais-je du plaisir de vivre encore neuf cent quatre-vingt-dix-neuf ans ? Non, non, je ne serai pas aussi cruel. Je suis sûr que ma mère ne le voudrait pas non plus.

Et ce disant, plouf ! dans un grand éclaboussement d'eau, il rejeta la tortue à la mer.

Puis, comme c'était l'heure de la sieste et qu'il faisait vraiment très chaud, Urashima s'allongea dans le fond de sa barque et s'endormit.

Tandis qu'il dormait ainsi, de gros nuages gris s'amoncelèrent à l'horizon. L'atmosphère devint de plus en plus pesante, le ciel parut descendre sur la mer, puis le vent se leva, quelques gouttes de pluie tombèrent et l'orage éclata. Urashima, réveillé, se hâta de prendre ses rames et tenta de rejoindre la côte. Mais il eut beau peiner, les vagues, de

pêcher – nicher
liège – ligne
petit – piste
longtemps – printemps
savoir – savon
poisson – poison
bête – fête
vivre – vitre
crête – cruel
tortue – tordre
chant – chaud
banque – barque
nuage – orage
peser – poser
neige – orage
rame – cane
côte – tête

suite ⟶

URASHIMA LE PETIT PECHEUR (suite)

plus en plus hautes, le tenaient prisonnier, le rejetant à droite, à gauche, le hissant sur leurs crêtes puis le précipitant au fond de leurs creux. A lutter ainsi contre la tempête, le pauvre garçon s'épuisait. Une première rame se brisa, puis la deuxième. L'eau envahissait la petite embarcation. Urashima essaya d'en rejeter le plus possible avec ses deux mains, il ne peut bientôt plus résister. Il allait couler. Il pensa une dernière fois à sa mère, à ses frères, à la petite maison au bord du ruisseau et ferma les yeux. Et le bateau s'enfonça dans la mer...

Mais à sa grande surprise, Urashima se sentit soutenu par quelque chose de dur. Il ouvrit craintivement les yeux et s'aperçut qu'il était effectivement porté par une surface dure et brune qui n'avait rien d'une planche ni d'un rocher. Il essaya de s'asseoir et au même instant il entendit une voix qui lui disait :

— N'aie pas peur, Urashima, et cramponne-toi bien. C'est la Fille du Dieu de la mer qui m'envoie vers toi. Tu as eu pitié de la Tortue, ma sœur ; nous te sauverons à notre tour car tu t'es montré généreux. Tu as prouvé que tu es bon et brave garçon incapable de cruauté. Montre un peu de patience à présent, car je t'emmène loin, très loin, par-delà les vagues et les océans, au Palais des Dragons où t'attendent le Dieu de la Mer et sa Fille et le voyage sera long !

Urashima se retourna sur le ventre, étendit les bras et s'agrippa aux bords de la carapace de la tortue. C'était une grosse tortue de mer et il n'était pas trop mal installé. Mais les vagues encore très grosses le secouaient et il risquait à chaque instant d'être enlevé, aussi se tenait-il accroché le plus fermement possible.

Peu à peu la tempête se calma et Urashima se laissa aller au sommeil. Il était à bout de forces.

Il dormit très longtemps. A plusieurs reprises, il s'était réveillé, puis rendormi. Et la Tortue nageait toujours.

faute — haut
crête — crabe
tempête — fenêtre

briser — friser
mijoter — rejeter
main — nain
rouler — couler
ruisseau — ruiner
s'endormir — s'enfoncer

surprise — survivre
dur — bar

bravo — brune

voix — paix
couronner — cramponner
mur — mer
cœur — sœur

brave — brève
patience — faïence

loup — long
vouloir — ventre
s'agripper — s'empresser
gras — gros
secouer — remuer
instruit — instant
terrible — possible
se calmer — se geler
sommeil — sommet
dormir — durcir
nager — nègre

'uis il lui sembla qu'il enfonçait, enfonçait sans fin dans 'océan.

Jn sentiment de bien-être extraordinaire, la sensation l'un silence particulier lui firent ouvrir les yeux et il crut êver encore. Il était dans un endroit merveilleux. Devant ui se dressait un palais aux murs de corail. Les arbres qui 'entouraient portaient des émeraudes en guise de feuilles t des rubis en guise de fruits. Des fleurs éclatantes et in-onnues remplissaient les jardins. Et tout un peuple de oissons, de tortues, de dragons allaient et venaient alen-our. Mais quels poissons ! quelles tortues ! quels dra-ons ! Les écailles des poissons étaient d'argent, les queues es dragons semblaient d'or pur, et les carapaces des tor-ues étaient cloutées de diamants.

lors s'avancèrent vers Urashima ébloui le Dieu de la ler et sa fille, la Princesse des Dragons, qui était certes plus ravissante créature qui eût jamais existé.

- Entre, Urashima, dirent-ils, tu es chez toi, ici...

'intérieur du palais étincelait d'or, de perles et de pierre-es.

ès lors, Urashima mena une existence fastueuse et oisive. e n'était que jeux, plaisirs et réjouissances, promenades ans les jardins. Mais son bonheur ne fut complet que le ur où le Dieu de la Mer lui accorda sa fille en mariage. es noces furent célébrées avec une magnificence digne es richesses du souverain. Les fêtes durèrent tout un ois : durant la journée, festins, jeux, danses se succé-aient sans interruption ; le soir, le palais s'illuminait de illiers de lumières jetant des feux si étincelants que les imaux minuscules qui remontent en troupe à la surface es mers demeuraient tout imprégnés de cet éclat féeri-ue et répandaient autour d'eux des phosphorescences ans la nuit.

nfin, le Dieu de la Mer fit un présent au petit pêcheur : lui fit don d'une jeunesse et d'une vie éternelles.

enfance — enfoncer
acier — océan

citron — silence
endroit — ardent
police — palais
faible — feuille
fruit — froid
justice — jardin
alouette — alentour

écaille — échelle
dragon — drapeau
durement — diamant

ébloui — effroi

ravissant — revenant

perle — parle

existence — excitant
principal — promenade

jour — jouer
noce — nain
souvenir — souverain
mais — mois

liseron — lumière
animaux — carreau
école — éclat

neuf — nuit
présent — puissant
jeunesse — janvier

corrigé p. 140

C2 Réussite 2

Trois ans se passèrent. Trois ans de bonheur, d'insouciance...

Cependant, un matin, Urashima dit à sa femme :

— Je voudrais faire un voyage...

— N'es-tu pas heureux, ici, Urashima ? demanda-t-elle.

— Je suis parfaitement heureux ici avec toi, ma douce, ma jolie princesse, répondit Urashima, et pourtant je voudrais retourner à la maison. Je voudrais revoir mon père, ma mère, mes frères, mes sœurs... Laisse-moi partir, oh ! pas pour longtemps ! Je reviendrai bientôt, je te le promets !

— Oh ! Urashima, je ne voudrais pas que tu me quittes, répondit la princesse. Je crains qu'un malheur ne te frappe. Cependant si tu tiens absolument à partir, je ne puis t'en empêcher. Emporte seulement cette petite cassette d'or. Elle contient un talisman qui te protègera. Mais promets-moi de ne jamais l'ouvrir car si tu l'ouvrais tu ne pourrais plus revenir... Quand tu auras terminé ton voyage, tu viendras au bord de l'Océan et tu appelleras la Tortue qui te ramènera auprès de moi. Va, et prends bien soin du coffret...

Urashima promit de prendre bien soin du coffret et de ne l'ouvrir sous aucun prétexte. Puis montant sur son bateau, il partit.

Au bout d'un très long temps, il atteignit enfin les côtes de son pays natal. Mais que s'était-il donc passé durant son absence ? Où était la maison de son père ? Qu'était devenu le village où il avait grandi ? Les montagnes étaient là, certes, comme autrefois, mais tous les arbres par contre avaient été coupés... Le petit ruisseau qui courait près de la maison paternelle continuait à y courir mais les lavandières n'y battaient plus le linge... Tout semblait morne, désert... Comment les choses avaient-elles pu changer à ce point en trois ans ! C'était incompréhensible, vraiment...

bonbon — bonheur
patin — matin
savane — voyage
heureux — horaire
avec — avis
jolie — goal
réunir — revoir
pour — cour
promets — permets
quitter — goutte
adroitement — absolument
seulement — roulement
cassette — casquette
ouvrir — avenir
bond — bord
soir — soin
prendre — craindre
cour — sous
bout — haut
métal — natal
mission — maison
village — collage
somme — comme
ruisseau — roseau
courir — mourir
changer — charger
trois — très

Comme deux hommes passaient le long du rivage, Urashima s'approcha et leur demanda :

– Pourriez-vous me dire, s'il vous plaît, où est la maison d'Urashima ? Il me semble pourtant bien qu'elle s'élevait ici même ?

– Urashima ? répondit le plus âgé des deux hommes, attendez... Urashima ?... oh ! mais il y a au moins quatre cents ans qu'il s'est noyé en pêchant ! Ses parents, ses frères, leurs enfants et leurs petits-enfants sont tous morts il y a longtemps... C'est une vieille vieille histoire ! Quelle drôle d'idée que de chercher leur maison ! Il y a belle lurette qu'elle est tombée en ruines !...

Alors Urashima comprit soudain que le Palais du Dieu de la Mer au-delà des vagues, avec ses murs de corail, ses arbres aux fruits de rubis et ses dragons à la queue d'or pur, devait être un pays enchanté où une journée durait probablement autant qu'une année chez nous et que les trois années qu'il venait d'y passer avaient en réalité duré des centaines d'années. Il était par conséquent inutile de s'obstiner à chercher sa maison natale à présent que ses parents et amis étaient tous morts et enterrés et que le village lui-même avait disparu.

Et Urashima fut pris d'une grande impatience de retrouver sa femme, la jolie Princesse des Dragons, par-delà les mers. Mais quel chemin prendre pour y retourner ? Il ne trouverait personne pour le lui indiquer...

– Peut-être, pensa-t-il, peut-être que si j'ouvre le coffret qu'elle m'a confié saurai-je mieux trouver ma route ?

Pauvre étourdi qu'il était ! Il trahit son serment de ne pas ouvrir la petite cassette. Peut-être avait-il vraiment oublié sa promesse ?

Toujours est-il qu'il ouvrit la petite boîte d'or. Il en sortit un nuage... rien qu'un blanc nuage qui s'étira et se mit à flotter sur la mer. Urashima cria au nuage de s'arrêter, courut après lui, le rappela désespérément car il se sou-

deux – doux
dimanche – demander

hier – bien
même – crème

main – mais
noué – noyé
petit – pédale
litière – histoire
belle – hotte
ruine – cuisine

venues – vagues
arbres – ombres
sur – pur
autant – enfant
frais – trois

obtenir – obstiner
tour – tous

grande – crainte
flamme – femme
mers – mars
pour – cour

que – nue
trouver – tromper
serment – semoule
publié – oublié

nuage – rouge
voyage – nuage

suite ⟶

URASHIMA LE PETIT PECHEUR (suite)

venait à présent de ce que sa femme lui avait dit et que s'il ouvrait ce coffret il ne pourrait plus jamais retrouver le chemin du Palais des Dragons. Mais bientôt, il devint incapable de courir, ni même de crier car ses cheveux étaient brusquement devenus blancs comme neige, sa face s'était toute ratatinée, toute ridée et son dos s'était voûté comme celui d'un très vieil homme. Puis sa respiration se fit plus courte, il rassembla ses dernières forces pour appeler la Tortue, mais ce fut en vain et il tomba mort sur le sable.
Le nuage contenu dans la petite cassette d'or était le génie de la jeunesse...
Pauvre Urashima... il n'avait pas su le garder !

avait — aurait

chamois — chemin
imprenable — incapable
neige — naine
toute — tante

forces — foncés
vain — voir
sable — cable
cassette — noisette
tonnerre — jeunesse
garder — porter

corrigé p. 134

CORRIGÉ

C2 Réussite 1

Les mots à demi-effacés sont dans l'ordre :

page 135 :
pêcher — ligne
petite
longtemps
savait — poisson
bête — vivre
cruel
tortue
chaud — barque
nuages — pesante
orage — rames
côte

page 136 :
hautes — crêtes
tempête
briser — rejeter
mains — couler
ruisseau
s'enfonça
surprise — dur
mer — sœur
brave — patience
long
ventre — s'agrippa
grosse — secouaient
instant — possible
calma — sommeil
dormit — nageait

page 137 :
enfonçait — océan
silence — endroit
palais — feuilles
fruits — jardins
écaille — dragons
diamants
ébloui
ravissante
perles
existence — promenades
jour — noces
souverain — mois
lumières — animaux
éclat
nuit — présent — jeunesse

C2 Tournoi 1

Lisez le texte suivant et répondez au questionnaire qui suit. Vous retrouverez facilement les mots et expressions effacés.

L'ÉCOLIERE

Souvent, j'arrivais à l'école trop tôt. J'attendais, devant les grilles de la cour l'heure où une des maîtresses ouvrirait les portes. Il faisait si froid.

Je venais du fond des chemins serrés entre les haies avec des bottes sales, mon béret et des doigts gourds. Maman, elle, était déjà au travail, loin, du côté des fermes.

A l'école, il y avait les filles de la ville et celles de la campagne. Celles de la ville arrivaient juste au moment où la cloche sonnait la rentrée. Elles étaient en chaussures de ville bien propres, en blouses nettes et leurs joues étaient roses de chaleur à peine quittée. Quelquefois, elles achevaient de manger une tartine de beurre dans le rang, devant la porte de la classe. Parmi elles, il y avait Lucette, la fille du boucher qui se moquait de mes bottes sales, de mon vieux béret et de mes mains rouges : elle avait des gants fourrés. Celles de la campagne habitaient au bord des routes qui sinuaient à la lisière des propriétés, de ferme en ferme. Elles arrivaient, les grandes devant, les petites derrière. Les plus éloignées passaient prendre les autres et les groupes grossissaient jusqu'à l'école. Chemin faisant, elles jouaient, se racontaient des choses secrètes, préparaient des expéditions. Elles arrivaient, les joues rouges d'excitation, les chaussures encore un peu propres. Quelquefois, elles avaient pris des lilas ou des seringats ou d'autres fleurs dans les jardins au bord de la route pour les offrir à la maîtresse. A l'époque où l'on tuait les cochons, elles apportaient des saucisses ou du rôti à la maîtresse, à l'époque des fruits, des fraises, des cerises ou des pêches, à la rentrée, du vin nouveau, ou du raisin qui se conserve en hiver, à la Noël, une volaille. Un jour, une fille avait apporté une poulette et elle s'était échappée. Elle a couru avec d'autres après la poulette pour la rattraper. Elles sont arrivées, sales et triomphantes, tard dans le matin, avec la volaille déplumée. Elles riaient. La maîtresse n'a rien dit et nous a fait une leçon sur les plumes des oiseaux, les vectrices, les rémiges, les duvets et tout ça.

Je venais, moi, du fond des chemins serrés entre les haies, avec, en hiver, mes bottes sales et mes doigts gourds. En classe, je ne pouvais plus maîtriser mes

suite →

doigts gourds pour écrire. La maîtresse me faisait récrire les devoirs sur le cahier mais j'avais trop froid. Elle montrait aux autres mon cahier sale, à moi, un cahier propre. Personne ne disait rien.

Première question :

a) Parmi ces 3 fillettes qui ont froid, cochez celle de l'histoire.

☐ ☐ ☐

b) Parmi ces 3 classes, cochez celle qui correspond le mieux à l'histoire.

☐ ☐ ☐

Deuxième question

Parmi tous ces personnages qui parlent, essayez de retrouver le plus vite possible le ton triste de la petite fille malheureuse et solitaire du texte que vous venez de lire. Entourez le (ou les) numéro correspondant.

(1) J'étais aveuglé par d'épais tourbillons de neige. Je tournai donc, à une trentaine de mètres d'altitude, autour de l'étang jusqu'à la panne d'essence.
Après deux heures de manège, je me posai et capotai. Quand je me dégageai de l'avion, la tempête me renversa. Je me rétablis sur mes pieds, elle me renversa encore. J'en fus réduit à me glisser sous la carlingue et à creuser un abri dans la neige. Je m'enveloppai là dans les sacs postaux descendus de l'avion et, quarante-huit heures durant, j'attendis.
Après quoi, la tempête apaisée, je me mis en marche. Je marchai cinq jours et cinq nuits.

(2) Je me suis assise dans un coin du café. J'ai bu le café au lait très chaud et mangé les croissants. Et puis, j'ai pleuré. Des trains passaient, de temps à autre, s'arrêtaient parfois en grinçant, repartaient bientôt.
A la fin, je me suis arrêtée de pleurer et je suis sortie. Je me souviens de tout ce froid.

(3) Je jouais aux indiens : j'avais un arc véritable, venu tout droit du Nouveau Monde en passant par la boutique d'un brocanteur. Je fabriquai des flèches avec des roseaux et, caché dans les broussailles, je les tirais férocement contre la porte des cabinets, constitués par une sorte de guérite au bout de l'allée. Puis je volai le couteau «pointu» dans le tiroir de la cuisine : je le tenais par la lame entre le pouce et l'index (à la façon des Indiens Comanches) et je le lançais de toutes mes forces contre le tronc d'un pin accompagnant mon geste d'un sifflement aigu qui transformait l'ustensile en arme redoutable. J'étais heureux.

(4) Oui, j'ai rencontré deux castors. J'ai épaulé, tiré et j'en ai tué un. J'ai manqué le second ; j'allais l'assommer d'un coup de crosse lorsqu'il s'est jeté dans mes jambes, m'a fait tomber et a détalé. Oh ! je pensais bien le retrouver à son village un peu plus tard.

(5) Souvent, je me souviens des jours et des soirs que j'ai passés avec Rose, ma vachette, et le canard Benoît. Benoît s'était bien habitué à la maison, à Rose, à moi et à maman. Il nous suivait partout parce que c'était un canard qui aimait la compagnie, exactement comme certaines personnes mais pas moi.

corrigé p. 190

C2 Tournoi 2

JEU DES MARIAGES

Pour préparer ce jeu qui se joue à deux, préparez ensemble le matériel nécessaire, en respectant à la lettre le programme de travail suivant :

1/ Prenez 5 feuilles de papier écolier quadrillé.

2/ Tracez sur chaque feuille, au verso seulement, un grand carré de 16 petits carreaux de côté.

3/ Divisez ensuite chacun de ces 5 grands carrés en 4 carrés égaux (dimension de chacun mesurée en prenant le carreau de cahier comme unité : 8 X 8).

4/ Découpez les 20 carrés obtenus.

5/ Reproduisez sur ces 20 carrés, les 20 dessins du modèle ci-dessous. Vous remarquerez que ces dessins vont deux par deux : le même dessin est repro-

duit une première fois en couleur foncée sur un fond clair, la deuxième fois en couleur claire sur un fond sombre. Comme en photographie, chaque dessin a donc son positif et son négatif.
Remarque : si vous reproduisez ces dessins au feutre, ils risquent d'être visibles par transparence au verso ; dans ce cas collez derrière une deuxième feuille de papier ou mieux un carré de carton.

Règle du jeu

Les 20 cartons sont retournés, en désordre sur la table, de telle sorte que les figures ne soient plus visibles.
But du jeu : il faut parvenir à former le plus de mariages possibles en retrouvant le positif et le négatif de chaque figure. A chaque tour, le joueur retourne une carte, l'examine et la repose, retournée, dessin contre la table. Lors des tours suivants s'il croit se rappeler où est le dessin jumeau de celui qu'il tient en main, il désigne la carte correspondante à son adversaire. Celui-ci la retourne et la montre. Si le premier joueur a raison, il forme un premier mariage et retire les deux cartes du jeu ; s'il a tort, il perd un tour et la carte est replacée dans le jeu.
Le vainqueur est celui qui a réalisé le maximum de mariages lorsqu'il n'y a plus de cartes sur la table.
Vous y parviendrez si vous savez **observer** les dessins qui vous sont montrés et **enregistrer dans votre mémoire** la place qu'ils occupent sur la table.

CORRIGÉ

C5 **Réussite 2**

1re colonne

a 1 — d 2 — m 3 — c 4 — l 5 — g 6 — e 7 — o 8 — f 9 — i 10 — k 11 — h 12 — j 13 — b 14 — n 15

2e colonne

a 1 — k 2 — h 3 — i 4 — g 5 — d 6 — c 7 — m 8 — e 9 — b 10 — f 11 — l 12 — j 13

C2 Concours 1

PAPILLON ET SYLVAIN, deux bagnards, se sont évadés de leur île-prison, à l'aide de deux radeaux faits de sacs remplis de noix de coco. Après plusieurs jours de traversée, ils arrivent, en vue de la côte américaine. Mais le bord de mer est marécageux et la plage est constituée d'une boue traîtresse. Sa surface, apparemment dure et résistante ne peut cependant pas supporter le poids d'un homme sur ses pieds. Sylvain imprudent a quitté son radeau et s'enlise peu à peu. Papillon s'efforce de lui porter secours.

Tout à coup, je comprends qu'il s'est retiré assez loin et qu'il s'est enfoncé dans la vase sans pouvoir s'en décoller et retourner au radeau. Un cri arrive jusqu'à moi. Alors je me couche à plat ventre sur mes sacs et enfonce les mains dans la vase en tirant de toutes mes forces. Mes sacs avancent sous moi et j'arrive à glisser plus de vingt mètres. C'est alors que, ayant obliqué à gauche, quand je me mets debout, je vois, sans plus être gêné par ses sacs, mon pote, mon frangin enterré jusqu'au ventre. Il est à plus de dix mètres de son radeau. La terreur me redonne de la voix et je crie : «Sylvain ! Sylvain ! Ne bouge plus, couche-toi dans la vase ! Si tu peux dégage tes jambes !» Le vent a emporté mes paroles et il les a entendues. Il baisse la tête de haut en bas pour me dire oui. Je me remets à plat ventre et j'arrache la vase en faisant glisser mon sac. La rage me donne des forces surhumaines et assez rapidement j'avance encore vers lui de plus de trente mètres. J'ai mis plus d'une heure certainement, mais je suis très près de lui, peut-être à cinquante ou soixante mètres. Je le distingue mal.

Assis, les mains, les bras, la figure pleine de boue, j'essaye de m'essuyer l'oeil gauche où est entrée de la boue salée qui me brûle et m'empêche de voir, non seulement de celui-là mais de l'autre aussi, du droit qui pour tout arranger se met à pleurer. Enfin, je le vois : il n'est plus couché, il est debout, seul son torse émerge de la vase.

Le premier rouleau vient de passer. Il m'a littéralement sauté sans pour cela me décoller et est allé s'étendre plus loin, couvrant la vase de son écume. Il a passé aussi sur Sylvain qui a toujours tout le buste dehors. Vite, je pense : «Plus les rouleaux vont venir, plus la vase va être molle. Il faut que j'arrive jusqu'à lui coûte que coûte.»

Une énergie de bête qui va perdre sa nichée s'empare de moi et comme une mère qui veut arracher son petit à un danger imminent, je tire, tire, tire sur cette vase pour avancer jusqu'à lui ...

C2 Concours 2

DES ENFANTS «BIEN» SAGES !

Pendant la dernière guerre 39-45, les troupes allemandes occupent un petit bourg du Jura. Le capitaine allemand Klinger, fier et dédaigneux, termine en ce moment la revue de ses troupes devant la fontaine municipale.

La revue terminée, l'officier allemand relâcha un peu la bride de son cheval qui fila au petit trot vers la fontaine où il se mit à boire goulûment.

Rapide comme l'éclair, le Migrateur (c'était le surnom d'un gamin rondouillard et malin comme un singe), le Migrateur donc se dit qu'il ne fallait pas râter cette magnifique occasion offerte. Il grimpa quatre à quatre les escaliers du grenier, muni de son lance-pierre. Ses camarades devinèrent bien vite ses intentions, bien qu'il n'ait pas pris le temps de leur en faire part.

Parvenu sur le lieu de son embuscade en quelques secondes, il garnit le cuir de sa fronde de trois grains de chevrotine, dont il avait toujours une ample provision dans ses poches, tira sur les fortes lanières de caoutchouc et, par la lucarne entrouverte du grenier, expédia les plombs sur la croupe du cheval.

Saisi soudain par la douleur, le cheval se cabra brutalement en hennissant et retomba sur ses pattes pour lancer aussitôt vers l'azur ses deux sabots arrière.

Son cavalier, le capitaine Klinger, qui avait lâché les rênes pour se déganter fut désarçonné sans avoir eu le temps de réfléchir à ce qui lui arrivait. Il faillit se briser les côtes sur le bord de la fontaine mais échappa de justesse au bain forcé à l'immense déception des gamins qui n'attendaient que cela !

Assis dans les bouses de vaches qui abondaient autour de la fontaine, le fier capitaine Klinger avait plutôt l'air d'un clown que d'un beau cavalier.

Sa casquette flottait sur l'eau et son monocle était au fond. Pendant que son aide de camp, accouru précipitemment, se cramponnait au mors du cheval excité, les «braves» enfants s'élancèrent au secours du malheureux capitaine qu'ils aidèrent à se relever avec le maximum de gentillesse. Le petit Dado sauta même dans le réservoir pour récupérer le monocle. Le Migrateur, descendu précipitamment du grenier, se mit lui aussi à jouer la comédie.

Une fois debout, l'officier allemand marmonna de vagues remerciements et se précipita dans la grange, d'où lui était parvenu le bruit, responsable, d'après lui, de la peur de son cheval. Or, quand les soldats étaient entrés, l'un d'eux avait lancé au passage un coup de bottes dans une lessiveuse au moment précis où le Migrateur ajustait son tir. Le hasard protège toujours les enfants sages !

C3 Réussite 1

LE MISTOUFLON

**Pour lire ce texte tu as parfois le choix entre 2 mots ;
à toi de choisir le bon et de barrer l'autre.**

— Au secours ! au secours ! maman.

— Macati de macaton, dit César le forgeron, en passant la tête par la fenêtre de sa (forge / main). Qui crie comme (toujours / ça) ?

— Ils ont capturé un mistouflon à cornes répond un (enfant / buvard) en descendant la rue à toute (vitesse / heure).

— Un mistouflon à cornes ? Qu'est-ce qu'ils ont (encore / toujours) inventé ? dit César.

On entend des rires, des cris, un tintamarre à (réveiller / endormir) tout Lourmarin.

Ce sont les chasseurs qui rentrent et ils amènent avec eux un drôle d'animal tout ligoté comme un (magasin / rôti) pendu par les pattes à un long bâton.

— Oh ! qu'est-ce que cette drôle de chose ? demande Loulou qui s'est lui aussi mis à la (baleine / fenêtre) de la forge.

Il y a tellement de bruit que personne (n'entend / ne voit) sa question. La petite troupe déjà entourée de badauds descend sur la place et s'arrête ⟨dessous / devant⟩ le bureau de tabac. Les gens arrivent de tous les côtés, en se demandant ce que les ⟨pêcheurs / chasseurs⟩ ont pu ramener de si extraordinaire

— Attention, dit un des chasseurs, ne vous approchez pas. C'est peut-être très ⟨gentil / méchant⟩.

On a décroché l'animal de son bâton, mais il est encore tout ficelé et il se roule par ⟨terre / curiosité⟩. Il faut dire qu'il est bizarre : il a six grosses pattes à poils frisés d'un joli bleu ⟨sale / ciel⟩, un ventre rebondi, une queue qui se tortille et une tête grosse comme la ⟨courge / clé⟩ que Firmin a vendue hier. Il ne faut pas oublier les deux belles cornes jaunes qui tournent en ⟨rond / panne⟩ de chaque côté de son mufle, comme celles d'un bélier.

— Et comment pouvez-vous savoir que c'est un ⟨tracteur / mistouflon⟩ à cornes ? demande une dame qui sort de chez Jeanne-Marie, la coiffeuse et qui a plein de ⟨bigoudis / cahiers⟩ sur la tête ?

suite →

LE MISTOUFLON (suite)

— Eh bien ! parce qu'il a des (bornes / cornes)...

— On l'aurait deviné, dit Monsieur Savel. Mais comment savez-vous que cet animal s'appelle un «mistouflon» ?

— Hé, c'est simple, répond le chasseur. C'est ce qu'il a crié quand on l'a (attrapé / déçu).

— Vous n'allez quand même pas nous faire croire que cet animal parle ! dit Monsieur Sarnette qui vient (d'arriver / d'illustration).

A ce moment, le gros paquet ficelé aux jolis poils frisottés bleus commence à en avoir assez. Il ouvre sa (partir / gueule), crache un jet de salive noire comme de la (nage / réglisse) et on entend :

— Mistouflon ! Mistouflon ! Ahou ahou ahouahhh !

Il ne reste plus personne sur la place, car le mistouflon a crié si fort que les gens se sont (enfuis / lentement) à toute vitesse. Cependant, Monsieur Sarnette revient avec précaution sur la pointe des (poids / pieds) et les rappelle .

corrigé p. 182

C3 Réussite 2

Pour lire ce texte tu as parfois le choix entre 2 mots ;
à toi de choisir le bon et de barrer l'autre.

«N'ayez pas peur : cette bête est ficelée.»

Les gens reviennent petit à petit car leur {curiosité / cuisinier} est trop forte. Un des chasseurs défait un {peu / feu} les liens trop serrés de la pauvre bête qui pousse un soupir de {sauvagement / soulagement}.

– Et que va-t-on faire de cette... cette chose ? demande Monsieur Suquet.

– Il va falloir en {discuter / disputer}, dit un des chasseurs.

– Il faudrait lui fabriquer une {rage / cage} en attendant, dit Chantal Davin.

Malheureusement, personne à Lourmarin ne possède de cage à mistouflon à cornes (ou même de cage à mistouflon {dans / sans} cornes). Même pas Madame Duret. Enfin, Roger l'inventeur trouve la {soleil / solution} : on mettra le mistouflon dans la cour de l'école pour la {pluie / nuit}. Et demain matin, on décidera du {sort / port} de l'animal.

– Mais vous n'allez pas laisser ce mistou-machin sans manger ! s'écrie

suite →

LE MISTOUFLON (suite)

Madame Chauvin. Elle revient avec un [cou / bout] de côtelette. Le mistouflon renifle la viande et tourne la tête d'un air [indifférent / indirect].

– Il est bien difficile, cet animal, dit Madame Chauvin.

On a alors apporté des tas de choses au mistouflon pour qu'il les mange. On lui a donné des petits suisses de Casino et il les a [cacheait / crachés]; des haricots verts de chez Firmin et il ne les a pas touchés ; des [filles / lentilles] de chez Madame Pézières et des pois [chiches / chiffre] de Félicie. Mais rien n'y fit, le mistouflon ne voulait pas [manger / danger].

– Tant pis, on verra demain, dit Monsieur Barret qui pourtant lui avait offert du pain [craie / frais] et un bout de pizza. Alors, on amena le mistouflon dans la cour de l'école. Le garde l'[attacha / attaqueront] au mûrier avec une longue corde. Puis il s'en alla très vite, de peur de recevoir un coup de corne [quelque / toute] part.

C'est une douce nuit d'automne. Pas d'autre [bruit / fruit] que le chant des

l'aboiement
grillons ou d'un chien au loin dans la campagne.
l'abonnement

déraillé
Les gens qui ont aux raisins tout le jour sont bien fatigués
travaillé

profondément
et dorment . Les autres sont moins fatigués peut-être,
professeur

mais ils dorment tout autant.

visible
Soudain un grognement se fait entendre :
terrible

— Ron ron reu reu ron ron bouf bof zut !

C'est l'animal de Luberon qui fait des cauchemars dans la cour de l'école.

bête
— Mais on dirait vraiment que cette parle ! dit Madame Perraud
fête

jambe
qui a passé la à la fenêtre. Elle n'est pas contente parce que le
tête

repassé
mistouflon a Nanou et Nicolas.
réveillé

pantoufles
— Si tu continues, lui crie-t-elle, je te balance les de Pierre
sanglots

sur la tête ! Tu vas voir !

fait
— Ron ron ron crott crott ! le mistouflon.
met

Paf ! paf ! ce sont les pantoufles.

corrigé p. 134

C3 Tournoi 1

Lisez le texte suivant. Pour compléter les «blancs» du texte vous avez le choix entre deux mots placés en marge de chaque côté du texte ; à vous de souligner celui qui convient.

LE «DIT» DE LA PERDRIX

Je m'en vais vous raconter l'aventure arrivée à un certain Gambaud, paysan de son métier. Il avait attrapé, par hasard au pied d'une haie, deux perdrix bien grasses.

Rentré à la maison, il recommande à sa femme de les préparer avec grand soin. La dame fait du feu, tourne la broche, mijote une sauce, surveille la cuisson et arrange les deux bestioles, fort bien, ma foi !

	Pendant ce temps notre Gambaud tout heureux, s'en va	
grignoter	inviter le curé à .... Mais il tarde à s'en revenir et les	déjeuner
crues	deux perdrix se trouvent bientôt .... à point.	cuites
	La dame les retire de la broche, et arrache (ce n'est pas	
morceau	bien grave !) un .... de peau croustillante : elle s'en ré-	carré
	gale. Je dois vous dire qu'elle était très, très gourmande ! Si	
gourmande	.... qu'elle s'en prend bientôt à la perdrix toute entière	garnement
plume	et lui .... deux ailes.	mange
	Et ce mari qui ne s'en revient pas ! Elle va voir sur le pas de	
déguste	la porte : personne. Elle n'y tient plus et .... à belles	dévore
	dents le reste de la perdrix entamée.	
pitié	C'est maintenant la seconde qui lui fait bien .... Après	envie
	tout se dit-elle, si on me demande ce que sont devenues les	
savais	perdrix, je .... bien me tirer d'affaire... je dirai... Je	saurai
	dirai... par exemple que deux chats sont venus, qu'ils m'ont	
mains	arraché les perdrix des .... et se sont enfuis avec.	nains
	Et ce mari qui ne s'en revient pas ! Elle va voir sur le pas de	
quelqu'un	la porte : toujours .... En l'attendant, elle contemple	personne
	de ses yeux gourmands la pauvre perdrix qui reste ; elle lui	
enlève	.... un tout petit (juste un tout petit) morceau de	relève
	patte... et puis c'est le cou... et puis c'est la perdrix toute	
d'un coup	....	entière
	Alors soudain la gloutonne s'inquiète un peu :	

m'excuser	– Qu'est-ce que je vais raconter pour .... ?	m'exécuter
	Or voici notre Gambaud qui revient. Depuis la rue, il crie	
	déjà :	
perdrix	– Femme, femme les .... sont-elles bien cuites ?	gibier
	– Hélas, mon seigneur, quel malheur, ça va mal, très mal,	
va	le chat .... de me les manger.	vient
	Gambaud se précipite, se jette sur sa femme comme un en-	
yeux	ragé, prêt à lui arracher les	corbeilles
	– C'est pour rire, c'est pour rire s'écrie-t-elle bien fort,	
croquées	arrête : je les ai .... pour mieux les tenir au chaud en	cachées
	vous attendant.	
	– Ah ! coquine, par Saint Lazare, je t'aurais bénie si tu	
tour	m'avais joué un pareil .... ! Allez, vite, mets la table	trou
couverts	avec la plus belle nappe et les plus beaux	couvercles
	– Et toi, pendant ce temps, commande la maligne, prends	
cuisine	le grand couteau de .... et va dans la cour me l'aiguiser	cuivre
Paul	finement sur la meule de	pierre
	Gambaud quitte sa veste et se dépêche d'aller aiguiser fine-	
bourreau	ment le grand .... de la cuisine.	couteau
	Arrive alors le curé qui s'en venait tout heureux pour se	
table	mettre à .... Il salue bien poliment la dame qui lui dit	l'abri
	tout aussitôt comme affolée :	
	– Oh ! fuyez, fuyez vite, Monsieur le curé, j'aurais trop de	
Mon ami	honte à vous voir maltraiter. .... est là dehors qui ai-	Mon mari
	guise son grand couteau. Il dit, il dit, le fou, qu'il va vous	
oreilles	couper les .... s'il peut vous attraper.	orteils
	– Mais, mais, s'égosille le bon curé tout surpris, que me	
devons	chantez-vous là. Nous .... manger ensemble deux per-	irons
	drix attrapées par lui ce matin ; il vient justement de m'in-	
	viter.	
bétail	– Par Saint Martin, il n'y a ni perdrix, ni .... Mais il y	volaille
là-bas	a bien, regardez ...., il y a bien mon pauvre mari qui ai-	là-dessous
	guise, qui aiguise, son grand, son grand couteau.	
bois	– Oui, par ma barbe, je le ...., je le vois, vous ne men-	vois
	tez pas !	

suite ⟶

LE «DIT» DE LA PERDRIX (suite)

	Et notre curé prend ses jambes à son cou et s'en sauve plus	
revenu	vite qu'il n'était	venu
crie	— Gambaud, mon Gambinet, viens vite ! .... alors dame	chante
	Gambine.	
	— Mon Dieu, mon Dieu, qu'y-a-t-il ?	
vole	— Ce qu'il y a, ce qu'il y a... .... vite pour le savoir, voi-	cours
curé	là ton .... qui se sauve là-bas avec nos perdrix.	carré
	Pauvre Gambonneau ! la première seconde de surprise pas-	
	sée, il se met à courir, le couteau à la main, derrière le curé	
	qui court déjà là-bas.	
rapporterez	— Gare, vous ne les .... pas comme çà, crie Gambenet.	emporterez
	Vous... vous... (il s'essouffle) gare à vous si je vous attrape.	
manger	C'est la charité chrétienne ça ? de vous ....sans moi avec	régaler
	ces deux perdreaux.	
terroriste	Notre curé ...., voit s'approcher Gambrailleur, le cou-	terrorisé
repart	teau menaçant. Il se croit déjà mort et .... de plus belle,	répare
chez eux	tant et si vite qu'il arrive .... bien à temps pour s'enfer-	chez lui
	mer à double tour.	
	Et Gamballuche rentre à la maison bredouille.	
comme	— Femme, femme, dis-moi .... ces perdrix ont-elles	comment
	disparu ?	
	— Oh, mon pauvre Gambinet dit-elle, en versant des larmes	
tigresse	de ...., c'est tout simple. Lorsque le curé est entré, il	crocodile
poliment	m'a demandé très .... à voir les perdrix car il voulait	poltron
	les admirer. Je l'ai conduit sans méfiance vers le garde-	
deux	manger. Là, d'un bond il a attrapé les .... bêtes et	deuxième
	s'est sauvé avec... A ce que je vois tu ne l'as pas rattrapé !	
	— C'est ça... c'est bien çà, disait notre pauvre Gambaudet,	
	tout soufflant, c'est bien ça...	
	Il y croit encore !!	

corrigé p. 190

C3 Tournoi 2

Lisez le texte suivant. Pour compléter les «blancs» du texte vous avez le choix entre deux mots placés en marge de chaque côté du texte ; à vous de souligner celui qui convient.

LE BRAS DE CLOTAIRE

Vous connaissez déjà le petit Nicolas (voir texte page 62), aujourd'hui il raconte à sa manière le retour en classe de son camarade Clotaire qui s'est cassé le bras... et qu'il envie !! Vous allez comprendre pourquoi !

cousin	Clotaire, chez lui, a marché sur son petit .... rouge, il	camion
	est tombé et il s'est cassé le bras. Nous, ça nous a fait beau-	
	coup de peine parce que Clotaire c'est un copain et aussi	
	parce que le petit camion rouge, je le connaissais : il était	
phares	chouette, avec des .... qui s'allumaient, et je crois qu'	phrases
	après que Clotaire lui a marché dessus, on ne pourra pas	
arranger	l'.......... .	enrager
	On a voulu aller le visiter chez lui, Clotaire, mais sa maman	
entrer	n'a pas voulu nous laisser .... On lui a dit qu'on était	sortir
	des copains et qu'on connaissait bien Clotaire, mais la ma-	
	man nous a dit que Clotaire avait besoin de repos et qu'elle	
	nous connaissait bien, elle aussi.	
	C'est pour ça qu'on a été drôlement contents quand on a	
pied	vu arriver Clotaire en classe, aujourd'hui. Il avait le	bras
	retenu par une sorte de serviette qui lui passait autour du	
blessé	cou, comme dans les films quand le jeune homme est	dressé
	parce que dans les films, le jeune homme est toujours blessé	
	au bras ou à l'épaule. Comme la classe était commencée	
	depuis une demi-heure, Clotaire est allé s'excuser devant la	
gronder	maîtresse, mais au lieu de le .... la maîtresse a dit : «Je	garder
	suis très contente de te revoir, Clotaire. Tu as beaucoup de	
course	courage de venir en .... avec un bras dans le plâtre.	classe
	J'espère que tu ne souffres plus.» Clotaire a ouvert des	

suite ⟶

grippés	yeux tout .... : comme il est le dernier de la classe, il	grands
	n'est pas habitué à ce que la maîtresse lui parle comme ça,	
surtout	.... quand il arrive en retard. Clotaire est resté là, la	partout
	bouche ouverte, et la maîtresse lui a dit : «Va t'asseoir à ta	
père	place, mon ....»	petit
	Quand Clotaire s'est assis, on a commencé à lui poser des	
faisait	tas de questions : on lui a demandé si ça lui .... mal, et	fallait
	qu'est-ce que c'était que ce truc dur qu'il avait autour du	
drôlement	bras et on lui a dit qu'on était .... contents de le revoir ;	hardiment
	mais la maîtresse s'est mise à crier que nous devons laisser	
qui	notre camarade tranquille et qu'elle ne voulait pas	que
	nous prenions ce prétexte pour nous dissiper. «Ben quoi,	
copains	a dit Geoffroy, si on ne peut plus parler aux ...., main-	pépins
	tenant...» et la maîtresse l'a mis au piquet et Clotaire s'est	
	mis à rigoler.	
donnée	«Nous allons faire une ....», a dit la maîtresse. Nous	dictée
tien	avons pris nos cahiers et Clotaire a essayé de sortir le	sien
	de son cartable avec une seule main. «Je vais t'aider», a dit	
sonné	Joachim, qui était assis à côté de lui. «On ne t'a pas ....»,	donné
	a répondu Clotaire. La maîtresse a regardé du côté de	
rien	Clotaire et elle lui a dit : «Non, mon petit, pas toi, ...	bien
marcher	sûr ; repose-toi.» Clotaire s'est arrêté de .... dans son	chercher
	cartable et il a fait une tête triste, comme si ça lui faisait	
faire	de la peine de ne pas .... de dictée. La dictée était ter-	mettre
	rible, avec des tas de mots comme «chrysanthème», où on	
	a tous fait des fautes, et «dicotylédone» et le seul qui l'a	
sien	.... écrit c'est Agnan, qui est le premier de la classe.	bien
regardais	Chaque fois qu'il y avait un mot difficile, moi je	repassais
	Clotaire et il rigolait.	
	Et puis, la cloche de la récré a sonné. Le premier qui s'est	
mieux	levé, ça a été Clotaire. «Il vaudrait peut-être ...., a dit	vieux
	la maîtresse, que tu ne descendes pas dans la cour avec ton	
tête	bras.» Clotaire a fait la même .... que pour la dictée,	bête
	mais en plus embêté. «Le docteur a dit qu'il me fallait	
ma	prendre de l'air, a dit Clotaire, sinon, ... pourrait être	ça
	drôlement grave.» La maîtresse a dit que bon, mais qu'il	

sortir	fallait faire attention. Et elle a fait .... Clotaire le	sentir
	premier, pour que nous ne puissions pas le bousculer dans	
tour	l'escalier. Avant de nous laisser descendre dans la ....,	cour
	la maîtresse nous a fait des tas de recommandations : elle	
	nous a dit que nous devions être prudents et ne pas jouer	
bureaux	à des jeux .... et aussi que nous devions protéger Clo-	brutaux
	taire pour qu'il ne se fasse pas mal. On a perdu des tas de	
enfin	minutes de la récré, comme ça. Quand on est .... des-	afin
	cendus dans la cour, nous avons cherché Clotaire : il était	
	en train de jouer à saute-mouton avec les élèves d'une	
	autre classe.	
	On s'est tous mis autour de Clotaire et on lui a posé des	
clair	tas de questions. Il avait l'air tout ...., Clotaire, qu'on	fier
	soit si intéressé. On lui a demandé si son petit camion	
	rouge était cassé. Il nous a dit que oui, mais qu'on lui	
donné	avait .... des tas de cadeaux pour le consoler pendant	sonné
	qu'il était malade : il avait eu un voilier, un jeu de dames,	
grain	deux autos, un .... et des tas de livres qu'il échangerait	train
	contre d'autres jouets. Et puis il nous a dit que tout le	
monde	.... avait été drôlement gentil avec lui : le docteur lui	meuble
	apportait chaque fois des bonbons, son papa et sa maman	
sans	avaient mis la télé .... sa chambre et on lui donnait des	dans
	tas de bonnes choses à manger. Quand on parle de manger,	
faim	ça donne .... à Alceste, qui est un copain qui mange	soif
marteau	tout le temps. Il a sorti de sa poche un gros .... de cho-	morceau
	colat et il a commencé à mordre dedans. «Tu m'en donnes	
	un bout ?» a demandé Clotaire. «Non», a répondu Alceste.	
demandé	«Mais mon bras ?...», a .... Clotaire. «Mon œil», a ré-	porté
	pondu Alceste. Ça, ça ne lui a pas plu à Clotaire, qui s'est	
prier	mis à .... qu'on profitait de lui parce qu'il avait un bras	crier
	cassé et qu'on ne le traiterait pas comme ça s'il pouvait	
coups	donner des .... de poing, comme tout le monde. Il criait	loups
	tellement, Clotaire, que le surveillant est venu en courant.	
glisse	«Qu'est-ce qui se .... ici ?» il a demandé, le surveillant.	passe
	«Il profite parce que j'ai le bras cassé», a dit Clotaire en	
doigt	montrant Alceste du .... Alceste était rudement pas	droit

suite ⟶

LE BRAS DE CLOTAIRE (suite)

	content ; il a essayé de le dire, mais avec la bouche pleine,	
dessous	il a envoyé du chocolat .... et on n'a rien compris à ce	partout
	qu'il a dit. «Vous n'avez pas honte ? a dit le surveillant à	
carnaval	Alceste, profiter d'un .... physiquement diminué ? Au	camarade
	piquet !	
	– C'est ça ! a dit Clotaire.	
appeler	– Alors, a dit Alceste, qui a fini par .... son chocolat,	avaler
	s'il se casse un bras en faisant le guignol, il faut que je lui	
	donne à manger ?	
vrai	– C'est ...., a dit Geoffroy, chaque fois qu'on lui parle,	varié
	on va au piquet ; il nous embête, à la fin, avec son bras !	
savant	Le .... nous a regardés avec des yeux très tristes et puis	surveillant
	il nous a parlé avec une voix douce. «Vous n'avez pas de	
sœur	.........., il nous a dit, le surveillant. Je sais que vous êtes en-	cœur
	core bien jeunes, mais votre attitude me fait beaucoup de	
regretté	peine.» Il s'est ...., le surveillant et puis il a crié : «Au	arrêté
	piquet ! Tous !»	
centième	On a dû tous aller au piquet, même Agnan ; c'est la	première
	fois qu'il y va et il ne savait pas comment faire et on lui a	
mûr	montré. On était tous au piquet, sauf Clotaire, bien	sûr
	Le surveillant lui a caressé la tête, il lui a demandé si son	
jamais	bras lui faisait mal ; Clotaire a dit que oui, ..., et puis	assez
	le surveillant est allé s'occuper d'un grand qui frappait un	
parti	autre grand avec un .... Clotaire nous a regardés un	petit
	moment en rigolant et puis il est allé continuer sa partie de	
	saute-mouton.	
suis	Je n'étais pas content, quand je .... arrivé à la maison.	puis
	Papa, qui était là, m'a demandé ce que j'avais. Alors, j'ai	
joli	crié : «C'est pas .... ! Pourquoi je ne peux jamais me	juste
	casser le bras, moi ?»	
	Papa m'a regardé avec des yeux tout ronds et moi je suis	
boucler	monté dans ma chambre pour	bouder

corrigé p. 191

QUESTIONS DE COMPREHENSION

Pour chaque numéro, cochez parmi les 3 phrases, celle qui est vraie.

	Clotaire a eu un accident	a ☐
1	Clotaire a provoqué un accident	b ☐
	Clotaire a une vie accidentée	c ☐
	Clotaire n'a pu recevoir ses camarades chez lui	a ☐
2	Clotaire a pu recevoir ses camarades chez lui	b ☐
	Clotaire n'a plus de camarades	c ☐
	Clotaire a le bras en écharpe	a ☐
3	Clotaire a mis une écharpe	b ☐
	Clotaire a été pris en écharpe	c ☐
	La maîtresse gronde Clotaire	a ☐
4	La maîtresse plaint Clotaire	b ☐
	La maîtresse renvoie Clotaire	c ☐
	Clotaire est questionné par ses copains	a ☐
5	Clotaire se bat avec ses copains	b ☐
	Clotaire est délaissé par ses copains	c ☐
	Clotaire est triste de ne pas faire de dictée	a ☐
6	Clotaire se réjouit de ne pas faire de dictée	b ☐
	Clotaire trouve la dictée facile	c ☐
	Les camarades bousculent Clotaire	a ☐
7	Les camarades ne doivent pas bousculer Clotaire	b ☐
	Les camarades ne voient pas jouer Clotaire	c ☐

corrigé p. 191

C3 Concours 1

LE MISTOUFLON (suite)

Chez Madame Pellenc, on est réveillé au. . . — Ba Be Bi Bo Bu croti c . . . . ! continue l'animal. Quel vacarme ! Roger f . . . . par inventer un système qui envoie d . l'eau sur le mistouflon chaque f . . . qu'il pousse un grognement. Enfin, l' . . . . . . se tait et finit par s'e . . . . Il pose sa grosse tête sur s . . deux pattes de devant et ferme l . . yeux. De ses naseaux, il sort d . petits nuages bleus tout à fait ch . . . . Mais cela, personne ne le voit, c . . à présent, au village, tout le m . . . . dort. Le lendemain matin, il y a f . . . . sur la place. Tout le monde d . . . . . . Et patati et patata et radadi e . radada... — On ne pourrait pas le g . . . . . cet animal ? — Est-il vraiment méchant ? — F . . . -il le ramener dans le Lubéron ? Q . . . . à Madame Perraud, elle répète : — Faites-e . ce que vous voulez, mais je n . veux plus de cet animal la n . . . dans la cour de l'école. J'a . horreur des insomnies ! Et Nathalie raconte à t . . . le monde que sa maman a l . . . . des pantoufles sur le mistouflon pour l . faire taire. — Et alors ? Qu'est-c . qu'il a fait après, le m . . . . ? — Et bien, répond Nathalie, il les a e . . . . Mais comme il a six pieds, i . lui en faudra encore quatre ! Enfin v . . . . Monsieur Meynard qu'on a envoyé c . . . . pour lui demander conseil. Monsieur Meynard c . . . . . . toute l'histoire du village, ses m . . . . et ses secrets. Il a peut-être d . . . entendu parler de cet animal étrange. H . . . . ! non... — De mon temps, explique-t-i . , il y avait bien un petit s . . . . apprivoisé dans le village. Mais point d . mistouflon, apprivoisé ou non. Pendant que M . . . . Meynard parle, on a amené le m . . . . au bout d'une laisse. C'est M . . qui le tient. Monsieur Sarnette est à c . . . de lui avec un bâton parce qu'o . ne sait jamais ce qu'un m . . . . peut faire s'il se met e . colère. Les gens se reculent un p . . , prêts à s'enfuir au moindre m . . . . de l'animal. Mais non : le m . . . . a l'air tranquille. Il baisse s . . . . la tête et se met à l . . . . de sa grande langue verte à p . . . roses quelque chose par terre. — Macati d . macaton ! s'écrie Dédé Lajou, le v . . . . qui mange des mégots. En effet, l . mistouflon semble se régaler avec quelques v . . . . bouts de cigarettes. Alors, cet animal s . nourrit de tabac ! Et Jimmy qui p . . . . . . par là fit une chanson comme ç . : un mistouflon, du Lubéron, ça ne m . . . . pas des melons, ni des croûtons, n . des bouts de carton. Un mistouflon, d . Lubéron, ha ha ha, macati de m . . . . . , ça mange du tabac. Alors, on v . . entrer chez Monsieur Suquet, des gens e . encore des gens. Ils achetaient des c . . . . pour le mistouflon.

LE MISTOUFLON (suite)

Tous les gens donnèrent au mistouflon t . . . de cigarettes que ce fut un m . . . . . . si le mistouflon ne souffrit pas ce j . . . -là d'une grosse indigestion de t . . . . — Et que boit-il, cet animal ? d . . . . . . Madame Fauque. Ma foi ! personne n . le sait. A tout hasard, Roger A . . . . . . va lui chercher un seau d'e . . à la fontaine. Le mistouflon va-t-i . boire l'eau ? On le voit q . . la hume, hésite, la boit enfin l . . . . et puis... la recrache par les o . . . . Madame Soulier, madame Savel et monsieur B . . . . . . sont tout aspergés. — Ce serait pratique p . . . arroser les melons en été, dit u . enfant. — Mais comment a-t-il f . . . pour cracher de l'eau par l . . oreilles ? dit Mireille Imbalzano étonnée. Max e . . . . . . de près la tête du mistouflon e . s'aperçoit qu'il a deux p . . . . . trous à côté de ses cornes. — J . suppose qu'il n'aime pas l'e . . Quand une boisson ne lui plaît p . . il se transforme en arrosoir, dit-i . — Espèce de nigaud ! dit alors Madame S . . . . . . qui s'essuie avec son mouchoir, tu n . peux pas nous dire ce que t . veux boire ? Ce serait plus simple. A . . . . ô stupeur, le mistouflon ouvrit sa g . . . . . et dit : — J'attendais qu'on m . le demande. Je suis poli. Le m . . . . parle ! Vraiment, c'est extraordinaire !!! Tout le monde fait de grands OOOO avec s . bouche. Quant au mistouflon, il prend u . air inspiré et dit encore : — Je v . . . boire de la picole. — De la q . . . ? — De la picole. Picole ! Que vous ê . . . donc ignorants dans ce village ! — J'e . fais pourtant des recettes à la c . . . . . . , dit madame Chauvin, mais c'est b . . . la première fois que j'entends p . . . . . de la picole. — Très bien, répond l . mistouflon. Je vais vous en donner l . composition. Prenez : une cuillère à café d . sirop de menthe, trois gouttes (pas p . . .) de sirop de fraise, un grain d . café pilé (très fin), un peu d . sel, une pincée de poivre et t . . . . brins de thym hachés menu, menu, m . . . pour bien digérer. Ajouter de l'e . . en grande quantité. — Et puis quoi e . . . . . ? dit Éliane Davin. Tu m'as l'a . . d'un drôle d'enfant gâté. — J . ne suis pas un enfant, mais u . mistouflon, répond ce coquin d'animal. E . si vous ne me donnez pas m . boisson préférée, je cracherai tout par l . . oreilles. Na ! — On pourrait l'emmener à C . . . . . et en faire un pompier, dit a . . . . monsieur Colletin. — Non, non, non !! Ce s . . . les enfants qui crient. — On veut g . . . . . le mistouflon. Nous lui donnerons des b . . . . . . Nous l'aimerons, nous le peignerons l . matin, nous lui mettrons des rubans, n . . . lui astiquerons les cornes et nous l . . brosserons la queue. Et quand il a . . . soif, nous lui ferons de la p . . . . . tant qu'il en voudra. Voilà ! — P . . mes cornichettes de mistouflon, dit alors l . mistouflon ému, ces enfants sont charmants e . je suis d'accord.

C3 Concours 2

Alors, le mistouflon resta au village parmi ses nouveaux amis et coula des jours heureux, jusqu'au jour où il finit par s'ennuyer de ses montagnes parfumées, de ses amies les bêtes et surtout de sa mistouflette.
Les enfants, tous en chœur, décidèrent alors de partir à la recherche de la mistouflette du mistouflon.

Mercredi matin.

Il est 8 heures et tout le _____ est à l'heure. Les chasseurs sont là avec _____ filet, un peloton de bonne corde et pas de fusils. _____ enfants et le mistouflon marchent en tête. M. Pellas _____ venu aussi avec son violon : on ne sait jamais, _____ pourra attirer la mistouflette.
M. Suquet leur porte vite quatre _____ de cigarettes et Maryse Davin une grande gourde _____ de picole. Et en avant, marche !

– Attendez, attendez ! On _____ nous mener en camion un bout de chemin!
Ce _____ Messieurs Davin, Garreau, Vial et Spina qui sont là _____ camions et camionnettes. Ils sont drôlement gentils. Et puis, _____ ont aussi envie d'aller à la recherche de la _____ .

Tout le monde embarque dans les véhicules et on _____ . Il fait beau. On chante gaiement... «Nous irons jusqu'_____ San Francisco... !»

– Pas si loin, pas si loin, ça suffit ! _____ soudain le mistouflon. On va monter par ce sentier.

_____ Garreau freine.

Boum crac !

Le camion de M. Vial _____ entré dans celui de M. Spina, celui de M. Spina _____ celui de M. Davin, et celui de M. Davin _____ celui de M. Garreau !
Tout le monde est par _____ . Les enfants ont des bosses et les chasseurs, eux, _____ sont empêtrés dans le filet. Quant au peloton de _____ , il a roulé, roulé, roulé dans une petite prairie.

– _____ du joli, crie le mistouflon, énervé. Où avez-vous _____ passé votre permis de conduire ? aux autos-tampons ?

– Ho, dit Roger, _____ suffit comme ça ! Tu vas te faire souffler dans _____ bronches !

– Va donc ramasser le peloton de ficelle, dit _____ Davin. Et le mistouflon descend en rechignant.

Il ramène _____ peloton tout emmêlé sur ses cornes. Mes amis, quel _____ pour rembobiner tout ça.

– Macati de macaton ! dit César ______ est venu avec eux et donne un coup de ______ .

Les enfants sont ravis. Ils crient : «On a eu ______ accident, on a eu un accident ! On ne s'est ______ fait mal ! On a bien rigolé !»

– Du silence, ______ M. Vial. Tout le monde en route ! On va ______ le sentier.

– Suivez-moi, dit le mistouflon.

On gare les camions ______ la petite troupe commence à grimper. La montée est ______ .Les enfants se piquent les jambes, mais ils n'osent ______ dire sinon on risque de les faire attendre dans ______ camion et ils voudraient bien assister à la capture ______ la mistouflette.

Soudain, le mistouflon pousse un grand cri.

– ______ la mistouflette ? tout le monde crie à la fois. ______ le mistouflon saute en l'air sur ses six pattes, ______ saute, il sursaute, il frétille de la queue.

– Mais qu' ______ a-t-il ?

– Une fourmilière, une fourmilière, crie le ______ .

– Et alors ? dit Mme Varlet en s'approchant.

– J'ai horreur ______ fourmis ! Bouhou, que j'ai peur, dit-il, pris ______ tremblement nerveux.

– Cet animal est aussi ridicule qu'il est ______ , dit M. Huriot.

– Je n'ai peur que des fourmis, ______ le mistouflon.

Tout le monde a le droit d'avoir ______ de quelque chose.

La marche reprend. Le mistouflon s'est ______ .

– Moi, je n'ai peur de rien, dit un enfant ______ marche à côté de l'animal.

Le mistouflon s'arrête.

– Même ______ de ce qu'il y a là, derrière le buisson ? ______ dit-il. Tout le monde tourne la tête, et on ______ . On voit... deux petits yeux luisants, un grouin malicieux, ______ une grosse bête poilue... C'est un sanglier.

Ils restent ______ pétrifiés.

– Un san... san

– Un gli... gli

– yé... yé... yé, ______ le mistouflon en riant. Erreur ! C'est une laie ! Regardez ______ de plus près.

En effet, deux jolis marcassins frisottés ______ léchés sont en train de téter leur mère. Ils ______ l'air de se régaler.

suite →

LE MISTOUFLON (suite)

– Que que que qu'est-ce _____ fait ? demande Denise.

– On aurait dû prendre nos fusils _____ un chasseur.

– Heureusement que non, dit le mistouflon. C'est _____ amie ! Laissez-moi lui parler en langage de bête, _______ surtout, ne faites rien pour l'effrayer. C'est Gromeline !

Alors, _____ mistouflon salua de sa patte gauche Gromeline la laie _____ lui parla ainsi en langue d'animal.

– Bonjour à toi, _____ la belle ! Que tes petits ont grandi ! Et comment ___ Nasillard, ton époux ?

– Reu... reu... reu !... Salut à toi, _______ ! Mon époux se porte bien, je te remercie. Il _____ là-haut, derrière le grand chêne, et a, j'en suis _____ , une furieuse envie de charger ! Que font tous ces _____ à mauvaise odeur dans notre Luberon ?

– Paix, Gromeline, ne t'inquiète _______ ! Ils n'ont pas de fusil et foi de mistouflon, _____ n'ont pas de mauvaises intentions.

– Et que font-ils donc, _____ ne chassent pas.

– Ils m'aident à chercher la mistouflette... L'avez- _____ vue ?

– L'autre soir, elle était au bois Criquou. ______ a causé un brin toutes les deux. Elle m'a ______ des saponaires pour me laver les crocs. Ça marche _____ , regarde ! Et Gromeline montra au mistouflon des dents étincelantes.

– _______ effet, tu es bien belle. Je te remercie du _______ . Mes respects à Nasillard.

– Je n'y manquerai point, répondit- _____ poliment. Adieu, mistouflon !

Les marcassins se remirent à téter, _____ que la troupe s'éloignait sur la pointe des pieds. ______ des chasseurs se retourna et fit semblant de viser _____ son bras, en disant pan pan pan !

– Qu'ils sont ____ bêtes ces humains, soupira la laie. Ça n'a que _____ pieds et ça veux faire la loi. Mes enfants, _____-t-elle, n'écoutez jamais les hommes!

Et la laie fit _____ morale à ses petits qui avaient le hoquet car _____ avaient trop bu de lait de laie.

Pendant que _____ marcassins hoquetaient en écoutant leur mère parler toute seule, _____ mistouflon et toute sa troupe d'enfants et de grandes _______ s'étaient arrêtés sur un rocher pour souffler.

On croqua _______ morceaux de sucre pour reprendre des forces. Puis, soudain, _____ Varlet fit un bond.

– Regardez, là et là et _____ !

Et elle leur montra un colias hyalé, puis un ______ ,tous deux de toute beauté.

– Un quoi ? un quoi ? ______ les chasseurs qui n'avaient rien compris et rien ______ .

Mais Madame Varlet était déjà partie en brandissant son ______ , car elle avait aperçu un turanana bâton.

– Allez, en ______ , dit alors le mistouflon. On repart !

– Et Madame Varlet ? ______ César.

– Quelle idée de courir après les papillons ! Elle ______ rattrapera, dit un des chasseurs.

La petite troupe se ______ en marche. Et tout à coup, juste derrière un bosquet, ils ______ , ils virent un troupeau de petits mistouflons qui mangeaient ______ du romarin...

C'était si beau, tout ce bleu, qu'on ______ disait plus rien. On ouvrait tout grands les yeux ______ aussi un peu la bouche. Le plus gros, qui ______ être le grand-père, demanda en roulant des yeux sévères :

– ______ voulez-vous ?

– Mille excuses, dit le mistouflon, nous cherchons la ______ . L'avez-vous vue ?

– Non, pas aujourd'hui... Mais... par ______ cornes de ma grand-mère... c'est toi ??? Où étais-tu ? ______ te croyions capturé et mort, mon vieux... Viens dans ______ bras...

Et les deux mistouflons se caressèrent les cornes ______ grognant affectueusement.

– Je te promets que je remonterai vous ______ tous, un de ces jours, dit le mistouflon au ______ d'un petit moment. Mais pour l'instant, il nous faut ______ la mistouflette.

– Va donc voir sur l'autre versant, là-bas, ______ le pépé mistouflon en pointant de ses cornes.

– On ______ va tout de suite, répondit le mistouflon.

– Et la ______ fois, amène-nous donc quelques gibassiers, dit le pépé ______ . Adieu ! nous, ce soir, nous allons au cinéma... des étoiles ! Et ______ troupeau s'ébranla vers les cimes.

Légers par la joie, ______ du secret, les enfants continuèrent leur chemin. Un petit ______ disait : «Tout ce bleu, moi j'ai cru que c'était ______ lavandes...»

suite ⟶

LE MISTOUFLON (suite)

Sur l'autre versant, pourtant, point de mistouflette. Le ______ appela «Mistouflette ! Mistouflette !» Mais rien ne répondit que le ______ chaud parfumé de thym et le bourdonnement des abeilles. ______ vers six heures, on décida d'abandonner la recherche. Comme ______ ce petit monde était triste et déçu en descendant ! ______ mistouflon poussait de gros soupirs. En bas du sentier ______ l'on avait pris avec tant de joie, on retrouva ______ quatre camions et on grimpa dedans sans mot dire. ______ on reprit la direction de Lourmarin.

Arrivés devant la ______ une grande clameur les arrêta.

Partout, il y avait ______ banderoles, des papiers de couleur et un grand écriteau ______ écrit dessus :

Vive le mistouflon et sa mistouflette !

En ______ cela, le mistouflon se fit expliquer ce qu'il y avait ______ dessus car, bien entendu, il ne savait pas lire. ______ on le lui eut dit, il fondit en larmes.

______ alors qu'on entendit César qui disait :

– Mais où est ______ Varlet ? Madame Varlet ?

Hélas ! On avait perdu Madame Varlet ______ le Luberon ! Que faire ? Le soleil descendait tout cramoisi ______ bientôt, il ferait nuit.

– Il faut repartir la chercher, ______ Monsieur Perraud. Les enfants, rentrez chez vous sinon vos ______ vont s'inquiéter. Quelques instants plus tard, les camions repartaient ______ direction de la combe. Madame Belmonte sortit de son ______ et donna vite au passage une grosse couverture. Madame ______ serait sûrement gelée...

Le mistouflon voulait venir, mais on ______ dit de rester au village.

Il rentra dans sa ______ en bougonnant. Il aimait bien Madame Varlet et il ______ voulu participer à sa recherche. La petite cloche du ______ sonna les heures de la soirée les unes après ______ autres. Puis ce furent les douze coups de minuit ______ s'égrenèrent lentement sur le petit village endormi. Pourtant, il ______ avait de la lumière à bien des fenêtres et ______ lampe qui brillait voulait dire : pourvu qu'on la retrouve ______ !

A une heure du matin, on entendit les moteurs ______ s'approchaient. Et dans la nuit fraîche du printemps qui ______ bon les amandiers en fleurs et les iris, tous ______ qui entendirent le bruit sortirent de chez eux.

D'un ______ descendit Madame Varlet, souriante, un peu ensommeillée.

– Je m'étais ______, dit-elle, mais j'ai attrapé mon papillon !

— Elle n'a pas ______ seulement un papillon, dit Monsieur Vial en descendant de ______ camion rouge. Il souleva la bâche, et l'on vit. ______ vit...

Couchée sur ses pattes repliées
le poil frisé lustré ______ rose
la barbichette retroussée
les yeux malins pleins ______ sommeil
et les cornichettes tournicotées
la Mistouflette !

— Je l'ai ______ et nous avons bavardé, toutes les deux, dit Madame ______.

— Comment avez-vous fait pour la capturer ? lui demanda-t- ______.

Alors, la mistouflette sauta avec grâce du camion et ______ :

— Cette dame n'a pas eu besoin de me capturer ! ______ aime les animaux, cela se voit tout de suite ______ ses yeux. Et quand elle m'a dit «le mistouflon ______ recherche», j'ai tout de suite accepté de la suivre !

______ Varlet riait de plaisir. Elle était si heureuse d'avoir ______ cette jolie bête !

— Et alors, où est-il, ce mistouflon ? ______ la mistouflette en bâillant.

Le mistouflon, macati de macaton ! ______ gros feignant, fatigué de sa marche dans la montagne, ______ paisiblement endormi. Il n'avait même pas entendu les camions ______ !

On alla chez lui, on le secoua, on lui ______ les poils de l'estomac.

— Qu'est-ce qu'il ______ a ? On n'a plus le droit de dormir ? dit- ______ d'un air très abruti.

— Viens voir, grosse bête, allez, ______ !

— Oh ! Oh ! grommela l'animal en se levant, y a ______ le feu ! J'étais en train de rêver que...

Mais ______ mistouflon s'arrêta net.

Là, juste devant l'école, dans un ______ de lune, la mistouflette faisait la révérence.

— Je rêve, ______ -il.

— Non, mistouflon, c'est bien moi.

______ amis... Quelle joie ! Ils se léchaient les yeux, le ______ du nez, le menton. Ils se disaient des secrets ______ l'oreille, ils se racontaient des ______, ils dansaient, ______ tournaient, ils sautaient et recommençaient.

Jamais, de mémoire d'homme, ______ n'avait rien vu d'aussi charmant.

C4 Réussite 1

DES MOTS BROUILLÉS

Dans chaque colonne verticale tu choisis celui des deux mots qui convient pour composer une phrase claire (il n'y a qu'une seule phrase possible) et tu coches le titre qui lui convient.
Ex :

Quand	des	pleure	matou	des	console.	
Bonsoir	je	exercice	maman	me	route.	

☒ Un gros chagrin !
☐ Un gros chat gris !

(1)

Dans	elle	mieux	les	fleur	têtent	leur	aucun
Hier	les	prés	pour	agneaux	chantent	sa	mère.

☐ Dans les nuages
☐ Le déjeuner

(2)

Jamais	mon	petit	mais	planté	notre	tulipes.
Hier	certain	père	a	tableau	des	perdrix.

☐ Jardinage
☐ La chasse

(3)

Une	homme	fille	demain	dans	carré	jardin.
Jean	petite	prendre	court	à	le	meilleur.

☐ Elle s'amuse
☐ Il travaille

(4)

Les	ouvriers	souffle	d'une	l'usine.
Par	plongeon	travaillent	à	partis.

☐ A la piscine
☐ Au travail

---

(5)

Le	panthère	dansait	une	chanson	sur	les	accordéon.
Les	clown	jouait	un	ours	et	son	tables.

☐ Au cirque
☐ Un fauve

---

(6)

Demain	c'était	la	chocolat	de	pour	cousin.
Hier	pleuvoir	du	noce	je	mon	chacun.

☐ Un mariage
☐ Un orage

---

(7)

Quand	phrase	le	chat	dire	monsieur.
Bébé	regarde	dans	très	qui	dort.

☐ Ronron
☐ Bonbon

---

(8)

Je	mange	moins	grenier	pour	calmement	fort.
Nous	matin	des	épinards	auto	devenir	force.

☐ Bon appétit !
☐ Bon voyage !

---

(9)

Hier	vent	dans	nord	désert	soufflé	automne.
Le	cache	du	prend	a	mangé	aujourd'hui.

☐ C'est la bise
☐ C'est la buse

---

(10)

Le	auto	terre	son	après	à	chien.
Il	cheval	jette	était	cavalier	sur	terre.

☐ Un accident de cheval
☐ Un accident de voiture

corrigé p. 186

C4 Réussite 2

DES MOTS BROUILLÉS

Dans chaque colonne verticale tu choisis celui des deux mots qui convient pour composer une phrase claire (il n'y a qu'une seule phrase possible) et tu coches le titre qui lui convient.

①

Un	vit	un	perdrix	qui	mange	à	l'herbe
Marinette	vais	dont	cerf	dont	broutait	de	habit

☐ Un petit gibier
☐ Un gros gibier

②

La	mange	voleuse	brille	hier	les	route.
Le	pie	soleil	picore	toutes	la	cerises.

☐ Un beau temps
☐ Une gourmande

③

Le	petite	paon	gloutonne	fit	le	gâteau.
Une	gros	dévorer	vaniteux	chanta	la	roue.

☐ Un orgueilleux
☐ Un gourmand

④

Je	soulevons	à	bleu	pleurs	brutalement	sanglots.
Elle	contiens	nous	grand	peine	quelques	lourds.

☐ J'ai du chagrin
☐ Elle a du chagrin

5	Tu	posa	son	énorme	sur	les	piste	d'atterrissage.
	Jean	tricotai	une	avion	dans	la	laines	de patinage.

☐ Un bon pilote
☐ Une belle pelote

6	Un	bécasse	mon	père	fabriqua	des	énorme	tuiles.
	Nos	jour	moins	ligne	tua	un	grosses	sanglier.

☐ A la chasse
☐ A la pêche

7	Depuis	me	soir	Jean	chantera	sa	moissonneuse .
	Hier	ce	matin	chien	conduisait	la	piano .

☐ La moisson
☐ Une belle chanson

8	Marie	vendirent	jusqu'au	peur	de	la	marché .
	Nous	pénétra	depuis	cœur	sur	le	forêt.

☐ Promenade
☐ Au marché

9	Dans	te	cheminée	brûlait	son	grosse	faitout.
	Depuis	la	écuelle	plongeait	une	grande	bûche.

☐ Feu de bois
☐ Feu de forêt

corrigé p. 187

C4 Tournoi 1

DES MOTS BROUILLÉS

Dans chaque colonne verticale vous choisissez celui des deux mots qui convient pour composer une phrase claire (il n'y a qu'une seule phrase possible) et vous cochez le titre qui lui convient.

①

Le	petit	marche	prend	un	bottes	de	joli	lieues.
Elle	se	Poucet	avec	les	garçon	ou	sept	dents.

☐ Un enfant débrouillard

☐ Les premiers pas

②

Jeudi	je	petit	pluies	la	chance	est	bébé.
Après	ces	fortes	cuisine	le	route	peut	inondée.

☐ Un temps désagréable

☐ Un gros chagrin

③

Le	pain	inquiet	voyage	le	plume	malade.
De	docteur	dessert	ausculte	du	jeune	doré.

☐ Une maladie grave

☐ Le repas

④

Pierre	sur	couru	mais	il	prend	tombé.
Jamais	a	notre	et	robe	est	bleu.

☐ Une chute

☐ Une belle toilette

5) Leur délicieuse amitié avoir met en sourire.
Une grand odeur nous a quand appétit.

☐ Vite, à table
☐ Des amis

6) Minet lampe sur notre coups dans langue.
Jardin boit à petits ligne de papier.

☐ Repas de chat
☐ Un dessin

7) Le mois sans février joue petit huit rond.
Les coussin de pilule compte vingt mur jours.

☐ Le mois le plus court
☐ Un médicament

8) Sous douze préau une fleur maçonnent. autre nid.
Jadis le joie des hirondelles mettre un livre.

☐ Construction
☐ Une belle fleur

9) Le crayon expose de suite beaux orages.
Du pâtissier court en très grand gâteaux.

☐ Une vitrine appétissante
☐ Jour de mauvais temps

corrigé p. 192

C4 Tournoi 2

DES MOTS BROUILLÉS

Dans chaque colonne verticale vous choisissez celui des trois mots qui convient pour composer une phrase claire (il n'y a qu'une seule phrase possible) et vous cochez le titre qui lui convient.

---

(1)

Pêcher	sol	truite	fait	son	corps	difficile.
Pêcheur	la	tuile	va	un	sport	examen.
Pêche	si	fruit	est	tout	port	blanc.

☐ Un sport d'équipe
☐ Les sports d'hiver
☐ Un sport qui demande de l'adresse

---

(2)

Nous	offrira	à	perd	cette	bel	difficulté.
Vous	offrirons	ah !	maman	un	vu	escargots.
Ils	offrirai	va	maire	huit	ni	aspirateur.

☐ Bonne fête papa
☐ Vive M. le maire
☐ Cadeau utile

---

(3)

Quand	maçon	toujours	un	autre	café	brutal.
Mais	rouge	élève	sucre	avec	de	briques.
Le	sage	montagne	aura	mur	saint	méchant.

☐ On construit
☐ A l'auberge
☐ Dans le ciel

(4)

Pourvu	je	me	suis	dormir	en	climat.
Mercredi	amis	se	sus	déguisé	dans	collection.
Demain	toi	nous	vu	farine	sur	clown.

- ☐ Pour carnaval
- ☐ Pour son bien
- ☐ Pour toujours

(5)

Les	tortue	coupante	sur	lui	table	maigre.
Avec	méchant	courent	dehors	les	sable	fatigué.
Pour	enfants	courage	sous	le	fable	chaud.

- ☐ Elles s'amusent
- ☐ Ils s'amusent
- ☐ Il s'amuse

(6)

Avant	échec	terminée	l'enclume	rentre	chez	lu.
Sa	couchant	engranger	l'ouvrier	ventre	chat	li.
As-	journée	tranquillement	l'écorce	centre	choux	lui.

- ☐ Retour du printemps
- ☐ Retour des hirondelles
- ☐ Retour du travail

(7)

Surtout	allez	m'achète	tes	fermier	urgent.
Pendant	mère	m'amusent	des	pruniers	vernis.
Ma	vite	m'asseois	leurs	souliers	énergique.

- ☐ Omelette
- ☐ Emplettes
- ☐ Fourchette

corrigé p. 192

C4 Concours 1

DES MOTS BROUILLÉS

①

Mes	forêt	oui	manteau	la	enfants	oiseaux.
La	dansez	bien	après	chant	vos	page.
Sur	tout	retentit	du	choux	des	trichait.

☐ Les enfants s'amusent

☐ C'est la belle saison

☐ C'est la fête au village

②

Quatre	ailleurs	étage	enfouie	sous	les	aujourd'hui.
Du	fumer	est	cours	toit	la	planche.
La	campagne	dans	déjà	toi	des	neige.

☐ Voici le grand fleuve

☐ Voici ma maison

☐ Voici l'hiver, voici le froid

③

Par	téléphone	cinq	oui	dérangement.
Mon	ancien	assez	en	huile.
Hier	après-midi	est	grand	trop.

☐ Il s'agit d'un appel téléphonique

☐ Il s'agit de vacances

☐ Il s'agit d'une panne de téléphone

④

Je	sortez	d'un	vieilles	voyage	à	Indes.
Quand	courons	d'une	gentille	vitesse	au	loup.
Elles	rêve	des	merveilleux	retard	aux	lait.

☐ Une bonne chasse

☐ De bonnes vacances

☐ Un bon repas

(5)	Les	repas	table	chaque	feuilles.
	Chaque	rafales	achète	les	petits.
	Un	grosse	arrachent	du	moineau.

- ☐ La bourrasque
- ☐ Le dîner
- ☐ L'oiseau

(6)	Chaque	autre	avant	regarde	avec	film.
	Les	fleurs	du	prend	un	plume.
	Une	soir	je	marchons	et	plutôt.

- ☐ Au jardin
- ☐ A la télé
- ☐ Un joli plumage

(7)	Plusieurs	avec	un	gant	très	sec.
	Petit	monte	or	cahier	plus	fleuri.
	Jean	saut	de	poney	et	docile.

- ☐ Un garçon instruit
- ☐ Un amour de petit cheval
- ☐ Du tissu solide

(8)	Le	canards	jouerai	une	village	blanche.
	Demain	vieillard	chaise	des	rue	ira.
	Autant	riait	porte	sans	barbe	sûre.

- ☐ A la basse-cour
- ☐ Un vieil homme
- ☐ Un petit pays

C4 Concours 2

DES MOTS BROUILLÉS

①

Les	mes	classe	a	dansé	car	elle	fête.
Surtout	la	hier	ou	panier	pour	lu	filent.
Toute	ils	clouée	sans	blessé	même	la	bataille.

- ☐ C'est la guerre
- ☐ C'est la fête
- ☐ C'est la défaite

②

Ils	parles	pas	agréable	phare	ton	pluie.
Camper	rien	quand	chanter	sous	la	mal.
Sur	n'est	pis	bandit	puce	temps	bleu.

- ☐ Une remarque exacte
- ☐ Une remarque méchante
- ☐ Une remarque impolie

③

L'oncle	Jules	trous	as	rien	parfait	rire.
L'encre	Julie	nous	a	bien	défait	pire.
L'or	Médor	loup	à	mien	fait	dire.

- ☐ C'était la loi
- ☐ C'était la joie
- ☐ C'était à toi

④

La	grave	mi-temps	m'est	produit	verre	grandi.
Un	grâce	charmant	t'est	circuit	vers	radis.
Des	grasse	accident	s'est	maudit	ver	midi.

- ☐ Des chansons de route
- ☐ Un carnet de route
- ☐ Les dangers de la route

---

(5)

Notre	canard	possède	des	ruses	timides	barbotent.
Nos	voisin	mais	des	rares	rouges	casser.
Dites	partie	étang	de	roses	menteuses	magnifiques.

- ☐ Il aime les fleurs
- ☐ Elle aime les fleurs
- ☐ Vous aimez les fleurs

---

(6)

Le	auto	terre	donc	après	sa	terre.
Il	cheval	essuie	rond	métier	à	chien.
Les	vapeur	jette	son	cavalier	os	taire.

- ☐ Un accident de cheval
- ☐ Un accident de voiture
- ☐ Un accident de terrain

---

(7)

J'adore	étudier	les	tranche	dur	hommes	antibiotiques.
J'ajoute	élaguer	la	trottoir	des	honneur	préhistoriques.
J'épluche	élire	le	vie	pur	hold-up	kilométriques.

- ☐ Une soupe aux herbes
- ☐ Un historien en herbe
- ☐ Du blé en herbe

---

(8)

Mon	désir	aide	virer	berger	en	mer.
Mon	frère	offre	être	berges	dans	lune.
Ma	cartable	aimerait	vie	béret	sans	montagne.

- ☐ Ce serait la grande vie
- ☐ Ce serait la vie au grand air
- ☐ Ce serait risquer ma vie

C5 Réussite 1

L'imprimeur a mélangé les lignes de l'article de journal suivant.
Retrouve vite l'ordre des lignes et numérote-les.

UN ACCIDENT DÛ A L'IMPRUDENCE

a [1] Mme Soveon est une vieille personne retrai-
b [7] tard la vieille dame qui sera grièvement bles-
c [5] vélomoteur conduit par le jeune Marc Vassière qui
d [3] Hier soir, vers 20h, elle traverse la route natio-
e [2] tée, âgée de 77 ans et demeurant à Vosne-Romanée.
f [6] habite à Vougeot. Le motocycliste aperçoit trop
g [4] nale non éclairée. Survient alors à vive allure un
h [8] sée. Marc Vassière déséquilibré ira au fossé. Légèrement
i [10] rapide des gendarmes a permis de transporter immédiatement
j [9] blessé, il pourra regagner son domicile. L'intervention
k [11] la blessée à l'hôpital de Dijon.

corrigé p. 189

CORRIGÉ

C3 Réussite 1

Les mots à choisir sont les suivants :

page 148 :	page 149 :	page 150 :
forge — ça	devant	cornes
enfant	chasseurs	attrapé
vitesse	méchant	d'arriver
encore	terre	gueule
réveiller	clair	réglisse
rôti	courge	enfuis
fenêtre	rond	pieds
n'entend	mistouflon	
	bigoudis	

C5 Réussite 2

L'imprimeur a mélangé les lignes du texte dans chacune des deux colonnes de l'article suivant. Retrouve vite, pour chaque colonne, l'ordre des lignes en plaçant les numéros manquants.

LES DANGERS DE LA PLONGÉE SOUS-MARINE

a ☒1 Hier, tout au début de l'après-
b ☐ son état était provoqué par une
c ☐ sous la mer, a été victime d'un
d ☐ midi, près d'Arcachon, un plon-
e ☐ Ce plongeur, Yves Cherru, venait,
f ☐ de soudure par 35km de fond : remon-
g ☐ retour à la surface.
h ☐ sé. Il était aussitôt placé dans
i ☐ tant avec peine sur la plate-
j ☐ un caisson de décompression, car
k ☐ forme, il y restait comme paraly-
l ☐ accident de remontée lors de son
m ☐ geur sous-marin qui travaillait
n ☐ remontée trop rapide.
o ☐ en effet, d'effectuer un travail

a ☐ A 15 h 50, les pompiers étaient
b ☐ soigner les plongeurs victimes
c ☐ attendait Yves Cherru pour l'em-
d ☐ d'Arcachon. Là, un avion spécial
e ☐ lier, seul hôpital équipé pour
f ☐ d'accident de remontée. Aux der-
g ☐ rapidement à la base aérienne
h ☐ sur une vedette rapide à l'aide
i ☐ d'une grue et le blessé conduit
j ☐ est satisfaisant.
k ☐ alertés. Le caisson était hissé
l ☐ nières nouvelles, l'état du blessé
m ☐ porter à l'hôpital de Montpel-

corrigé p. 145

CORRIGÉ

C1 Réussite 1

2 – le gemmage
1 – les Landes marécageuses d'autrefois
6 – les industries nées de la forêt
4 – les incendies de forêt et la lutte contre le feu
3 – la ligniculture
5 – des insectes dangereux pour les pins

C5 Tournoi 1

Les paragraphes de ce texte ont été mélangés à l'exception du premier. A vous de donner à chaque paragraphe non numéroté, le numéro d'ordre qui lui convient.

QUAND LE TEMPS SE FÂCHE

[1] A Premiers jours de vacances : la liberté après l'école, les champs après la ville, le ciel bleu après hier.
Sébastien a changé ses camarades de classe pour son ami Dick, le gros chien-loup de la ferme. Tout heureux, ils gambadent ensemble, dans le chemin creux et la poussière de l'été, entre les hauts champs de blé qui attendent la moisson. Ils jouent au ballon : le garçon avec le pied, le chien avec la gueule. Ils jouent dans le soleil : un soleil chaud et pâle, caché derrière un rideau de nuages blancs, un soleil pâle et chaud qui étouffe et fait couler la sueur au front.

[ ] B Mais voici que là-bas un coin de ciel s'allume doucement en bleu. Sébastien aperçoit son chien et le soleil apparaît derrière les nuages.
Et puis l'orage est fatigué de jouer la comédie : la pluie tombe moins fort, et le tonnerre gronde moins méchamment.
Les épis de blés redressent la tête.
Le lapin se secoue.
Les fourmis sortent le nez et les feuilles sont aussi neuves qu'au premier jour.
Le coquelicot malin a fait sa réserve d'eau fraîche en ouvrant toute grande sa jupe rouge comme un entonnoir.
Alors, après le shampooing de la pluie, le soleil passe le séchoir de ses rayons.

Dick et Sébastien se retrouvent copains, copains sur le chemin détrempé, et l'escargot, qui regrette la pluie trop vite finie, bave lentement sur la feuille :

— C'est fini, c'est fini... Quel dommage !

☐ C Mais c'est le tonnerre qui soudain lui répond du haut des nuages devenus tout noirs.

— Brrmm, brrm, gronde le tonnerre.

— Dick, Dick, appelle l'enfant.

Et les blés tremblent sous la grosse voix du tonnerre et la main invisible du vent.

Mais, chut ! voilà qu'il retient son souffle, le vent ! Il ne respire plus. On dirait qu'il attend, le vent, qu'il attend le signal pour souffler. C'est comme au théâtre, juste avant le spectacle : on fait déjà le noir, puis chacun se tait, on entend les trois coups et le spectacle commence. Ici, les gros nuages se chargent de faire le noir, le vent ne dit plus mot, le tonnerre se charge de frapper vigoureusement les trois coups et le spectacle de l'orage commence.

3 D En effet, le ciel change peu à peu ses nuages blancs pour des nuages gris sale qui sont bien turbulents.

A ras de terre, Dick a flairé la piste d'un lapin et file vers le bois ; là-bas, le lapin peureux a senti le chien et s'enterre sous les branches.

Et le chien court plus vite et le vent souffle plus fort.

Le papillon et l'abeille frémissent de leurs ailes sur la fleur qui frémit au vent.

Sébastien court après le chien et le vent court sur les blés qui ondulent comme des cheveux fous.

— Dick, Dick ! crie Sébastien.

suite ⟶

QUAND LE TEMPS SE FÂCHE (suite)

☐ **E** Mais le chien et l'enfant se moquent bien du soleil!... Ils courent de plus belle. C'est alors que le vent les rattrape... Lui aussi veut jouer: il souffle sur les blés, il souffle sur le sol, il souffle sur les draps qui sèchent.
— Il va faire de l'orage, dit la ménagère, en rentrant son linge qui s'énerve sur le fil.

☐ **F** Et tombe, tombe la pluie. Elle douche les plantes et le chien, elle ruisselle à la pointe des feuilles, fait rentrer l'araignée et sortir l'escargot. Elle inonde le chemin de terre, lave le visage de Sébastien, rend tout heureux le canard et fait pleurer la pince à linge, toute seule sur son fil.

Les fourmis se dépêchent de rentrer chez elles et de fermer les portes de leur maison.

La charrue, abandonnée au milieu du champ, reçoit, sans bouger, la pluie sur le dos.

Le lapin trouve que le temps est affreux pour sortir et il s'enterre un peu plus sous les herbes; l'escargot trouve que le temps est excellent pour une promenade et il sort de sa coquille.

La pluie tombe plus fort et le chien court plus vite. Les feuilles dégoulinent de pluie, le visage de Sébastien aussi dégouline de pluie, la tête du chien et l'épi de blé aussi dégoulinent de pluie... C'est un beau spectacle!

corrigé p. 191

CORRIGÉS

C4 Réussite 1

Les phrases à reconstituer et les titres qui leur conviennent sont les suivants :

1 : Dans les prés les agneaux têtent leur mère. Titre : Le déjeuner.
2 : Hier mon père a planté des tulipes. Titre : Jardinage.

suite corrigé ⟶

C4 (suite)

3 : Une petite fille court dans le jardin.
Titre : Elle s'amuse.
4 : Les ouvriers travaillent à l'usine.
Titre : Au travail.
5 : Le clown jouait une chanson sur son accordéon.
Titre : Au cirque.
6 : Hier c'était la noce de mon cousin.
Titre : Un mariage.
7 : Bébé regarde le chat qui dort.
Titre : Ronron.
8 : Je mange des épinards pour devenir fort.
Titre : Bon appétit !
9 : Le vent du nord a soufflé aujourd'hui.
Titre : C'est la bise.
10 : Le cheval jette son cavalier à terre.
Titre : Un accident de cheval.

C4 **Réussite 2**

1 : Marinette vit un cerf qui broutait de l'herbe.
Titre : Un gros gibier.
2 : La pie voleuse picore toutes les cerises.
Titre : Une gourmande.
3 : Le gros paon vaniteux fit la roue.
Titre : Un orgueilleux.
4 : Je contiens à grand peine quelques sanglots.
Titre : J'ai du chagrin.
5 : Jean posa son avion sur la piste d'atterrissage.
Titre : Un bon pilote.
6 : Un jour mon père tua un énorme sanglier.
Titre : A la chasse.
7 : Depuis ce matin, Jean conduisait sa moissonneuse.
Titre : La moisson.
8 : Marie pénétra jusqu'au cœur de la forêt.
Titre : Promenade.
9 : Dans la cheminée brûlait une grosse bûche.
Titre : Feu de bois.

C5 Tournoi 2

> **Les paragraphes de ce texte ont été mélangés.**
> **A vous de donner à chaque paragraphe non numéroté, le numéro d'ordre qui convient.**

CHASSE A L'OURS AU PÔLE NORD

Dans la lumière pâle de ce début de printemps, Okluk, un jeune chasseur esquimau, poursuit depuis plusieurs heures, un ours blanc à travers l'immensité glacée du Gröenland.

☐ A Okluk, fusil chargé, arrive à son tour. L'ours a préféré la lutte à la fuite : il s'est adossé à une paroi de glace et s'apprête à faire front. Tous les chiens détachés l'enferment maintenant dans un cercle de crocs et d'aboiements, tout en restant à une distance respectueuse des terribles griffes. L'ours est dressé, les bras prêts à la détente. Comme un vieux lutteur sur ses gardes, il fixe d'un œil mauvais ses ennemis qui l'encerclent.

☐ B Le moment de l'attaque finale approche. Sans ralentir la marche du traîneau, Okluk détache alors le gros chien qui court à côté du mâle de tête : c'est une bête trapue aux crocs méchants. Libéré de la laisse qui le retient à l'attelage, il bondit sur les traces de l'ours. Il prend rapidement de l'avance, excité par l'appel du sang et le plaisir de la chasse. Okluk, du fouet et de la voix encourage les autres bêtes à le suivre.

☐ C Soudain, l'un des chiens, d'un bond prodigieux escalade le bloc de glace contre lequel s'appuie l'ours. Le fauve a compris le danger : mais trop tard, il reçoit sur le dos une masse en colère qui enfonce ses crocs dans le poil blanc de sa nuque.

[1] D Le traîneau léger file sur la neige dure ; les cinq chiens qui le tirent, galopent, langues pendantes.
— Ion ! ion ! crie Okluk d'une voix grave quand il veut faire obliquer l'attelage vers la droite.

— Ili ! ili ! crie Okluk d'une voix pointue quand les traces de l'ours filent sur la gauche. Et la longue lanière du fouet claque aux oreilles des cinq bêtes fatiguées.

☐ **E** L'ours apparaît bientôt ; point blanc en mouvement, là-bas sur un fond de neige blanche. Le gros chien l'a attrapé et s'efforce maintenant de ralentir l'allure du fauve à grands coups de crocs dans les talons. L'ours, toutes griffes dehors et à grandes brassées, balaie l'espace autour de lui pour se débarrasser de son ennemi. Le chien furieux mais prudent,s'écarte et aboie : sa mémoire lui rappelle les terribles brûlures laissées autrefois dans sa chair par de semblables coups de pattes puissantes et rapides.

☐ **F** D'un mouvement d'épaule, il se retourne et empoigne le chien dans ses grosses pattes qui serrent, serrent comme un étau. Le chien se débat, l'ours serre plus fort... Un coup de feu claque. Une large tache de sang rougit l'épaule de l'ours qui, fou de rage et de douleur lâche sa proie et s'élance droit devant lui. Le traineau qu'il rencontre sur son passage ne résiste pas à sa rage. Okluk calmement a rechargé son arme : l'ours est là, devant lui, le plus rapide sera le vainqueur. Une deuxième balle atteint la bête en plein front et comme étonnée, elle tombe mollement sur la neige piquée de sang.

☐ **G** Mais les traces de l'ours deviennent plus fraîches et son odeur chatouille plus fort le nez sensible des chiens. Le fauve a sans doute ralenti son allure et Okluk devine maintenant sa fatigue dans les empreintes de plus en plus rapprochées qui trouent la neige.

C'est la dure loi du pays esquimau et de la vie : des bêtes doivent mourir pour que les hommes puissent survivre.

corrigé p. 191

CORRIGÉ

C5 **Réussite 1**

L'ordre correct des lignes est le suivant :

a 1 — e 2 — d 3 — g 4 — c 5 — f 6 — b 7 — h 8 — j 9 — i 10 — k 11

CORRIGÉS

C1 Tournoi 1

1/ Une palombe est un pigeon ramier.
Une palombière est un abri pour les chasseurs.
Une pantière est une sorte de piège.

2/ Chasse : 1 – 23 – 36
Les Landes : 24 – 37
Migrateur : 18 – 31
Palombe : 1 – 5 – 13 – 23 – 27 – 34
Palombière : 25
Pantière : 32
Pigeon : 6 – 7 – 39
Vol : 14 – 31

C2 Tournoi 1

Première question :
a) figure 3
b) figure 2
Deuxième question :
texte 2

C3 Tournoi 1

Les mots à souligner sont les suivants :

Page 154	Page 155	Page 156
déjeuner	m'excuser	venu
cuites	perdrix	crie
morceau	vient	cours
gourmande	yeux	curé
mange	cachées	emporterez
dévore	tour	régaler
envie	couverts	terrorisé
saurai	cuisine	repart
mains	pierre	chez lui
personne	couteau	comment
enlève	table	crocodile
entière	Mon mari	poliment
	oreilles	deux
	devons	
	volaille	
	là-bas	
	vois	

CORRIGÉS

C3 Tournoi 2

Page 157	Page 158	Page 159
camion	grands	sortir
phares	surtout	cour
arranger	petit	brutaux
entrer	faisait	enfin
bras	drôlement	fier
blessé	que	donné
gronder	copains	train
classe	dictée	monde
	sien	dans
	sonné	faim
	bien	morceau
	chercher	demandé
	faire	crier
	bien	coups
	regardais	passe
	mieux	doigt
	tête	
	ça	

C3 Tournoi 2 (suite)

Page 160
partout
camarade
avaler
vrai
surveillant
cœur
arrêté
première
sûr
assez
petit
suis
juste
bouder

Page 161

Réponse au questionnaire :

1 : a — 2 : a — 3 : a — 4 : b — 5 : a — 6 : b — 7 : b

C5 Tournoi 1

Les paragraphes doivent se trouver dans l'ordre suivant :

1 : A — 2 : E — 3 : D — 4 : C — 5 : F — 6 : B

C5 Tournoi 2

Les paragraphes doivent se trouver dans l'ordre suivant :

1 : D — 2 : G — 3 : B — 4 : E — 5 : A — 6 : C — 7 : F

CORRIGÉS

C4 **Tournoi 1**

Les phrases et les titres qui conviennent sont les suivants :

1 : Le petit Poucet prend les bottes de sept lieues.
Titre : Un enfant débrouillard.

2 : Après ces fortes pluies, la route est inondée.
Titre : Un temps désagréable.

3 : Le docteur inquiet ausculte le jeune malade.
Titre : Une maladie grave.

4 : Pierre a couru et il est tombé.
Titre : Une chute.

5 : Une délicieuse odeur nous met en appétit.
Titre : Vite, à table.

6 : Minet boit à petits coups de langue.
Titre : Repas de chat.

7 : Le mois de février compte vingt-huit jours.
Titre : Le mois le plus court.

8 : Sous le préau, une hirondelle maçonne un nid.
Titre : Construction.

9 : Le pâtissier expose de très beaux gâteaux.
Titre : Une vitrine appétissante.

C4 **Tournoi 2**

1 : Pêcher la truite est un sport difficile.
Titre : Un sport qui demande de l'adresse.

2 : Nous offrirons à maman un bel aspirateur.
Titre : Cadeau utile.

3 : Le maçon élève un mur de briques.
Titre : On construit.

4 : Mercredi je me suis déguisé en clown.
Titre : Pour carnaval.

5 : Les enfants courent sur le sable chaud.
Titre : Ils s'amusent.

6 : Sa journée terminée, l'ouvrier rentre chez lui.
Titre : Retour du travail.

7 : Ma mère m'achète des souliers vernis.
Titre : Emplettes.

D1 Réussite 1

Les phrases ci-dessous numérotées de 1 à 10 sont reproduites mot à mot page 194, chacune d'elle étant mélangée à deux autres phrases, pas tout à fait semblables.
A toi de cocher une par une, page 194, celle qui est exactement semblable.
La première est donnée en exemple.

1 Une brise tiède soulevait les fleurs.
2 On servit le café dans des tasses de porcelaine.
3 Le conducteur est prudent, cela nous rassure.
4 Bruyant, l'enfant frappe sur son tambour.
5 Nous, les forestiers, nous sommes les jardiniers de la forêt.
6 Le jour où nous sommes arrivés, il faisait un temps superbe.
7 Il a sauvé ce malheureux au péril de sa vie.
8 En bas serpente un ruisseau, à travers une prairie capricieuse.
9 Ils ont arpenté un labyrinthe de rues dont ils ne pouvaient plus sortir.
10 La rivière que nous avons traversée est un affluent de l'Yonne.

CORRIGÉS

D3 Réussite 1

A/	B/
a : 4	a : oui
b : 3	b : oui
c : 1	c : non
d : 7	d : non
e : 15	e : oui
f : 18	

D3 Réussite 2

Les phares cités dans le texte sont les suivants :
Boulogne – La Hève – Cap Fréhel – Lorient – Guérande – Saint-Nazaire – Marseille

D1 Réussite 1 (suite)

Coche la bonne phrase.

1
- ☐ Une brise tiède arrachait les fleurs.
- ☒ Une brise tiède soulevait les fleurs.
- ☐ Une brise tiède déchirait les fleurs.

2
- ☐ On servit le café dans des verres de cristal.
- ☐ On servit le thé dans des tasses de porcelaine.
- ☐ On servit le café dans des tasses de porcelaine.

3
- ☐ Le chauffeur est très prudent, cela est rassurant.
- ☐ Le conducteur est prudent, cela nous rassure.
- ☐ Le conducteur est prudent et les rassure.

4
- ☐ L'enfant frappe bruyamment sur son tambour.
- ☐ Bruyant, l'enfant tape sur son tambour.
- ☐ Bruyant, l'enfant frappe sur son tambour.

5
- ☐ Nous, les forestiers, nous sommes les jardiniers de la forêt.
- ☐ Nous, les forestiers, nous rêvons d'être les jardiniers de la forêt.
- ☐ Nous, les forestiers, nous sommes aussi des jardiniers.

6
- ☐ Le jour de notre arrivée, il faisait un temps superbe.
- ☐ Le jour où nous sommes arrivés, il faisait un temps superbe.
- ☐ Le jour où nous sommes venus, il faisait très beau temps.

7
- ☐ Il a sauvé ce malheureux en risquant sa vie.
- ☐ Il aurait pu sauver ce malheureux en risquant sa vie.
- ☐ Il a sauvé ce malheureux au péril de sa vie.

8
- ☐ En bas une rivière serpente, à travers une prairie capricieuse.
- ☐ En bas serpente un ruisseau, à travers une prairie capricieuse.
- ☐ En bas, à travers une vallée capricieuse, serpente un ruisseau.

9
- ☐ Ils ont arpenté un labyrinthe de rues où ils se sont perdus.
- ☐ Ils ont parcouru un labyrinthe de rues et n'en pouvaient plus sortir.
- ☐ Ils ont arpenté un labyrinthe de rues dont ils ne pouvaient plus sortir.

10
- ☐ La rivière que nous traversons est un affluent de l'Yonne.
- ☐ La rivière que nous avons traversée est un affluent de l'Yonne.
- ☐ La rivière que nous avons traversée est plus dangereuse que l'Yonne.

corrigé p. 198

D1 Réussite 2

Les phrases ci-dessous numérotées de 1 à 10 sont reproduites mot à mot page 196, chacune d'elle étant mélangée à deux autres phrases, pas tout à fait semblables.
A toi de cocher page 196, celle qui est exactement semblable.

1 Une brise légère affole les feuilles toute neuves du peuplier.
2 On a volé l'argent de la coopérative : deux élèves mènent leur enquête.
3 Le maçon, grimpé sur son échafaudage, siffle en travaillant.
4 Grossie par les pluies, la Seine aux eaux boueuses, inonde les quais.
5 Connais-tu un petit village tranquille caché dans la verdure ?
6 Bientôt l'hiver et ses longues nuits froides si tôt venues !
7 Les voyageurs, bloqués dans la tourmente de neige, attendent les secours.
8 Le vent qui soufflait en tempête arrachait les tuiles des toits.
9 Pierre espère bien aller en vacances cette année au bord de la mer .
10 Les lions, perchés sur leur tabouret, obéissent aux ordres du dompteur.

CORRIGÉ

D2 Réussite 1

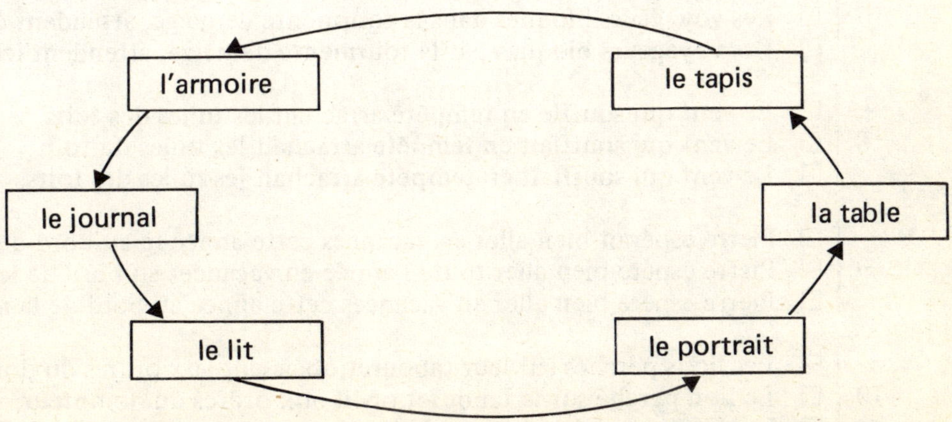

D1 Réussite 2 (suite)

Coche la bonne phrase.

1
- ☐ Une brise légère agite les feuilles toute neuves des peupliers.
- ☐ Une brise légère agite les feuilles toute neuves du peuplier.
- ☐ Une brise légère affole les feuilles toute neuves du peuplier.

2
- ☐ On a volé l'argent de la coopérative : deux élèves enquêtent.
- ☐ On a volé l'argent de la coopérative : deux élèves mènent leur enquête.
- ☐ On a volé l'argent de la coopérative : dix élèves mènent leur enquête.

3
- ☐ Le maçon, grimpé sur son échafaudage, sifflait en travaillant.
- ☐ Le maçon, perché sur son échafaudage, sifflait en travaillant.
- ☐ Le maçon, grimpé sur son échafaudage, siffle en travaillant.

4
- ☐ Grossie par les pluies, la Seine aux eaux boueuses, inonde les quais.
- ☐ Grossie par la pluie, la Seine aux eaux boueuses,inonde les quais.
- ☐ Grossie par les pluies, la Seine aux eaux boueuses,recouvre les quais.

5
- ☐ Connais-tu ce petit village tranquille, caché dans la verdure ?
- ☐ Connais-tu ce petit village tranquille, enfoui dans la verdure ?
- ☐ Connais-tu un petit village tranquille, caché dans la verdure ?

6
- ☐ Bientôt le froid et les longues nuits d'hiver si tôt venues !
- ☐ Bientôt l'hiver et ses longues nuits froides si tôt venues !
- ☐ Bientôt l'hiver et ses longues nuits froides trop tôt venues !

7
- ☐ Les voyageurs,bloqués dans la tourmente de neige, attendent les secours.
- ☐ Les voyageurs bloqués dans la tourmente de neige, attendent du secours.
- ☐ Les voyageurs bloqués par la tourmente de neige, attendent les secours.

8
- ☐ Le vent qui souffle en tempête arrachait les tuiles des toits.
- ☐ Le vent qui soufflait en tempête arrachait les tuiles du toit.
- ☐ Le vent qui soufflait en tempête arrachait les tuiles des toits.

9
- ☐ Pierre espérait bien aller en vacances cette année-là au bord de la mer.
- ☐ Pierre espère bien aller toute l'année en vacances au bord de la mer.
- ☐ Pierre espère bien aller en vacances cette année au bord de la mer.

10
- ☐ Les lions,perchés sur leur tabouret,obéissent aux ordres du dompteur.
- ☐ Le lion perché sur le tabouret obéit aux ordres du dompteur.
- ☐ Les lions perchés sur leur tabouret attendent les ordres du dompteur.

corrigé p. 199

D1 Tournoi 1

Lisez les mots de la liste n° 1 et retenez bien leur ordre. Puis reportez-vous à la page 198 et cochez parmi les deux listes proposées, la liste exactement semblable sans revenir en arrière.
Faites de même pour chacune des autres listes.

1 Danger — décembre — découverte — distraction — drapeau

2 Parapluie — peinture — pensionnaire — plumage — protéger — punition

3 Cuillère — cuire — cuisine — cuisinière — cuivre — cultivateur — cycliste

4 Vacances — véhicule — verdure — vêtement — vieillard — voix — voyageur

5 Sacoche — sang — seigneur — sérieusement — stupéfaction — sujet — sursauter

6 Abattre — absence — allumette — anglais — appartement — après-midi

D1 Tournoi 2

Lisez les mots de la liste n° 1 et retenez bien leur ordre. Puis reportez-vous à la page 199 et cochez parmi les deux listes proposées, la liste exactement semblable sans revenir en arrière.
Faites de même pour chacune des autres listes.

1 Naissance — naturellement — négligence — nourriture — novembre — nuage

2 Raconter — rangée — récompense — respiration — réunion — rossignol

3 Baguette — berceau — blessure — bourdonnement — brouillard — brun — brutal

4 Habit — habitation — heureusement — homme — honteux — huile — humidité

5 Tableau — tambour — téléphone — tendresse — terrible — tonneau

6 Eau — échelle — écluse — éducation — émerveiller — espoir — exposition

D1 Tournoi 1 (suite)

Cochez la bonne liste.

1
- ☐ Danser — décembre — découverte — distraction — drapeau
- ☐ Danger — décembre — découverte — distraction — drapeau

2
- ☐ Parapluie — peinture — pensionnaire — plumage — protéger — punition
- ☐ Parapluie — peintre — pensionnaire — plume — protéger — punition

3
- ☐ Cuillère — cuire — cuisine — cuisinière — cuivre — cultivateur — cycliste
- ☐ Cuillère — cuire — cuisine — cuisinier — cuivre — cultiver — cycliste

4
- ☐ Vacances — véhicule — verdure — veston — vieillard — voix — voyager
- ☐ Vacances — véhicule — verdure — vêtement — vieillard — voix — voyageur

5
- ☐ Sacoche — sang — seigneur — sérieusement — stupéfaction — sujet — sursauter
- ☐ Sacoche — sang — sérieusement — stupéfaction — sujet — seigneur — sursauter

6
- ☐ Abattre — absence — allumette — anglais — appartement — après-demain
- ☐ Abattre — absence — allumette — anglais — appartement — après-midi

corrigé p. 209

CORRIGÉ

D1 Réussite 1

1 : 2e phrase	6 : 2e "
2 : 3e "	7 : 3e "
3 : 2e "	8 : 2e "
4 : 3e "	9 : 3e "
5 : 1re "	10 : 2e "

D1 Tournoi 2 (suite)

Cochez la bonne liste.

1 { ☐ Naissance — naturellement — négligence — nourriture — nouveau — nuit — nul
☐ Naissance — naturellement — négligence — nourriture — novembre — nuage

2 { ☐ Raconter — rangée — récompense — respiration — réunion — rossignol
☐ Raconter — rang — récompense — respectueux — réussir — rossignol — royal

3 { ☐ Bague — berceau — blessure — bourgeon — brouillard — brut — brutal
☐ Baguette — berceau — blessure — bourdonnement — brouillard — brun — brutal

4 { ☐ Habit — habitation — heureux — hiver — horloge — huit — hurler
☐ Habit — habitation — heureusement — homme — honteux — huile — humidité

5 { ☐ Tableau — tambour — téléphone — tendresse — terrible — tonneau
☐ Tablier — tambour — télégramme — tente — terrible — tonneau — tranquille

6 { ☐ Eau — échelle — éducation — émerveiller — espoir — exposition — écluse
☐ Eau — échelle — écluse — éducation — émerveiller — espoir — exposition

corrigé p. 210

CORRIGÉ

D1 Réussite 2

1 : 3e phrase	6 : 2e "
2 : 2e "	7 : 1re "
3 : 3e "	8 : 3e "
4 : 1re "	9 : 3e "
5 : 3e "	10 : 1re "

D1 Concours 1

1 Les souvenirs, surtout ceux de l'enfance, me sont agréables.
2 L'album dont je vous parle, conte les aventures de Tintin.
3 Pendant qu'il se hâtait de rentrer chez lui, la pluie commença à tomber.
4 A peine le maître a-t-il achevé de dicter le texte, que nous corrigeons.
5 C'est dans les premiers jours de janvier, que la bise souffla très fort.
6 Si j'étais riche, je m'achèterais une vieille ferme morvandelle.
7 Demain, à l'auberge du lac, nous mangerons une soupe de poissons.
8 Ces enfants aiment beaucoup la lecture : ils y consacrent de longues heures.
9 Pierre est un ouvrier très habile, mais il l'est moins que son contremaître.
10 François, président de la coopérative, dirigera la prochaine réunion.

D1 Concours 2

1 L'ailier gauche,bien démarqué,a inscrit le premier but de la partie.
2 Dans l'accident,Monsieur le Marquis de Sacrebleu avait été plus gravement blessé que son chauffeur.
3 Les informations télévisées montraient les souffrances et les ruines provoquées par la guerre.
4 Le montagnard se hissait lentement le long de la paroi rocheuse verticale.
5 Le chaud soleil pesait sur la ville qui sommeillait sous la fraîcheur des arbres.
6 C'est à cause d'une crevaison, que ce petit coureur inconnu passa à côté de la victoire.

CORRIGÉ

D2 Réussite 2

1/ Vrai.
2/ 9 h.
3/ Il posait ses pieds sur le tapis.
4/ Il remplit des cahiers d'écolier de nouveaux mots.

D1 Concours 1 (suite)

Cochez la bonne phrase.

1
☐ Les souvenirs qui restent de l'enfance sont très vagues.
☐ On se rappelle ses jeunes années avec plaisir.
☐ Les enfants n'ont qu'un faible bagage de souvenirs.

2
☐ Je me souviens d'un album qui raconte les aventures de Tintin.
☐ Tintin parle de ses passionnantes aventures dans cet album.
☐ Je vous parle d'une bande dessinée concernant Tintin.

3
☐ La pluie tombait déjà quand il partit pour la maison.
☐ Pendant son retour, la pluie n'a cessé de tomber.
☐ C'est sur le chemin du retour que la pluie le surprit.

4
☐ La dictée sera péniblement corrigée le lendemain.
☐ Le maître entreprend la correction avec ses élèves aussitôt le texte dicté.
☐ Le maître dicte très vite une dictée qu'il nous faudra ensuite corriger.

5
☐ Un vent très fort souffla dès le début de l'année nouvelle.
☐ C'est dans la première semaine de janvier que la pluie tomba très fort.
☐ C'est dans la deuxième quinzaine de janvier que souffla le vent.

6
☐ Parce que je suis riche, je vais acquérir une vieille ferme morvandelle.
☐ Je ne suis pas riche : je ne peux donc que rêver d'acheter une vieille ferme morvandelle.
☐ Si j'étais riche je ferais l'acquisition d'une vieille ferme morvandelle.

7
☐ Demain, près de l'auberge du lac, nous pêcherons du poisson.
☐ Demain à l'auberge du lac nous servirons une soupe de poissons.
☐ Demain à l'auberge du lac nous dégusterons une soupe de poissons.

8
☐ Ces enfants consacrent leurs loisirs à la lecture.
☐ Pendant longtemps nos enfants ont aimé lire.
☐ S'ils pouvaient y consacrer de longues heures ces enfants aimeraient lire.

9
☐ Pierre est plus habile que son contremaître.
☐ Le contremaître est plus habile que Pierre.
☐ Le contremaître et Pierre sont aussi habiles l'un que l'autre.

10
☐ François qui dirige la réunion de coopérative sera élu président.
☐ François, président de la coopérative dirigea la réunion.
☐ Celui qui, en qualité de président dirigera la réunion , c'est François.

D1 Concours 2 (suite)

Cochez la bonne phrase.

1
- ☐ L'ailier droit,bien démarqué,a inscrit le premier but de la partie.
- ☐ La partie a commencé par un tir de l'ailier gauche bien démarqué.
- ☐ Le premier but de la partie est dû à l'ailier gauche qui s'était bien placé.

2
- ☐ L'accident était grave : Monsieur le Marquis de Sacrebleu fut blessé mais non son chauffeur.
- ☐ Le chauffeur de Monsieur le Marquis de Sacrebleu provoqua un accident au cours duquel il fut blessé.
- ☐ Monsieur le Marquis de Sacrebleu et son chauffeur furent blessés dans l'accident : le second plus légèrement que le premier.

3
- ☐ Le journaliste racontait les souffrances et les ruines provoquées par la guerre.
- ☐ Les souffrances et les ruines provoquées par la guerre faisaient l'objet d'un reportage télévisé.
- ☐ Les informations télévisées montraient des ruines de la dernière guerre.

4
- ☐ Le montagnard se hâtait lentement le long de la paroi rocheuse verticale.
- ☐ La paroi à escalader était à pic : le montagnard la gravissait centimètre par centimètre.
- ☐ Le long du versant abrupt, l'alpiniste se laissait glisser lentement.

5
- ☐ Après les fortes chaleurs du jour la petite ville s'était endormie.
- ☐ Les arbres formaient comme un immense parapluie de fraîcheur qui abritait la ville du soleil.
- ☐ Il faisait chaud et lourd : la petite ville dormait à l'ombre de ses arbres.

6
- ☐ Ce coureur est très fort : il a réussi malgré plusieurs crevaisons.
- ☐ Malgré une crevaison, ce petit coureur inconnu a remporté la victoire.
- ☐ Ce coureur inconnu aurait gagné s'il n'avait pas crevé.

UN CHAT EST UN CHAT

Lis cette histoire bizarre... et fais bien attention au nouveau vocabulaire inventé par ce vieil homme : il te faudra essayer ensuite de nommer les meubles et objets comme lui.

Je vais vous raconter l'histoire d'un vieil homme, d'un homme qui ne dit plus un mot, qui a un visage fatigué, trop fatigué pour sourire et trop fatigué pour avoir l'air fâché.

Il habite dans une petite ville, tout au bout de la rue, ou bien près du carrefour. Je me demande si cela vaut vraiment la peine de le décrire, car il ne se distingue guère d'un tas d'autres hommes. Il porte un chapeau gris, un pantalon gris, une veste grise, et le long manteau qu'il met en hiver est gris ; son cou maigre à la peau sèche et ridée flotte dans le col blanc de sa chemise.

Il a sa chambre au dernier étage de la maison, peut-être a-t-il été marié, peut-être a-t-il eu des enfants, peut-être a-t-il habité jadis dans une autre ville. Il a sûrement été lui aussi un enfant, mais c'était au temps où les enfants étaient habillés comme les grandes personnes. Il y en a comme ça dans l'album de photographie de grand-mère.

Dans sa chambre il y a deux chaises, une table, un tapis, un lit et une armoire. Sur une petite table, un réveil, à côté, de vieux journaux et l'album de photos ; au mur un miroir et un portrait.

Le vieil homme faisait une promenade le matin et une promenade l'après-midi, échangeait quelques paroles avec son voisin, et il passait la soirée assis devant sa table.

C'était tous les jours la même chose, même le dimanche. Et quand l'homme était assis devant sa table il entendait le tic-tac du réveil, toujours le tic-tac du réveil.

Et puis il y eut une fois un jour pas comme les autres, un jour ensoleillé, pas trop chaud, pas trop froid, les oiseaux gazouillaient, les gens étaient aimables, il y avait des enfants qui jouaient — et ce jour-là n'était pas comme les autres, car tout d'un coup l'homme sentit que tout cela lui plaisait.

Il sourit.

« Maintenant, tout va changer », pensa-t-il. Il défit le bouton de son col de chemise, prit son chapeau à la main, se mit à marcher plus vite en esquissant même un pas de danse, et se sentit tout heureux. Il arriva dans sa rue, fit un petit signe de tête aux enfants, se dirigea vers sa maison, monta l'escalier, prit ses clés dans sa poche et ouvrit la porte de sa chambre.

Mais dans sa chambre tout était toujours pareil : une table, deux chaises, un lit. Il s'assit, entendit de nouveau le tic-tac, et toute sa joie s'envola, car rien n'avait changé.

suite ⟶

Et l'homme fut saisi d'une grande fureur.
Il vit, dans la glace, son visage devenir tout rouge et ses yeux se plisser ; alors il serra ses poings convulsivement, les leva et les abattit sur la table, une fois, puis une autre, et puis il se mit à tambouriner en criant sans arrêt : « Il faut que ça change ! Il faut que ça change ! »
Du coup il n'entendait plus le réveil. Mais alors ses mains commencèrent à lui faire mal, la voix lui manqua, il entendit de nouveau le réveil, et rien ne changea.
« Toujours la même table, dit l'homme, les mêmes chaises, et le lit, et le portrait. Et la table je l'appelle table, le portrait je l'appelle portrait, le lit se nomme lit et la chaise se nomme chaise. Au fait, pourquoi ? En anglais on appelle le lit «bedde», la table «teïbel», le portrait «pitcheur» et la chaise «tchair», et on se comprend. Et les Chinois aussi se comprennent.»
«Pourquoi le lit ne s'appelle-t-il pas portrait ?» se dit l'homme, et il sourit, puis il se mit à rire, et il rit, il rit tant et si bien que les voisins tapèrent contre le mur en criant : «Silence !»
«Maintenant ça change !» s'écria-t-il, et désormais il appela le lit «portrait». «Je suis fatigué, je vais aller au portrait», disait-il, et souvent, le matin, il restait longtemps au portrait, se demandant comment il appellerait la chaise, et il nomma la chaise «réveil».

Il se levait donc, s'habillait, s'asseyait sur le réveil et posait ses coudes sur la table. Mais la table ne s'appelait plus table, elle s'appelait maintenant tapis. Le matin donc notre homme sortait de son portrait, s'habillait, s'asseyait sur le réveil, devant le tapis, et se demandait comment il pourrait bien appeler les choses.

Le lit, il l'appelait portrait.
La table, il l'appelait tapis.
La chaise, il l'appelait réveil.
Le journal, il l'appela lit.
Le miroir, il l'appela chaise.
Le réveil, il l'appela album.
L'armoire, il l'appela journal.
Le tapis, il l'appela armoire.
Le portrait, il l'appela table.
Et l'album de photos, il l'appela miroir

Relis attentivement, pour bien l'enregistrer, le «dictionnaire» du vieil homme, signalé par un trait vertical,
puis va page 206

D2 Réussite 2

UN CHAT EST UN CHAT (suite)

Lis la suite de cette histoire bizarre... et continue à faire bien attention.

Alors voilà : le matin, le vieil homme restait longtemps au portrait ; à neuf heures, l'album sonnait, l'homme se levait et se mettait sur l'armoire pour ne pas prendre froid aux pieds ; il prenait ensuite ses vêtements dans le journal, s'habillait, se regardait dans la chaise accrochée au mur, puis il s'asseyait sur le réveil devant le tapis, feuilletait le miroir et s'arrêtait à la table de sa mère.

L'homme trouvait la chose amusante ; toute la journée il s'exerçait à retenir les mots nouveaux. Maintenant il rebaptisait toutes les choses : il n'était plus un homme, mais un pied, et le pied était un matin, et le matin un homme.

Maintenant tu peux continuer l'histoire toi-même. Et puis tu peux faire la même chose que l'homme, et changer aussi le sens des autres mots:

> sonner se dit poser,
> prendre froid se dit regarder,
> être couché se dit sonner,
> se lever se dit avoir froid,
> poser se dit feuilleter.

Et voici ce que cela donne :
Tous les hommes, le vieux pied restait longtemps sonné dans son portrait ; à neuf heures l'album se mettait à poser, le pied avait froid et se feuilletait sur l'armoire pour ne pas se regarder les matins.

Le vieil homme s'acheta des cahiers d'écolier à couverture bleue, et les remplit de mots nouveaux ; cela lui donnait beaucoup de travail et on ne le voyait plus que rarement dans la rue.

Puis il apprit les nouveaux noms de toutes les choses ; en même temps, il oubliait de plus en plus les vrais noms, il avait maintenant une langue nouvelle qui n'appartenait qu'à lui.

Il lui arrivait déjà de rêver dans cette nouvelle langue ; puis il traduisit dans sa langue à lui les chansons qu'il avait apprises à l'école ; et il se les chantonna à mi-voix.

Mais bientôt, il eut même du mal à traduire, car il avait presque oublié son ancienne langue et il était obligé de chercher les vrais mots dans ses cahiers bleus. A présent, il avait peur quand il lui fallait parler aux gens. Il fallait qu'il réfléchisse longtemps pour retrouver comment les gens appellent les choses.

Son portrait, les gens l'appellent lit.
Son tapis, les gens l'appellent table.
Son réveil, les gens l'appellent chaise.
Son lit, les gens l'appellent journal.
Sa chaise, les gens l'appellent miroir.
Son album de photos, les gens l'appellent réveil.
Son journal, les gens l'appellent armoire.
Son armoire, les gens l'appellent tapis.

suite →

UN CHAT EST UN CHAT (suite)

Sa table, les gens l'appellent portrait. Son miroir, les gens l'appellent album.
Tant et si bien que notre homme, à la fin, ne pouvait s'empêcher de rire quand il entendait les gens parler.
Il se mettait à rire quand il entendait quelqu'un dire : «Et vous, allez-vous aussi voir le match de football demain ?» Ou quand quelqu'un disait : «Voilà deux mois déjà qu'il n'arrête pas de pleuvoir.» Ou bien encore : «J'ai un oncle en Amérique.» Il ne pouvait s'empêcher de rire parce qu'il ne comprenait plus ce que tout cela voulait dire.
Et pourtant ceci n'est pas une histoire drôle. Le commencement était triste, la fin est triste aussi.
Le vieil homme en manteau gris ne comprenait plus les gens ; cela n'était pas encore bien grave.
Ce qui l'était bien davantage, c'est que les gens ne le comprenaient plus.
C'est pourquoi il finit par ne plus rien dire. Il ne parla plus qu'avec lui-même. **Reporte-toi maintenant en bas de la page 208.**

D2

Réussite 1 (suite)

Sans retourner au texte que tu viens de lire, complète le tableau ci-dessous : c'est le dictionnaire du vieil homme ; la flèche signifie «s'appelle».

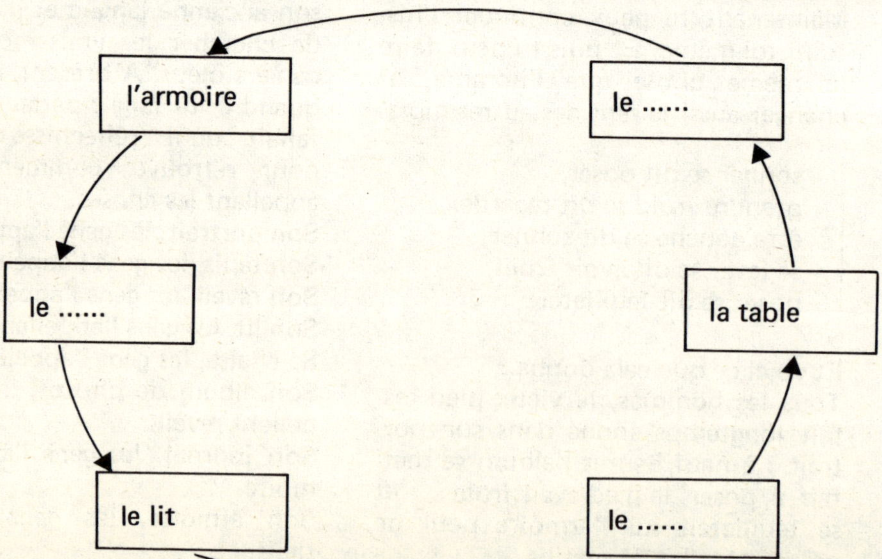

corrigé p. 195

D2 Tournoi 1

Lisez chacun avec attention la première phrase ci-dessous. Les éléments essentiels ont été écrits en caractères gras. L'un de vous deux, après s'être reporté à la page 208, devra répéter cette phrase mot à mot à son camarade qui vérifiera. Faites de même avec les autres phrases en alternant.

① **Un** beau **bébé** rose et blond, **dort** paisiblement **dans son berceau**, sous les yeux attendris de sa grand-mère.

② **La pluie**, une pluie fine et serrée, **est tombée** toute la journée **douchant**, comme avec plaisir, **les** grands **immeubles** sales **et les feuilles** poussiéreuses des arbres.

③ **Monsieur Gobidu est** un grand **chasseur : chaque dimanche** d'automne **il s'en va** battre la campagne **avec son** inséparable **chien** : un bel épagneul à long poil.

④ Puisque tu aimes les voyages et les aventures **je te propose une expédition dans l'espace**, en direction de la planète Mars.

⑤ **Je rêve** parfois **que je suis marin** comme Eric Tabarly **et que je parcours les océans sur un bateau** à voile, nerveux et rapide, construit de mes mains.

⑥ **Notre chat** noir, un gros fainéant incapable d'attraper une souris **a décidé de prendre sa retraite** : depuis quelque temps **il ne sait plus que manger, dormir** ou ronronner comme un bon vieux qui grogne sans cesse.

D2 Tournoi 1 (suite)

Les phrases de la page 209 n'ont pas été entièrement répétées ici. A toi de retrouver les passages manquants remplacés par les traits et de redire les phrases entières à ton camarade.

1) ___ beau ____ rose et blond, ____ paisiblement ________________ sous les yeux attendris de sa grand-mère.

2) ________ une pluie fine et serrée, ___________ toute la journée ________ comme avec plaisir, ___ grands ____________ sales ____________ poussiéreuses des arbres.

3) ____________________ un grand ______________ : ___________ d'automne _____ ___ battre la campagne ________ inséparable _____ : un bel épagneul à long poil.

4) Puisque tu aimes les voyages et les aventures _______________________ _____________, en direction de la planète Mars.

5) _____ parfois _______________ comme Eric Tabarly _______________ ____________________ à voile, nerveux et rapide, construit de mes mains.

6) __________ noir, un gros fainéant incapable d'attraper une souris ________ ____________________ : depuis quelque temps _______________________, ____ ______ ou ronronner comme un bon vieux qui grogne sans cesse.

D2 Réussite 2 (suite)

Questionnaire

Réponds à ces questions.

1/ Le vieil homme restait longtemps au lit le matin. Vrai ou faux ?

2/ A quelle heure sonnait le réveil du vieil homme ?

3/ Que faisait notre vieil homme pour ne pas prendre froid au lever ?

4/ Quelle était sa principale occupation de la journée ?

corrigé p. 200

D2 Tournoi 2

Lisez chacun avec attention la première phrase ci-dessous. Les éléments essentiels ont été écrits en caractères gras. L'un de vous deux, après s'être reporté à la page 210 devra répéter cette phrase mot à mot à son camarade qui vérifiera. Faites de même avec les autres phrases en alternant.

1. C'est **le 14 juillet : les marins**, dans leur bel uniforme blanc, **défilent** musique en tête **sur le** long **boulevard** qui longe le port.

2. **Connaîs-tu**, toi, **des gens qui ont vu**, de leurs yeux vu, **des martiens**, des vrais, **débarquant** un beau jour **sur** notre bonne vieille **terre**.

3. **Le centre** nautique **des Glénans** en Bretagne, où l'on peut apprendre à faire de la voile **a été créé en 1947** par d'anciens membres de la résistance.

4. **Si tu veux dessiner un bonhomme** harmonieux, rappelle-toi que la **hauteur totale** d'un personnage adulte comprend à peu près **huit fois** la hauteur de **sa tête.**

5. **Dessinant** dans le ciel **un triangle** parfait, **neuf avions** «Mystère» **passent en vrombissant et en laissant** derrière eux **une** longue **écharpe de fumée** tricolore.

6. **Devançant le peloton** de 5 bonnes minutes, **un coureur** au maillot tricolore **arrive** grand vainqueur **au sommet du col** après une épuisante montée en solitaire.

CORRIGÉ

D1 Tournoi 1

1 : 2e liste
2 : 1re "
3 : 1re "
4 : 2e "
5 : 1re "
6 : 2e "

D2 Tournoi 2 (suite)

Les phrases de la page 209 n'ont pas été entièrement répétées ici. A toi de retrouver les passages manquants remplacés par les traits et de redire les phrases entières à ton camarade.

1. C'est __________ : ________, dans leur bel uniforme blanc, ______ musique en tête ____ long ________ qui longe le port.

2. ________, toi, ________________ de leurs yeux vu, __________ des vrais, ________ un beau jour ___ notre bonne vieille __________

3. ________ nautique __________ en Bretagne, où l'on peut apprendre à faire de la voile _______________ par d'anciens membres de la résistance.

4. ______________________________ harmonieux, rappelle-toi que la ______ _____ d'un personnage adulte comprend à peu près ________ la hauteur de _____

5. _______ dans le ciel ________ parfait, _________ «Mystère» _________ _____________________ derrière eux ___ longue _______________ tricolore

6. __________________ de 5 bonnes minutes, _________ au maillot tricolore _____ grand vainqueur ________________ après une épuisante montée en solitaire.

CORRIGÉ

D1 Tournoi 2

1 : 2e liste
2 : 1re ″
3 : 2e ″
4 : 2e ″
5 : 1re ″
6 : 2e ″

D2

LES MÉTÉORES QUI TOMBENT DU CIEL

Chaque jour, il tombe sur notre terre près de 500 kg de météorites divers. Ce sont le plus souvent des blocs de métaux qui voyagent dans l'espace et sont attirés par le gigantesque aimant de la terre, lorsqu'ils passent à proximité. Chacun d'eux ne pèse bien souvent que quelques grammes à son arrivée au sol. Il y a des exceptions cependant: à l'époque préhistorique un météorite pesant aux environs de 100 000 tonnes est tombé aux Etats-Unis dans la région de l'Arizona. Il a creusé un cratère de 180 m de profondeur et de 1,2 km de diamètre. Un autre est tombé «en mille morceaux» sur le sol russe le 30 juin 1908 : il pesait au total près de 40 000 tonnes et il a dévasté la forêt dans un rayon de 60 km en creusant plus de 200 cratères.

LA RAGE (une maladie contagieuse)

En 1977, la rage sévissait dans 21 départements français :

Aisne	Haute-Marne	Haute-Saône
Ardennes	Meurthe et Moselle	Saône et Loire
Aube	Meuse	Seine et Marne
Côte d'Or	Moselle	Somme
Doubs	Oise	Vosges
Jura	Bas-Rhin	Yonne
Marne	Haut-Rhin	Territoire de Belfort

La rage est une maladie grave et contagieuse qui peut se transmettre à l'homme comme aux animaux à sang chaud (chiens, chats, vaches, chevaux et tous les mammifères) mais non aux animaux à sang froid (poissons, reptiles ou batraciens comme la grenouille). Pour éviter d'être contaminé, il est prudent :

1 de faire vacciner les animaux domestiques comme chiens et chats,

2 de ne pas recueillir ou caresser un animal inconnu ou malade,

3 d'appeler le vétérinaire en présence d'un animal domestique malade,

4 de ne jamais soigner avec des mains nues un chien ou un chat qui s'est battu avec un animal sauvage, car son poil peut être souillé de salive porteuse des microbes de la rage.

suite →

PREMIERS PAS SUR LA LUNE (21 Juillet 1969 à 3h 56)

«L'aigle»... c'est le nom donné au premier engin spatial qui a déposé deux hommes sur la lune le 20 Juillet 1969 à 21h 14 minutes et 42 secondes très exactement. Les deux astronautes attendront encore 6 heures avant de poser le pied sur le sol lunaire. Après un repas et de minutieux préparatifs, ils enfilent leurs encombrants scaphandres. Il est 3h 39 minutes du matin. Dans le monde entier, plusieurs centaines de millions de téléspectateurs attendent cet instant historique devant leur poste de télévision.
Armstrong ouvre doucement le hublot de sortie et descend, avec d'infinies précautions, les quelques marches de l'échelle. C'est son pied gauche qui le premier prend contact avec le sol lunaire. «Ça y est, s'écrie-t-il, je tâte le sol; c'est dur, c'est très ferme. Ça ressemble à de la poussière de charbon». Puis après un instant de silence, il dit d'une voix très calme : «Je marche, je n'ai aucune difficulté à marcher. Tout est plat autour de moi. Dieu, que c'est beau ! Une magnifique désolation !». Il est maintenant près de 4h du matin. Après un moment de silence encore, Armstrong lance alors cette phrase désormais historique : «C'est un petit pas que je viens de faire, mais c'est un bond de géant pour l'humanité».

Voici la liste des vainqueurs de la coupe du monde de football depuis sa création :

année	**vainqueur et vaincu**	**score**	**lieu de la rencontre**
1930	Uruguay bat Argentine	4-2	Montévidéo (Uruguay)
1934	Italie bat Tchécoslovaquie	2-1	Rome (Italie)
1938	Italie bat Hongrie	4-2	Paris (France)
1950	Uruguay bat Brésil	2-1	Rio-de-Janeiro (Brésil)
1954	Allemagne bat Hongrie	3-2	Berne (Suisse)
1958	Brésil bat Suède	5-2	Stokholm (Suède)
1962	Brésil bat Tchécoslovaquie	3-1	Santiago (Chili)
1966	Angleterre bat Allemagne	4-2	Wembley (Grande Bretagne)
1970	Brésit bat Italie	4-1	Mexico (Mexique)
1974	Allemagne bat Hollande	2-1	Munich (Allemagne)
1978	Argentine bat Hollande	3-1	Buenos-Aires (Argentine)

D2 Concours 2

LAINES ET POILS.

Les poils des chèvres de nos régions d'Europe sont raides et longs. Les chèvres ne sont jamais tondues; les poils sont récupérés sur l'animal avec des peignes, quand il les perd naturellement au printemps de chaque année. Ces poils sont très recherchés pour fabriquer la «toile tailleur», utilisée pour soutenir les tissus souples.
Les chèvres du Cachemire et du Tibet fournissent la laine «cachemire». Elles vivent à 4 000 m d'altitude et leur pelage est souple, chaud et brillant. Ces chèvres perdent une partie de leurs poils en été. Ils sont recueillis avec un soin extrême par les bergers qui les revendent très chers. Chaque chèvre fournit de 90 à 150 g de laine dans le meilleur des cas.
Les chèvres de la région d'Angora, une ville de Turquie, produisent la laine que nous connaissons sous le nom de laine «Mohair».
Les lapins blancs ou gris de la région d'Angora donnent un poil très long (15 à 20 cm) qu'on appelle aussi «laine angora». Ces pauvres bêtes doivent subir un vrai martyre pour nous donner leur laine. En effet les 300 g de poils qu'ils peuvent chacun fournir sont arrachés un par un sur les lapins vivants et cette opération cruelle se renouvelle tous les deux ou trois mois.

ARCHIMEDE, UN GRAND MATHEMATICIEN

Archimède est né en 287 avant Jésus Christ à Syracuse, en Sicile, une île située au sud de l'Italie. Il a fait de grandes découvertes.
C'est lui qui, le premier, trouve la manière de calculer avec une grande exactitude, la longueur d'un cercle. Il étudie également les leviers et prouve qu'avec une petite force on peut soulever des poids considérables. On lui attribue également l'invention des roues à engrenage.
Son ami, le roi de Syracuse lui demande, un jour, de vérifier, sans la détériorer, si la couronne qu'il vient de commander à un bijoutier est bien d'or pur. Archimède réfléchit longuement à ce difficile problème. A quelque temps de là, alors qu'il prenait un bain, il constate, comme vous pouvez le faire aussi, que son corps, dans l'eau, devient plus léger. Il étudie soigneusement ce phénomène, trouve les règles principales de son fonctionnement et parvient ainsi à prouver au roi que son bijoutier était bien un fraudeur.

suite →

LE PARACHUTE

La première expérience en parachute a eu lieu en 1783. Un jeune français, Louis Sébastien Lenormand, sauta du haut d'un arbre, selon la méthode des acrobates chinois, en tenant dans chaque main deux parasols exactement semblables. Lernormand perfectionna son système et peu de temps après, lors d'une ascension en ballon, l'aéronaute Blanchard lança un chien et un chat suspendus à un parachute. Le premier saut humain eut lieu en 1797 : André-Jacques Garnerin se jeta d'un ballon d'une hauteur de 700 m. Après de nombreuses transformations... et de nombreux accidents, le parachute a acquis la forme que nous lui connaissons aujourd'hui.

LES PLUS GRANDS PONTS DU MONDE

Pays	Ponts	Année	Caractéristiques
U.S.A.	Pont du lac Ponchartrain	1969	Longueur : 38 422 m. (béton).
Brésil	Pont de Rio-Niteroi	1974	Longueur : 14 900 m. 60 m au dessus de l'eau (acier)
Suède	Pont reliant l'île d'Oland à la côte	1972	Longueur : 6 070 m. 153 arches de béton.
Hollande	Pont d'Oosterscheldeburg	1965	Longueur : 5 022 m. 54 piles de béton.
France	Pont de l'île d'Oléron	1966	Longueur : 2 862 m.
France	Pont de St Nazaire	1975	Longueur : 2636 m - hauteur : 137 m au centre (pont suspendu)
France	Pont prévu entre Le Havre et Honfleur sur la Seine	1980	Longueur : 4 000 m. 500 m sépareront les deux piles centrales sur le fleuve.

D3 Réussite 1

Examine attentivement le premier tableau ci-dessous. Après avoir bien enregistré dans ta tête les renseignements donnés, ... et seulement après, essaie de répondre, sans revenir au tableau, aux questions de la page 216.
Fais de même, ensuite, avec le deuxième tableau.

(A) Voici les durées du parcours PARIS-TOULOUSE (713 km) depuis 200 ans environ. (Essaie de bien enregistrer surtout **les temps mis** aux différentes dates indiquées).

1750	11 jours de diligence
1800	4 jours de diligence en roulant jour et nuit, soit 24 heures sur 24
1840	3 jours de diligence
1851	31 heures de chemin de fer
1891	15 heures de chemin de fer
1971	6 heures de chemin de fer

(B) Si ces animaux faisaient la course, voici les résultats qu'on obtiendrait (applique-toi à bien retenir surtout **le classement d'arrivée**).

1er	kangourou	72 km/h
2es	zèbre et hibou	64 km/h
3es	girafe et hirondelle	51 km/h
4e	requin	42 km/h
5es	éléphant et épervier	40 km/h
6e	truite	37 km/h
7es	abeille et chameau	24 km/h

CORRIGÉ

D3 Tournoi 1

Texte 1 : Le vent transporte les fruits du tilleul.
Les insectes transportent le pollen des fleurs nécessaire au développement du fruit.

Texte 2 : c

Texte 3 : c

Texte 4 : Non. Je suis à 340 m x 4 1 360 m du point de chute de la foudre.

D3 Réussite 1 (suite)

Ⓐ Complète les phrases suivantes :

a — En 1750, la diligence mettait une semaine + jours pour aller de Paris à Toulouse.

b — 50 ans plus tard, soit en 1800, il fallait 1 semaine — jours.

c — 40 ans plus tard, la durée du trajet était encore réduite de jour (s).

d — Lors de la mise en service de la ligne de chemin de fer Paris-Toulouse, en 1851, le trajet s'effectuait en 1 journée + heures.

e — En 1891, soit vers la fin du siècle dernier, il ne fallait déjà que h.

f — Ces années dernières (1971) en partant de Paris à midi, on arrivait à Toulouse à h.

Ⓑ OUI ou NON ?

a — Du zèbre, du kangourou et de la girafe, c'est le kangourou le plus rapide. ☐ oui ☐ non

b — L'éléphant va aussi vite que l'épervier. ☐ oui ☐ non

c — Le chameau est plus rapide que l'éléphant. ☐ oui ☐ non

d — L'hirondelle bat le hibou à la course. ☐ oui ☐ non

e — Une truite à la nage ne pourrait être rattrapée par une abeille. ☐ oui ☐ non

corrigé p. 193

CORRIGÉ

D3 Tournoi 2

Texte 1 : d

Texte 2 : Mozart est mort en 1791 et sa mère en 1778.

Texte 3 :

	Population du monde	Population de France
1800		10 millions
1820	1 milliard	
1900		40 millions
1925	2 milliards	
1960	3 milliards	
1978		52 millions
1980	4 milliards	
2070		134 millions

D3 Réussite 2

Lis ce texte qui raconte l'histoire des phares.

En l'an 300 avant Jésus Christ, les Egyptiens construisirent à l'entrée du port d'Alexandrie, la tour de Pharos. Chaque soir, on allumait au sommet un gigantesque feu de bois de pin pour guider les navires qui arrivaient ou sortaient du port. Cette belle tour de marbre blanc a donné son nom à tous les phares qui, aujourd'hui encore, permettent aux navires de se reconnaître et de se guider, la nuit, au bord des côtes.

Dans l'antiquité, des phares semblables furent construits chez nous, notamment à Boulogne et à Marseille.

Les Romains réalisèrent un progrès important en construisant au sommet des tours des sortes de lanternes comportant des ouvertures inégalement espacées ou superposées, ce qui permettait de reconnaître chaque phare en particulier.

Au moyen-âge, en Bretagne, on ne connaît guère que le phare de Guérande : c'était un feu qu'on allumait les nuits d'orage au sommet du clocher de l'église Saint Aubin.

Petit à petit le nombre des phares augmente en France : Cap Fréhel (1693), Lorient (1744), Saint Nazaire (1756) et Cap de la Hève (1775)... Ils fonctionnent au charbon de bois, au charbon de terre ou encore à l'huile d'olive. Leurs feux n'étaient visibles qu'à une très faible distance.

Au XIXe siècle, les progrès se multiplient : l'ingénieur français Fresnel imagine en 1819 d'ajouter, devant le foyer lumineux, de grosses loupes qui dirigent mieux le rayon de lumière et le rend visible de beaucoup plus loin.

En 1860 on essaie de remplacer les feux de charbon ou d'huile par des lampes à arc électriques (1), le pétrole vient remplacer l'huile d'olive (1870). On fabrique également des lampes puissantes à vapeur de pétrole (1899) et enfin, depuis le début du XXe siècle les phares sont souvent dotés de grosses ampoules électriques plus pratiques et plus puissantes encore.

Attention : as-tu bien noté les lieux où ont été construits les premiers phares français ? Il y en a 7 cités ici. Repère-les encore une fois et va ensuite p. 218.

(1) Grâce à l'électricité, on produit des étincelles incandescentes et une très vive lumière entre deux bâtonnets de charbon très proches l'un de l'autre.

D3 Réussite 2 (suite)

Les phares les plus importants de France sont indiqués sur cette carte, ainsi que ceux cités dans le texte que tu viens de lire.
Essaie de retrouver tous les phares cités dans le texte et coche-les sur la carte.

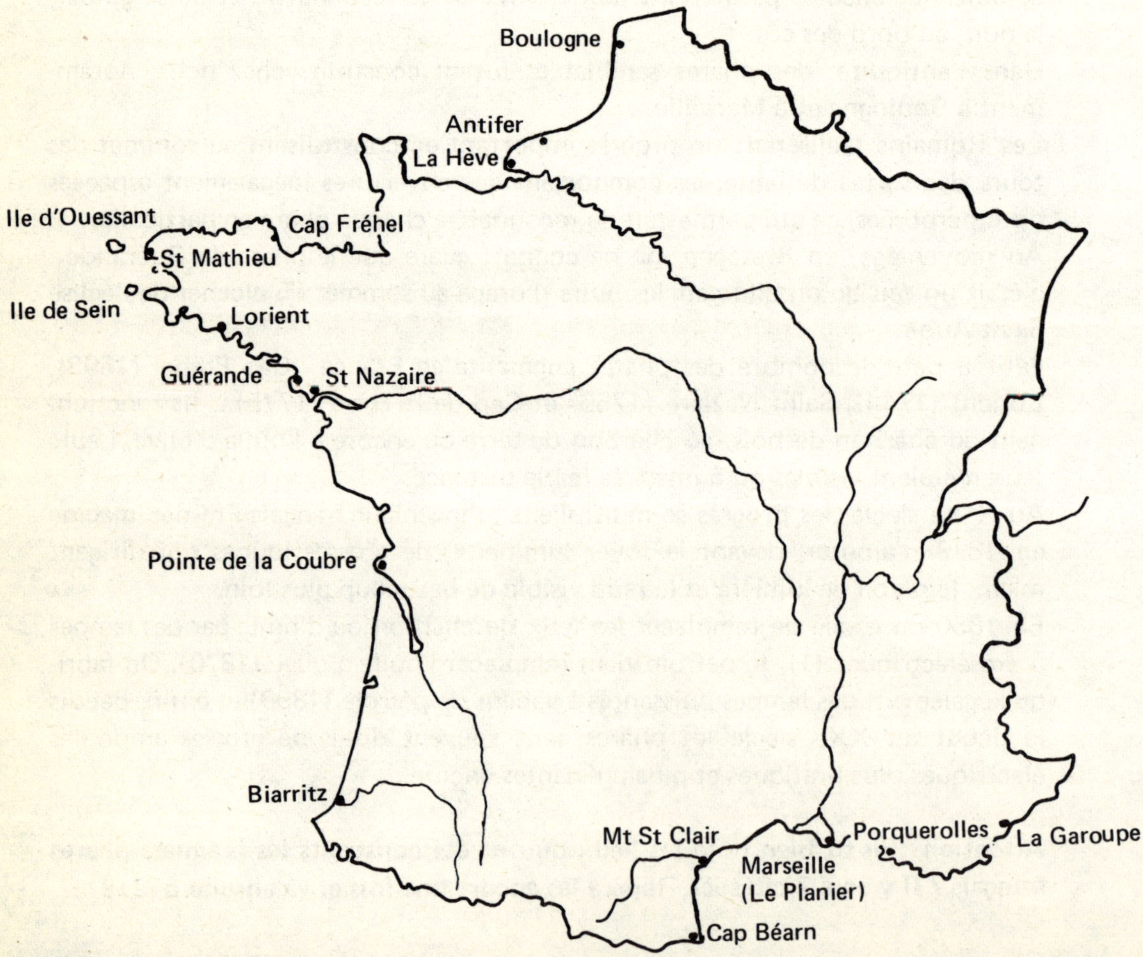

corrigé p. 193

D3 Tournoi 1

Lisez le premier texte en faisant attention surtout aux détails indiqués à côté du dessin de la loupe ; ils vous permettront de répondre sans hésiter à la question posée page 221, que vous regarderez après lecture du texte. Faites de même avec les trois autres textes.

① LE TILLEUL

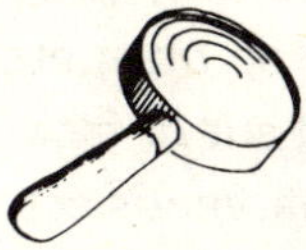

Retenez bien le rôle joué par le vent et les insectes dans la vie du tilleul.

Le tilleul est un arbre au feuillage épais qui donne beaucoup d'ombre l'été. C'est un arbre de belle taille qui peut atteindre 30 m de haut.
Le tilleul fleurit en juillet, ce qui en fait l'un des arbres les plus tardifs de nos régions.
Les minuscules fleurs du tilleul, jaunes blanchâtres, sont très parfumées. Elles forment une petite touffe à l'extrémité d'une tige, elle-même soudée à une membrane en forme d'aile. Le vent, grâce à cette membrane, pourra facilement transporter au loin les fruits arrivés à maturité.
Sans insectes, les abeilles surtout, la fleur du tilleul ne pourrait pas se transformer en fruit. Ce sont les insectes, en effet qui transportent, de fleur en fleur, le pollen nécessaire au développement du fruit. Pour la plupart des autres arbres de nos forêts, c'est le vent lui-même qui se charge de ce travail. Les arbres aussi ont besoin des autres !

② LA VIPERE

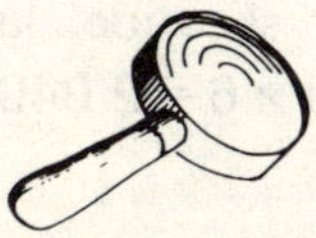

Retenez bien ce qu'est le venin de la vipère.

L'appareil venimeux des vipères est constitué par deux crochets perforés d'un canal par lequel s'écoule la salive venimeuse provenant des glandes à venin. Au repos, les crochets sont appliqués contre le palais, mais au moment de la morsure, lorsque l'animal ouvre la bouche, ils basculent vers l'avant, tandis qu'un muscle presse la glande à venin à la façon d'une poire en caoutchouc et injecte le poison dans la plaie.

suite →

③ L'HISTOIRE DU LIVRE

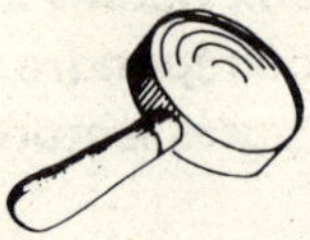

Faites attention à la disposition des textes dans les anciens livres.

On ignore la date de naissance du livre. Le plus ancien des papyrus égyptiens connus remonte environ à 2400 ans avant Jésus-Christ. Les livres avaient alors la forme de rouleaux d'une longueur variable. Les textes, tracés au pinceau avec une encre à base de noir de fumée ou de charbon de bois, étaient disposés en colonnes, dans le sens de la largeur, et uniquement sur la face intérieure du rouleau. Un des plus longs rouleaux qui nous soient parvenus est actuellement conservé dans une bibliothèque allemande : il mesure vingt mètres et compte 110 pages.

④ LA FOUDRE

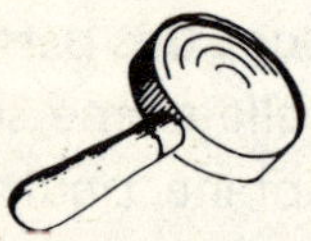

Faites attention au calcul de la distance entre soi et la foudre qui vient de tomber.

Chaque année, la foudre provoque d'innombrables incendies, tue ou blesse des dizaines de personnes et en effraie des milliers. Quelle est la nature de cette force étrange ?
La foudre est un courant électrique qui s'établit entre un nuage et la terre : le tonnerre est le bruit qui en résulte. Savez-vous calculer la distance à laquelle la foudre est tombée ? Il suffit de compter les secondes qui séparent l'éclair du coup de tonnerre. Si vous entendez le coup de tonnerre six secondes après avoir vu l'éclair, le son parcourant 340 mètres par seconde, la foudre est tombée à une distance égale à 6 fois 340 m, soit : 340 x 6 = 2 040 m ou 2 km environ.

D3 Tournoi 1 (suite)

Texte 1

Le vent et les insectes sont des transporteurs au service du tilleul. Que transportent-ils ?

Texte 2

Où est la vérité ?

Le venin de la vipère est :

a ☐ un liquide empoisonné stocké dans les dents
b ☐ du sang empoisonné contenu dans une glande
c ☐ de la salive empoisonnée

Texte 3

Pour lire sur un livre en rouleau des temps anciens, les yeux devaient se déplacer :

a ☐ de gauche à droite
b ☐ de bas en haut
c ☐ de haut en bas
d ☐ de droite à gauche

Texte 4

Ce calcul est-il exact ? sinon rétablissez la vérité.

J'ai entendu le grondement du tonnerre 4 secondes après avoir vu l'éclair, je suis donc à 4 km du point de chute de la foudre.

corrigé p. 215

D3 Tournoi 2

Lisez le premier texte en faisant attention aux détails indiqués à côté du dessin de la loupe, ils vous permettront de répondre sans hésiter à la question posée page 224 que vous regarderez après lecture du texte. Faites de même avec les deux autres textes.

① LE POISSON VOLANT

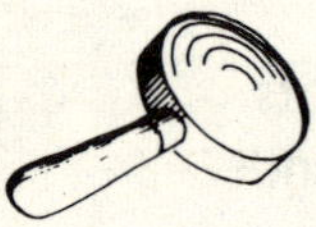

Faites attention à la manière dont vole le poisson volant.

Les pêcheurs ont surnommé le poisson volant l'hirondelle des mers. Ces poissons fréquentent les mers chaudes ; on peut en voir en mer Méditerranée ; ils mesurent 30 à 40 cm de long. Le poisson volant possède, derrière les ouies, deux immenses nageoires fines et roses qu'il peut déployer comme les ailes d'un planeur. Lorsqu'il est poursuivi par un ennemi, il fuit en bondissant hors de l'eau. Il écarte alors ses deux larges nageoires dans l'air et fait du «deltaplane». Il peut ainsi planer sur une distance pouvant atteindre 200 m avant de retomber dans l'eau loin de la gueule de son poursuivant.

② UN GRAND MUSICIEN : MOZART

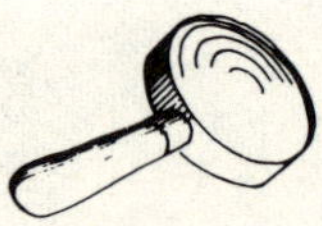

Faites attention aux dates importantes qui ont marqué la vie du grand musicien.

Le grand musicien Mozart est né en 1756 à Salzbourg en Autriche. Son père grand violoniste et compositeur de musique, a remarqué les dons de son enfant. Il lui apprend, dès l'âge de 3 ans à jouer du clavecin (l'ancêtre du piano), de l'orgue et du violon. En 1762, Mozart part avec son père et sa sœur Marie-Anne donner des concerts à travers toute l'Europe : il n'a que 6 ans.
En 1766 il est à Paris où il émerveille la cour du roi Louis XV par ses talents. Il y revient en 1778 avec sa mère qui y mourra au mois de juillet de la même année.
Mozart se marie en 1782 avec Constance Weber et s'installe à Vienne dans sa patrie natale. Il y mène une vie de travail en composant au total près de

700 oeuvres musicales : des opéras comme les noces de Figaro ou la flûte enchantée, des symphonies, des morceaux de musique religieuse, etc... des chefs-d'oeuvre tant admirés aujourd'hui mais qui ne permettent guère alors au pauvre Mozart de s'enrichir.

Épuisé par la fatigue et la maladie, il meurt à 35 ans en 1791. Sa femme malade ne pourra pas assister à son enterrement et une violente tempête de neige empêchera ses quelques amis d'accompagner son cercueil jusqu'au cimetière : tragique destinée d'un grand musicien dont le nom est aujourd'hui prononcé par des millions d'admirateurs.

③ COMBIEN Y-A-T-IL D'HOMMES SUR LA TERRE ?

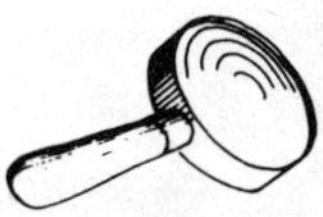

Faites attention aux dates et aux nombres d'habitants indiqués, en France et dans le monde entier.

Pendant des millénaires, la population du monde est restée à peu près la même. Les naissances compensaient les décès avec cependant légèrement plus de naissances que de décès.
Vers 1820, il y avait environ 1 milliard d'humains à la surface du globe. 105 ans plus tard, en 1925, ce chiffre a doublé. 35 ans après seulement (en 1960) nous étions déjà 3 milliards. Cette rapide augmentation de la population mondiale est due en grande partie aux énormes progrès de la médecine et de l'hygiène. C'est dans les pays du tiers monde, les pays les plus pauvres (l'Inde, l'Amérique du Sud, l'Afrique) que la population croît le plus vite.
La terre pourrait ainsi compter 4 milliards d'hommes en 1980 !
La France, quant à elle, compte aujourd'hui un peu plus de 52 millions d'habitants. Si l'augmentation actuelle de la population française se maintient, en l'an 2070, il y aura 134 millions de français : la population aura presque triplé en moins de 100 ans !

suite ⟶

D3 Tournoi 2 (suite)

Texte 1

Le poisson volant se maintient dans l'air à la manière :

- **a** ☐ de l'hirondelle qui bat des ailes
- **b** ☐ de l'hélicoptère, grâce à ses nageoires qui tournent
- **c** ☐ de l'écureuil volant qui transforme son corps en parachute pour descendre rapidement d'un arbre
- **d** ☐ du planeur qui flotte dans l'air
- **e** ☐ de la chauve-souris qui bat des ailes

Texte 2

En quelles années sont morts Mozart et sa mère ?

Texte 3

Complétez le tableau suivant :

		Population	
année		**du monde**	**de France**
1800			10 millions
1820		....	
1900			40 millions
1925		....	
....		3 milliards	
1978			....
1980		....	
2070			....

corrigé p. 216

D3 Concours 1

7 manières de passer ses vacances :

(1) Pierre a de la chance : il va bientôt partir pour un circuit touristique en Afrique noire.

(2) Pour les vacances, nous irons en famille passer 15 jours dans une ferme du Jura.

(3) Annie et son frère sont inscrits pour un séjour d'un mois en colonie de vacances.

(4) Avec mes parents, nous avons projeté d'aller faire deux semaines de camping au bord de la mer.

(5) Mes grands-parents, pour la première fois de leur vie, vont s'offrir une semaine de vacances à la montagne.

(6) Mon grand frère organise avec quelques camarades une croisière en Méditerranée sur un bateau à voile.

(7) J'aimerais faire un jour la traversée du désert à dos de chameau.

7 causes d'accidents :

(1) Une collision vient d'avoir lieu entre deux voitures à un carrefour : l'une d'elles n'a pas respecté le stop !

(2) L'hiver dernier, j'ai vu deux automobiles dans le fossé : elles avaient dérapé sur le verglas.

(3) Ce conducteur a fait des zigzags sur la route avant de heurter un arbre : il avait été pris d'un malaise grave.

(4) Mon père a eu très peur en prenant ce virage en moto : des gravillons l'ont fait déraper sur sa gauche.

(5) On vient d'arrêter un chauffard qui avait provoqué un grave accident : il conduisait en état d'ivresse.

(6) Notre voisin a évité de justesse une rencontre de front avec une autre voiture qui doublait un camion dans un virage.

(7) Un piéton vient d'être relevé grièvement blessé : il traversait la rue en dehors des passages cloutés.

suite →

7 façons de se distraire :

(1) Je ne m'ennuie jamais les jours de mauvais temps : je construis des modèles réduits de bateaux.

(2) Mon amie Martine possède une bibliothèque bien garnie : sa principale distraction est la lecture.

(3) J'aimerais habiter dans une grande ville : j'irais très souvent voir des pièces de théâtre.

(4) Le village de mes grands-parents est traversé par une jolie rivière; j'y trouve mon plaisir favori : la pêche à la ligne.

(5) Pierre voudrait être reporter-photographe : il voyagerait dans toutes les parties du monde.

(6) Mon frère aime beaucoup les sports : tous ses loisirs sont consacrés à des matchs ou à l'entraînement.

(7) Mon rêve est de faire partie d'un orchestre et je suis des cours de musique plusieurs fois par semaine.

7 causes d'incendie

(1) La ferme voisine a été détruite par un incendie dû à un court-circuit dans une grange.

(2) Une grosse meule de paille vient de brûler entièrement à cause d'une étincelle échappée d'un tracteur.

(3) A Paris, dernièrement, plusieurs immeubles ont été incendiés à la suite d'une explosion de gaz.

(4) Dans notre ville, un grand nombre de voitures garées dans les rues brûlèrent mystérieusement : on découvrit que des voyous y mettaient le feu.

(5) Au cours du dernier orage, une maison de mon quartier fut détruite par le feu : c'est la foudre qui en était la cause.

(6) Un simple mégot jeté par un fumeur imprudent a suffit pour détruire entièrement cette forêt de pins.

(7) Des crépitements dans un sous-sol alertèrent les locataires : des garnements, jouant avec des allumettes, avaient mis le feu à de vieux cartons.

D3 Concours 2

7 grandes compétitions sportives :

1. J'aime regarder à la télévision la ronde des bolides qui passent et repassent sur l'écran aux 24 Heures du Mans.
2. C'est à la fin du mois de juin que les champions de tous pays commencent la grande boucle du Tour de France cycliste.
3. En hiver, mon père attend avec impatience la retransmission des matchs de rugby du Tournoi des Cinq Nations.
4. La France a eu autrefois de grands champions, vainqueurs de la Coupe du Monde de tennis.
5. Depuis que la moto est à l'honneur, une grande course réunit les meilleurs pilotes mondiaux : le Bol d'Or.
6. C'est un merveilleux spectacle de voir à la télévision en couleurs ces as qui disputent le championnat de descente à skis.
7. Je suis en admiration devant les courageux marcheurs qui entreprennent chaque année Paris - Strasbourg à la marche.

7 manières de se chauffer :

1. Lorsqu'on construit une maison actuellement, on tient à y avoir une grande cheminée où brûleront de joyeux feux de bois.
2. Mes grands-parents possèdent toujours une grosse cuisinière en fonte qu'ils alimentent avec du charbon.
3. En ville, réchauds et radiateurs fonctionnent souvent au gaz d'éclairage ou au gaz de Lacq.
4. Dans tous les villages, chaque ménagère possède un fourneau alimenté par une bouteille de gaz butane.
5. Le chauffage le plus simple, le plus propre, mais le plus coûteux, c'est le chauffage électrique.
6. Dans leurs igloos de glace et de neige, les Esquimaux obtiennent une très forte chaleur grâce à des lampes à huile de phoque.
7. Le chauffage idéal, qui fait l'objet de nombreuses expériences, serait obtenu en captant la chaleur du soleil.

suite →

7 jeux d'adresse :

1. Dans notre jardin, papa a installé une cible contre un arbre et nous nous exerçons tous au jeu de fléchettes.
2. La distraction favorite des hommes, le dimanche, c'est le jeu de boules ou la pétanque.
3. Quand je vais chez mon cousin, nous disputons tous deux de bonnes parties de ping-pong.
4. Connaissez-vous le tir aux pigeons d'argile ou encore le ball-trap ? Il anime toutes les fêtes champêtres.
5. On frappe une boule avec un long maillet de bois pour la faire passer sous une série d'arceaux : c'est le croquet.
6. Le jeu favori des fillettes consiste à se lancer un volant à légers coups de raquette : voilà le badminton.
7. Le jour du 14 juillet, les hommes de mon pays organisent un grand jeu de quilles doté de nombreux prix.

7 manières de faire plaisir à ses parents :

1. J'ai fait une bonne surprise à mon père : j'ai rangé et nettoyé le petit atelier où il se plaît à bricoler.
2. Mariette était invitée chez une amie, mais voyant sa maman fatiguée, elle est restée à la maison pour s'occuper de sa petite soeur.
3. Pour la fête des Mères, mon frère et moi avons confectionné un joli tableau avec des fleurs séchées.
4. Sans qu'on le lui commande, Pierre lave et astique l'automobile familiale.
5. A la fin du dernier trimestre, j'étais heureux et fier de montrer à mes parents un excellent carnet scolaire.
6. Pendant une absence de ses parents, Pierre a tondu les pelouses et désherbé les massifs de fleurs.
7. Mon tout petit frère veut aussi faire plaisir à maman : il met le couvert et aide à débarrasser la table.

E1 Réussite 1

Les mots soulignés dans le texte se retrouvent classés dans la liste alphabétique de droite.
Coche les mots dans cette colonne, au fur et à mesure que tu les rencontres dans le texte. Pour aller plus vite il est inutile de lire tout le texte. Suis seulement les lignes des yeux.
Attention, il faut chercher comme dans un dictionnaire ; par exemple, les verbes sont mis à l'infinitif.

PERDUS DANS UNE GROTTE

Philippe était toujours enchanté de retrouver Jean-Charles, à qui il devait ses premières joies de spéléologue.
Munis de cordes, de pioches et de marteaux, ils partirent vers Champagnac. Il fallait aujourd'hui se couler à travers un boyau étroit que Jean-Charles avait découvert.

Ils entrèrent dans la grotte pour se diriger vers le boyau. Le sol humide devenait glissant et ils n'avançaient que lentement, éclairés par la lampe électrique de Jean-Charles. Philippe n'avait pu emporter la sienne, car ses piles étaient usées; il avait glissé dans la poche intérieure de son blouson deux bougies, empruntées hâtivement à sa tante, ainsi que deux pochettes d'allumettes.

Le couloir devenait étroit et la voûte même semblait s'abaisser. Ils devaient avancer à demi-courbés. Ils constatèrent que le couloir s'incurvait à droite, puis à gauche, et se divisait enfin en deux branches dont la voûte était très basse.

— En route, et à plat ventre, ordonna Jean-Charles.
Plus loin, ils se relevèrent. Mais la boue dans laquelle ils marchaient était à présent si glissante qu'ils avaient du mal à se tenir debout, sur le sol bosselé.

— Aïe ! cria Jean-Charles.
Il venait de s'affaler de tout son long. Ils se trouvèrent soudain dans une obscurité totale.
— La lampe ! cria Jean-Charles.
— Quoi..., la lampe ?
— Elle m'a glissé des mains.

acier
affaler (s')
allumette
bas
blé
boue
bougie
boyau
canard
chaîne
corde
couloir
détective
effrayer
électrique
enthousiasme
filleul
glissant
grotte
jury
lampe
marchepied
marteau
obscurité
partir
pile
pioche
piqûre
pochette
saule
sol
spéléologue
usé
voûte
yaourt

suite →

PERDUS DANS UNE GROTTE (suite)

— Ça, c'est malin !
— Ne pleure pas, bébé, on va te la retrouver ! Allume ta bougie ! ordonna Jean-Charles, devenu invisible.
— Si les allumettes veulent bien marcher.

Elles ne le voulaient pas, justement, car elles étaient, comme le blouson qui les contenait, toutes mouillées. Et après de multiples essais, il fallut y renoncer.
— Enfin, quoi... Cette lampe ne peut pas être bien loin.

En tâtonnant, ils explorèrent le sol, mais ils ne ramassaient que de la glaise.
— J'ai dû buter dans un trou, dit Jean-Charles, et la lampe doit y être bloquée. Avec de la patience, on va la retrouver.

Mais avec de la patience, on ne parvenait qu'à se râper les mains. Et Jean-Charles avait beau explorer de la main les différentes cavités du sol, il ne la retrouvait pas.

— Ça y est ! s'exclama-t-il soudain.
Philippe bondit de joie.
— Tu l'as ?
— Non. Mais j'ai compris ! Je viens de découvrir dans le sol une très large fissure. Oh ! là, là ! une vraie crevasse. Elle a pu disparaître par là.
Philippe n'avait plus envie de rire du tout.
— Alors, on fait demi-tour ? demanda-t-il.
— Oui, dit Jean-Charles, toujours très calme.
De nouveau, ils durent se mettre à plat ventre; leurs vêtements étaient trempés.
— Avance, avance, disait Jean-Charles, on prendra un grog à la sortie. Je crois qu'on devrait pouvoir se redresser bientôt.

Mais ce moment espéré se faisait toujours attendre. Ils ne se souvenaient pas avoir dû ramper si longtemps. En effet, ils se heurtèrent bientôt à une paroi verticale, qui, cette fois, leur interdisait tout passage.
Il fallait se rendre à l'évidence : ils s'étaient trompés de chemin.

allumette
atterrir
attitude
avancer
baptême
bougie
cavité
chemin
coq
coque
crevasse
demi-tour
disparaître
disponible
examen
explorer
fissure
heurter
interdire
jeûner
maille
mouiller
palais
paroi
passage
patience
pleurer
poterie
ramper
renoncer
sol
soudain
tremper
tromper
trou
usage
venin
vêtement
wagon
zone

Maintenant, reporte-toi page 240 pour t'assurer que tu as bien saisi ce texte.

E1 Réussite 2

Les mots soulignés dans le texte se retrouvent classés dans la liste alphabétique de droite.
Coche les mots dans cette colonne, au fur et à mesure que tu les rencontres dans le texte. Pour aller plus vite il est inutile de lire tout le texte. Suis seulement les lignes des yeux.
Attention, il faut chercher comme dans un dictionnaire ; par exemple, les verbes sont mis à l'infinitif.

PERDUS DANS UNE GROTTE (suite)

Ils se sentaient tous deux épuisés.
— De nouveau demi-tour, dit Jean-Charles, il faut essayer de retrouver le trou ; le trou qui m'a fait trébucher. C'est facile, à cet endroit le couloir s'élargit. De là, nous repartirons vers une autre direction.
Ils rampaient toujours et la voûte ne se relevait pas.
— Qu'est-ce qu'on fait, on continue quand même ? demanda Phillipe, cette fois découragé.
— Bien sûr, on continue.
Jean-Charles demeurait très calme.
Philippe se demanda si son ami ne cachait pas seulement de son mieux sa propre anxiété : ils ne savaient plus du tout où ils se trouvaient, leur logique ne pouvait plus rien pour eux, ni même leur voix : inutile de crier au secours : nul n'entendrait l'appel de ces deux fourmis en détresse sous cette terre que n'éclairait jamais ni soleil ni lune.
Ils aboutirent à un couloir plus vaste où la voûte brusquement se relevait : ils pouvaient presque s'y tenir debout.
— Je ne crois pas qu'on soit déjà venus ici, dit Jean-Charles : et toi ?
— Moi, je ne sais plus, dit Philippe. Paumés, nous sommes complètement paumés.
Hagard, Philippe se leva, prit conscience de nouveau du lieu où il se trouvait. «En avant», «en arrière», ces mots avaient-ils un sens pour eux ?
Ils recommencèrent à ramper et se heurtèrent bientôt à la paroi verticale qui fermait leur couloir.
— Il faut essayer tous les couloirs, méthodiquement, un par un.
— Ça nous occupera toujours, dit Philippe, peu convaincu de l'efficacité de la nouvelle méthode. Oh, mais regarde !
— Tu as des mots plutôt mal placés ! s'écria Jean-Charles, qui semblait avoir encore le courage de plaisanter.

annonce
anxiété
bientôt
bonheur
continuer
couloir
debout
découragé
délicat
demi-tour
détresse
diriger
effort
essayer
faciliter
hauteur
heurter
imprudence
jeunesse
larme
lieu
musicien
paroi
paumé
permission
ramper
regarder
repartir
rond
secours
souffrance
tourner
tronc
trou
voûte
zèle

suite →

PERDUS DANS UNE GROTTE (suite)

— Tâte ici, si tu préfères. Il y a un passage qu'on n'a pas repéré tout à l'heure !
— Il faut le prendre alors, dit Jean-Charles.
— Minute, s'écria Philippe, il faut d'abord que j'essuie mes mains !

Il chercha son mouchoir dans la poche intérieure de son blouson et perçut alors le contact de l'inutile bougie.
Il glissa cette fois la bougie dans la poche plus sèche de son pantalon. Alors, tout au fond, il perçut la rugosité inattendue d'une épaisse cordelette qu'il se mit à explôrer, lentement, du bout des doigts. Bientôt, à l'extrêmité de celle-ci, il découvrait une petite roue dentée.
Que pouvait être cet objet bizarre ?
Il le prit dans la main. Soudain, il se souvint : c'était le briquet d'amadou que Guillemette lui avait donné la veille au soir. Machinalement, il l'alluma. Alors, il enflamma une allumette, puis une autre : aussitôt il sortit de nouveau de sa poche la bougie dont la mèche bientôt brûla.
— Quoi ? Qu'est-ce que c'est ? hurla Jean-Charles, qui n'en croyait pas ses yeux.
— C'est génial ! criait Philippe.
Sans doute ce n'était pas encore le salut, mais ils retrouvaient le pouvoir miraculeux de la vue.

Ils virent en effet deux chatières. Philippe, qui possédait deux bougies, en donna une à Jean-Charles, puis il remit dans sa poche le précieux briquet d'amadou.
La présence de cette petite flamme vacillante et fragile avait suffi déjà à les libérer de leur angoisse. Ils avançaient plus vite, avec un courage nouveau.
— Hourra !
Ils reconnaissaient à présent l'endroit où le couloir s'était divisé en deux branches. Sans hésiter, ils prirent celui qui tournait à gauche, puis à droite, et où, peu à peu, l'obscurité se faisait moins dense.
La lumière du dehors leur fit d'abord mal aux yeux après leur longue claustration.
— Si tu te voyais ! s'esclaffa Jean-Charles, tu es plutôt cradingue !

aiguille
allumer
ambulance
bizarre
blouson
bougie
briquet
caillou
chatière
chatte
cordelette
courage
clôture
denté
ennemi
enveloppe
essuyer
excursion
fatigue
flamme
hourra
lacet
lumière
main
mouchoir
nappe
objet
obscurité
pantalon
peuple
plomb
poche
roue
refrain
rougeole
scie
sirop
sommet
tâter
tilleul

Maintenant, reporte-toi page 251 pour t'assurer que tu as bien saisi ce texte.

E1 Tournoi 1

Cochez, dans la liste alphabétique placée de chaque côté du texte, les mots soulignés dans le texte. Il faut chercher comme dans un dictionnaire ; par exemple, les verbes sont mis à l'infinitif. Attention : vous aurez ensuite à répondre à un questionnaire.

UNE COURSE DRAMATIQUE AU PÔLE SUD

abandonner
abriter
accord
Admunsen
anglais
application
attarder (s)
aventure
banquise
bandit
bête
calendrier
chien
collection
conquête
cordialement
défaut
demeure
demi-tour
déplaire
départ
drapeau
échantillon
éclairer
éclaircir
espérance
esquimau
étang
exclamation
exploit
fabrication
faim
fatiguer
femme
féroce
figure
fin
gant
geler
gourmand

Septembre 1911 : c'est la fin de l'hiver dans l'hémisphère sud. Sur le continent antarctique, à 1500 km du pôle sud, deux explorateurs, le norvégien Amundsen et l'anglais Scott se préparent à engager une course de vitesse pour la conquête de ce pôle encore jamais atteint par aucun homme.

Le 8 septembre 1911, Amundsen croit le bon moment arrivé et donne le signal du départ : 5 hommes, des traîneaux et une centaine de chiens esquimaux bien entraînés et habitués au froid. Mais l'Antarctique ne se laisse pas concquérir facilement : il faut traverser la banquise gelée, il faut supporter des températures de moins 50°, il faut résister au vent terrible qui vous souffle au visage des paquets de neige dure. Amundsen, au bout d'une semaine, abandonne et fait demi-tour.

Le 19 octobre, il repart : les hommes sont reposés, les chiens bien gras; il leur faudra tenir près de 3 000 km.

La longue marche est commencée. Les jours succèdent aux jours, sur une neige éternellement blanche, sans arbres, sans animaux. On marche le jour; les chiens tirent les traîneaux qui portent vivres et matériels - on campe le soir, les hommes sous la tente, les chiens roulés en boule dans la neige. Deux mois après le départ, c'est la victoire. Amundsen plante, le 14 décembre, au pôle sud, un drapeau norvégien et laisse un message pour Scott le vaincu (qui ne le sait pas encore).

Mais il ne faut pas s'attarder : long, très long est le chemin du retour. Bientôt les vivres commencent à manquer. Amundsen est contraint de tuer chaque jour les bêtes fatiguées et malades pour nourrir celles qui restent : seul moyen de rentrer sains et sauf à la base de départ une cinquantaine de jours seulement après l'avoir quittée : bel exploit, belle victoire.

hiver
homme
honorer
intelligence
joyeusement
képi
lilas
long
marche
malade
matériel
message
muraille
norvégien
noyer
occupation
octobre
pôle
poteau
remarquable
repartir
semaine
septembre
souffrir
stationner
tente
terrible
tirer
traîneau
transport
trompette
trop
tuer
urgent
vaincu
vent
victoire
vingt
violet
yeux

questionnaire p. 258

E1 Tournoi 2

Cochez, dans la liste alphabétique placée de chaque côté du texte, les mots soulignés dans le texte. Il faut chercher comme dans un dictionnaire ; par exemple, les verbes sont mis à l'infinitif. Attention : vous aurez ensuite à répondre à un questionnaire.

Scott ne partira, lui, que le premier novembre. Pour tirer les traîneaux, il a bien quelques chiens mais surtout des poneys qui, d'après lui, résisteront mieux au froid, à la glace coupante et au vent terrible ...

Erreur. Les pauvres bêtes souffrent atrocement et meurent d'épuisement les unes après les autres. Les hommes doivent s'atteler à leur place.

Ils marchent les yeux usés par la neige éblouissante, les jambes lourdes des kilomètres parcourus, le corps rongé par le froid, mais le cœur plein d'espérance !

Le 18 janvier 1912, Scott est tout près du pôle, de ce pôle que rien ne distingue sur la neige blanche et qu'on ne peut reconnaître qu'en faisant des mesures avec le soleil... et pourtant... quelque chose tâche la neige là-bas, là-bas où les calculs de Scott placent le pôle Sud : un drapeau... une tente... Scott comprend : il a perdu. Le norvégien l'a devancé; la tristesse d'avoir perdu gâche le plaisir d'être arrivé.

Après quelques photos, Scott, las de fatigue mais surtout de déception, reprend le long chemin du retour. Et la lutte pour la vie reprend. Il faut retrouver les repaires laissés à l'aller : c'est une question de vie ou de mort.

Le 24 février, la réserve de pétrole est épuisée. Il faut au plus vite gagner le prochain dépôt de vivres. Scott continue courageusement de traîner sa petite troupe de moribonds mais peu à peu le découragement s'installe.

Dans la tempête qui s'acharne sur eux, il monte une dernière fois la tente, il s'y réfugie avec ses amis. C'est là qu'on les retrouvera quelques mois plus tard, morts de froid, de fatigue et de désespoir ...

Ils n'étaient qu'à 20 km du dépôt de vivres !

averse
aveugle
aviateur
bureau
buisson
but
cabane
cadavre
cadet
chaleur
chemin
chien
courage
décéder
décembre
déception
découper
découragement
décourager
déplacer
dépôt
dernier
description
désespoir
drap
drapeau
dur
éprouver
épuiser
erreur
fort
fou
froid
geler
gens
hélas
herbe
héros
histoire
hiver

jamais
jambe
janvier
loup
lourd
montant
monter
mort
noblesse
novembre
partir
perle
perdre
pétrir
pétrole
photo
pièce
pied
pompe
poney
près
proche
quelque
question
réconfort
repaire
résister
retour
retrouver
salir
salut
Scott
température
tempête
tendre
tente
trimestre
tristesse
victoire
vivre

questionnaire p. 259

E1 Concours 1

JODY ET LE FAON

Jody est un jeune américain, fils d'un pauvre fermier nommé Penny. Les porcs de la ferme se sont évadés. Jody et son père partent à leur recherche aidés par la vieille chienne Julia et un jeune chiot Rip. Alors que Penny se penche pour écarter une branche qui gêne le passage...

... Un serpent se dresse soudain entre les feuilles. Jody le voit, obscur comme une ombre, plus rapide qu'un oiseau, plus sûr que la patte griffue d'un ours. Il voit son père reculer en chancelant sous le choc. Il l'entend pousser un cri. Il a envie de reculer aussi. Il a envie de crier de toutes ses forces. Mais il reste là, cloué au sol, muet de stupeur : c'est un éclair qui a soudain brillé et non un serpent... c'est sûrement une branche qui s'est brisée, c'est un oiseau qui s'est envolé, c'est un lapin qui s'est sauvé...

Penny hurle :

— Va-t-en ! Retiens les chiens.

Cette voix le délivre. Il recule, il retient les bêtes par le collier. Il voit l'ombre tachetée lever sa tête plate à hauteur d'un genou. La tête se balance, suivant les mouvements ralentis de Penny. Il entend le serpent siffler. Les chiens l'entendent aussi. Ils grondent et leurs poils se hérissent. Julia, la vieille chienne, gémit et s'échappe en tournant sur elle-même. Elle s'élance dans le sentier, la queue entre les jambes. Rip, lui, s'assoit sur son derrière en aboyant.

Comme un somnambule, Penny recule. Le serpent siffle... non, non, il n'y a pas de serpent... c'est une couleuvre qui siffle... c'est une grenouille qui chante...

Penny met son fusil en joue et tire. Jody frémit. Le serpent retombe, foudroyé, la tête dans le sable.

Penny se retourne, regarde son fils et laisse tomber d'une voix vaincue :

— Il m'a eu.

Levant son bras droit, il l'examine. Ses lèvres sont sèches, on voit sa gorge qui se serre. Il fixe d'un drôle de regard les deux piqûres dans sa chair. Une goutte de sang perle à chacune d'elles.

— C'était un gros, dit-il.

Jody lâche Rip. Le chien court près du serpent mort et aboie férocement. Penny relève la tête. Son visage est couleur de cendre. Il suce ses lèvres et soupire :

— La Vieille Mort va me prendre maintenant.

suite ⟶

bras - cendre - chienne - cri - cru - échapper (s') - évader (s') - éviter - fermier - foudroyé - fusil - futile - jeune - joyeux - père - peser - petit - piqûre - plat - plié - porc - poche - pousser - rapide - recherche - repli - reculer - sang - sale - serpent - siffler - signer - stupeur - tête - tirer - titre - vêtement - visage -

JODY ET LE FAON (suite)

Soudain il se retourne d'un coup et part à travers la brousse dans la direction de la clairière... Jody a du mal à le suivre. Son cœur bat si fort qu'il ne voit pas le chemin. Il suit seulement le bruit des pas de son père dans le sous-bois.
Les fourrés cessent. Cela semble bizarre de marcher maintenant dans le silence.
Mais Penny s'arrête net. Quelque chose bouge devant lui. Une biche se lève d'un bond. Penny soupire profondément comme s'il était soudain soulagé. Il lève son fusil, épaule. Jody croit son père devenu fou : c'est bien le moment de perdre son temps à chasser ! Penny fait feu. La biche saute en l'air, tombe sur le sol, se débat un instant et ne bouge plus. Penny court alors vers la bête, le couteau à la main. Il éventre l'animal et lui arrache le foie. A nouveau, il regarde les 2 piqûres maintenant refermées. L'avant-bras est déjà enflé et noir. La sueur lui coule sur le front. De la pointe du couteau, il se taillade alors la blessure et presse le foie chaud sur la plaie saignante.
Il dit à voix basse :
— Je sens que ça tire !
Il presse plus fort. Il retire le morceau de viande et le regarde. Il est d'un vert venimeux. Alors il le retourne et l'applique à nouveau sur la plaie.
— Ça te fait mal, papa ?
— Comme un fer rouge enfoncé jusqu'à l'épaule.
Bientôt la viande posée sur le bras ne verdit plus. Penny se relève et dit tranquillement :
— Voilà, maintenant ça ne peut plus rien me faire. Je vais rentrer tranquillement à la maison. Toi, cours chez les voisins et demande-leur d'aller chercher le Docteur Wilson.
Penny se lève pour rentrer. Jody le suit.
Mais derrière lui, il entend un léger bruissement. Il regarde par dessus son épaule. Un petit faon tacheté, debout sur des pattes mal assurées, le regarde du fond de la clairière. Ses yeux sombres sont grands ouverts et tout étonnés.
Jody appelle :
— Papa ! la biche avait un faon.
— Dommage, petit... Tu sais ce n'est pas ma faute... Viens... Ce n'est pas ma faute, c'est à cause de cette sale bête de serpent... Viens, petit... Viens.
... Jody, désolé d'abandonner ainsi un petit orphelin, reviendra à sa recherche, le capturera, l'apprivoisera et en fera son meilleur compagnon de jeu.

abandonner - aborder - apprivoiser - avant-bras - biche - bruissement - bouger - bolide - compagnon - copain - couteau - débattre (se) - déjà - docteur - dommage - épauler - faon - façon - feu - foie - folle - Jody - mal - morceau - noir - noué - partir - plaie - plié - presser - regarder - refuser - rentrer - revenir - reprendre - soudain - silence - sirène - suivre - vert - virage -

E1 Concours 2

LA VAISSELLE BRISÉE

Chaque pays fournit son monde : il y a partout des farceurs et partout des gens sérieux.

A Saint-Germain, dans les montagnes de Lozère, trois freluquets d'Alès jouèrent une fois une farce amère. Ils vinrent au cabaret, commandèrent le dîner et se firent passer pour des marchands venant du Nord.

— Allez appeler le crieur, disent-ils à l'hôte.

Le crieur arrive :

— Bonjour !

— Bonjour ! Il vous faut aller crier par le village que viennent de descendre à l'auberge du Cade, trois négociants qui achètent la vaisselle brisée ; et que ceux qui en ont veuillent bien l'apporter : on la leur paiera quatre sous la livre.

Le valet de ville part, et, à tous coins de Saint-Germain :

— Tourou-toutou ! Tourou-toutou ! Je vous fais savoir qu'à l'auberge du Cade, il vient d'arriver trois négociants qui achètent, à quatre sous la livre, la vaisselle brisée. Ils partent sans faute demain matin... ceux qui ont des tessons peuvent se dépêcher.

Devant pareille annonce, les bonnes gens de Saint-Germain restèrent abasourdis :

— Quatre sous la livre, la vaisselle brisée ! Mais est-ce possible ? Quand l'a-t-on vu ? Ce doit être quelque plaisanterie... Eh ! Oh ! Crieur, c'est bien pour de bon ?

— C'est tellement pour de bon que, moi, le premier, je vais me mettre à en ramasser.

— Par ma foi ! Celle-là est forte !... Et qui sait ce qu'ils en font ?

— C'est peut-être, venait l'un, pour en repétrir l'argile : du verre brisé on fait bien du verre neuf.

— Ou peut-être, venait l'autre, pour en tirer l'émail et fabriquer de la porcelaine.

— Ou peut-être pour garnir le sommet des murs.

— Ou qui sait ? pour charger les canons à mitraille.

— Ou bien, dit un finaud, pour se moquer de votre naïveté.

— Après tout, que risquons-nous ? fit une vieille. Moi je vais toujours porter ce que je trouverai.

Il en part une, il en part deux et, en tapinois, elles vont porter dans leur cabas,

suite →

abasourdi - absurde - acheter - adieu - appeler - apporter - aubépine - auberge - bon - briller - briser - cabaret - cabine - crieur - crise - de - début - dépêcher - dépendre - éclat - faire - farceur - frelon - freluquet - fureur - mitraille - moquer - patriote - porcelaine - position - possible - pour - quatre - sourd - sous - tapinois - tapisserie - vaisselle - vaillant - verdure - verre - vilain - village

LA VAISSELLE BRISÉE (suite)

quelques morceaux de cruches cassées. Les marchands, avenants, examinent les débris, prennent la balance et pèsent tout, soigneusement. On aurait qu'ils pesaient de la soie ! Et, ma foi, cela fait, ils payaient rubis sur l'ongle. Quand on sait dans l'endroit que ce n'est pas une plaisanterie, quand on sait qu'on a pesé et qu'on a payé comptant, ah ! mes amis... tout Saint-Germain se met en cherche...
Mais, des débris de vaisselle, il n'y en a pas des quantités.
— Eh !... se disent les gens, ne sommes-nous pas des nigauds ? Brisons la vaisselle de nos éviers : zou ! démolissons nos dressoirs... là nous aurons des morceaux et des débris en abondance !... A quatre sous la livre, c'est encore un bon compte, nous gagnerons des ustensiles neufs et de l'argent par-dessus le marché.
Les femmes, il faut le dire, contredirent bien un peu les hommes, mais l'appât du gain à la fin l'emporta. Et mes Saint-Germinois courent à leurs maisons : Brin ! Bran ! voilà des éclats !... Clin ! Clan ! Zou ! dans le sac ! Ils semblaient fous... Ma blonde faïence de Saint-Quentin, patatras ! Adieu, mes écuelles ! Adieu, mes couvercles ! Les plats et les plateaux, les marmites et les bouilloires, pin ! pan !... Et ils se dépêchaient !...
Or, pendant ce temps-là, les trois mauvais sujets, dans la salle de l'auberge, faisaient bonne chère et se tordaient de rire... Mais c'est maintenant qu'il leur faut jouer serré ! car, gare la frottée s'ils manquent leur coup !
Heureusement la nuit tombait. Le bris achevé, les Saint-Germinois charrièrent dans des sacs le prodigieux dégât, et ils ne riaient pas.
— Voyons ! dit l'un des trois farceurs, allons doucement et n'oublions rien !... Comme il se fait tard, nous allons d'abord peser, une par une, les récoltes puis, sur chaque pesée, nous inscrirons le compte. Ensuite, après souper, vous viendrez chercher votre argent...
— Bien, bien, messieurs, c'est bien. Nous viendrons après souper.
Après souper - ils ne tardèrent point - en se frottant les mains, les pauvres gobe-mouches revinrent tous ; et ils trouvèrent porte close ; ils attendirent dehors... Mais ils eurent loisir de s'enrhumer, car les trois farceurs avaient gagné le large et étaient déjà loin.
A quelques lieues de là, ils rencontrèrent un faïencier :
— Brave homme, lui dirent-ils, voulez-vous vendre vos marmites ? Allez-vous-en à Saint-Germain !

abondance - après - argent - bouilloire - bouleverser - briser - close - comptant - cruche - cruel - débris - dégât - dégoût - écuelle - faïencier - farceur - frottée - gagner - gare - horrible - inscrire - jouer - loin - loir - marchand - marmite - mauvais - morceau - mordu - patatras - peser - piège - porche - porter - revenir - rire - serrer - souper - termite - tremplement - vendre -

E2 Réussite 1

Lis ce texte le plus vite possible en barrant les mots suivants : photo — classe — maîtresse, rencontrés au fur et à mesure de ta lecture. Puis compte-les.

L'APPAREIL DE PHOTO

Voici une nouvelle aventure du petit Nicolas que vous connaissez bien maintenant (voir texte pages 62 et 157).

Juste quand j'allais partir pour l'école, le facteur a apporté un paquet pour moi, c'était un cadeau de mémé : un appareil de photo ! Ma mémé, c'est la plus gentille du monde !

«Elle a de drôles d'idées, ta mère, a dit papa à maman, ce n'est pas un cadeau à faire à un enfant.» Maman s'est fâchée, elle a dit que, pour papa, tout ce que faisait sa mère (ma mémé) ne lui plaisait pas, que ce n'était pas malin de parler comme ça devant l'enfant, que c'était un merveilleux cadeau, et moi j'ai demandé si je pouvais emmener mon appareil de photo en classe et maman a dit que oui, mais attention de ne pas me le faire confisquer. Papa, il a haussé les épaules, et puis il a regardé les instructions avec moi et il m'a montré comment il fallait faire. C'est très facile.

En classe, j'ai montré mon appareil de photo à Alceste, qui est assis à côté de moi, et je lui ai dit qu'à la récré on ferait des tas de photos. Alors, Alceste s'est retourné et en a parlé à Eudes et à Rufus qui sont assis derrière nous. Ils ont prévenu Geoffroy, qui a envoyé un petit papier à Maixent, qui l'a passé à Joachim, qui a réveillé Clotaire, et la maîtresse a dit : «Nicolas, répétez un peu ce que je viens de dire.» Alors moi, je me suis levé et je me suis mis à pleurer, parce que je ne savais pas ce que la maîtresse avait dit. Pendant qu'elle parlait, j'avais été occupé à regarder Alceste par la petite fenêtre de l'appareil.«Qu'est-ce que vous cachez sous votre pupitre ?» a demandé la maîtresse. Quand la maîtresse vous dit «vous», c'est qu'elle n'est pas contente ; alors moi, j'ai continué à pleurer, et la maîtresse est venue, elle a vu l'appareil de photo, elle me l'a confisqué, et puis elle m'a dit que j'aurais un zéro. «C'est gagné», a dit Alceste, et la maîtresse lui a donné un zéro aussi et elle lui a dit de cesser de manger en classe, et ça, ça m'a fait rigoler, parce que c'est vrai, il mange tout le temps, Alceste. «Moi je peux répéter ce que vous avez dit, mademoiselle», a dit Agnan, qui est le premier de la classe et le chouchou de la maîtresse,

suite →

et la classe a continué. Quand la récré a sonné, la maîtresse m'a fait rester après les autres et elle m'a dit : «Tu sais, Nicolas, je ne veux pas te faire de peine, je sais que c'est un beau cadeau que tu as là. Alors, si tu promets d'être sage, de ne plus jouer en classe et de bien travailler, je t'enlève ton zéro et je te rends ton appareil de photo.» Moi, j'ai drôlement promis, alors la maîtresse m'a rendu l'appareil et elle m'a dit de rejoindre mes petits camarades dans la cour. La maîtresse, c'est simple : elle est chouette, chouette, chouette !

Quand je suis descendu dans la cour, les copains m'ont entouré. «On ne s'attendait pas à te voir», a dit Alceste, qui mangeait un petit pain beurré. «Et puis, elle t'a rendu ton appareil de photo !» a dit Joachim. «Oui, j'ai dit, on va faire des photos, mettez-vous en groupe !» Alors, les copains se sont mis en tas devant moi, même Agnan est venu.

L'ennui, c'est que, dans les instructions, ils disent qu'il faut se mettre à quatre pas, et moi j'ai encore des petites jambes. Alors, c'est Maixent qui a compté les pas pour moi, parce que lui il a des jambes très longues avec des gros genoux sales, et puis, il est allé se mettre avec les autres. J'ai regardé par la petite fenêtre pour voir s'ils étaient tous là, la tête d'Eudes je n'ai pas pu l'avoir parce qu'il est trop grand et la moitié d'Agnan dépassait vers la droite. Ce qui est dommage, c'est le sandwich qui cachait la figure d'Alceste, mais il n'a pas voulu s'arrêter de manger. Ils ont tous fait des sourires, et clic ! j'ai pris la photo. Elle sera terrible !

corrigé p. 243

E1 Réussite 1 (suite)

Questionnaire

De ces trois S.O.S., lequel raconte avec le plus d'exactitude l'histoire que tu viens de «survoler».

1 - SOS. Piles usées. Lampes éteintes. Vêtements trempés. Prenons chemin sortie grotte.

2 - SOS. Lampe perdue. Allumettes inutilisables. Sommes égarés dans obscurité grotte.

3 - SOS. Lampes inutilisables. Bougie éteinte. Sommes bloqués dans une grotte.

Si tu hésites, relis le texte, entièrement cette fois, p. 229-230.

corrigé p. 245

E2 Réussite 2

Lis ce texte en barrant le plus vite possible les mots ou groupes de mots qui évoquent le journalisme, tels que : journal, rédacteur, etc. Recommence ensuite autour du thème de l'imprimerie.

DES PETITES FILLES VISITENT UN GRAND JOURNAL

Elles arrivèrent devant un grand immeuble blanc, avec des portes en verre qui tournaient autour d'elles-mêmes. Des télégraphistes, des cyclistes entraient et sortaient continuellement. Tony expliqua :

— Ils apportent des dépêches, des messages. Comme cela nous sommes au courant de tout ce qui se passe. Un bon journal publie toujours des nouvelles fraîches.

Il salua au passage un tas de gens. Il connaissait tout le monde. Il dirigea les petites filles vers un ascenseur qui montait et descendait avec une rapidité à vous couper le souffle. Elles eurent à peine le temps de dire ouf qu'il s'immobilisa.

Ils entrèrent dans une salle qui parut immense aux fillettes. Une vingtaine de machines à écrire cliquetaient en même temps. Des téléphones sonnaient. Des messieurs en manches de chemise et la cravate défaite appelaient en criant des garçons de course.

— Allons, avancez. Personne ne vous mordra.

Tony les poussa devant lui. Bientôt elles s'habituèrent au vacarme comme à la fumée des cigarettes. Les rédacteurs les saluaient au passage d'un petit geste de la main. Janou tomba en arrêt devant un appareil extraordinaire :

— Qu'est-ce que c'est que cela ? Par moments, on dirait une machine à écrire géante. Puis tout s'arrête pour repartir aussitôt.

— Un télétype. Tu vois les bandes de papier qui sortent par une fente et sur lesquelles des touches frappent comme par enchantement ?

— Oui. Qui frappe les mots ?

— Quelqu'un qui se trouve en Suisse, en Italie ou même plus loin. Il se sert d'un engin semblable qui transmet aussitôt au nôtre ce qu'on veut nous faire savoir. Tout cela se produit grâce à l'électricité.

Les enfants en demeurèrent abasourdies. Elles ne furent pas moins surprises dans les sous-sols du bâtiment. Là, se trouvait l'imprimerie. Elle était aussi bruyante que la rédaction. De grosses machines y accomplissaient différentes tâches. Tony s'arrêta devant l'une d'elles :

suite →

— Celle-ci est une rotative. Des cylindres enduits d'encre impriment des milliers de feuilles, en tournant infatigablement. A un bout on pose des rouleaux de papier sur un plateau mobile. Ils sortent à l'autre extrémité tout imprimés.
Il leur montra aussi des hommes qui, patiemment, pêchaient dans une boîte en bois des morceaux de métal. Il expliqua :
— Sur chacun de ces bouts une lettre est gravée. Il faut les assembler pour composer des mots et des phrases.
Le bruit de l'imprimerie incommoda les fillettes et elles n'y restèrent pas longtemps. Mais, lorsque Tony les prévint qu'il devait les ramener à la maison, Janou s'exclama malgré elle :
— Déjà ?
Il dit malicieusement :
— Comment ? Tu voudrais rester ? Tu avais si peur de t'ennuyer !
Non, elle ne s'était pas ennuyée. Au contraire ! Tout au long du chemin de retour, elle répéta :
— Ça y est, j'ai trouvé ! Plus tard, je deviendrai journaliste. Je n'aime pas trop l'imprimerie, mais le journalisme est un métier formidable.
Tony l'écoutait en suçant le tuyau de sa pipe. Il sourit :
— Oui, c'est un beau métier d'informer les gens des événements du monde. Ne te figure pourtant pas que c'est facile.
En dépit de cet avertissement, elle était pleine d'enthousiasme. Elle voulut raconter à quelqu'un sur-le-champ ce qu'elle venait de voir et d'entendre... Janou avait tant à dire qu'elle prit à peine le temps de mordre dans sa tranche de pain d'épice :
— C'est étonnant... Il y a une machine qui écrit toute seule. Malgré le tapage, les rédacteurs font une rédaction, je veux dire un article, comme s'ils étaient seuls et que personne ne les dérangeait... Les photographes arrivent et se sauvent en courant. Ils ont continuellement peur de manquer une photo importante. Les dessinateurs sont plus tranquilles. Ils sont installés dans un atelier avec un toit en verre pour y voir plus clair. Ils portent des blouses... C'est fou ce que l'on fait dans un journal ! J'ai vu des messieurs et des demoiselles qui regardent sans arrêt des illustrations pour choisir les meilleures. D'autres lisent les journaux pour être certains de ne rater aucun événement. Ce n'est pas tout. Certains passent leur temps à corriger ce que les hommes de l'imprimerie viennent d'imprimer. Il paraît que c'est exténuant.

corrigé p. 243

CORRIGÉS

E2 **Réussite 1**

photo : 9 fois — classe : 4 fois — maîtresse : 10 fois

E2 **Réussite 2** (les mots entre parenthèses sont acceptés)

1/ (télégraphistes) - (cyclistes) - dépêches - messages - journal - publie - nouvelles - (machine à écrire) - (téléphone) - (garçons de course) - rédacteurs - (machine à écrire) - télétype - (touches) - (frappent) - transmet - rédaction - journaliste - journalisme - informer - événement - rédacteurs - rédaction - article - photographes - photo - dessinateurs - journal - illustrations - journaux - événement.

2/ imprimerie - (machines) - rotatives - cylindres - encre - impriment - feuilles - rouleaux de papier - plateau mobile - imprimés - (morceaux de métal) - lettre - gravée - assembler - composer - mots - phrases - imprimerie - imprimerie - corriger - imprimerie - imprimer.

E3 **Réussite 1** (les mots entre parenthèses sont acceptés)

1 : blanche
2 : givre
3 : traîneau — neige — nuage de vapeur
4 : (nus) — verglas — tremblants
5 : bise glaciale — Nord
6 : (emmitouflé) — glissades — mare gelée
7 : Nord — mordait — fouettait
8 : en chemise blanche
9 : enveloppée — frimas
10 : gelée
11 : froid vif — (manteau épais) — (moufles chaudes)
12 : grelotte — silence
13 : gelée blanche
14 : verglas — glace
15 : neige — (blancs)
16 : glaçons
17 : décembre — brouillard gris
18 : blancs flocons — caresse glacée
19 : aube glaciale — dentelles de givre
20 : (emmitouflé) — épaisse fourrure) — flocons blancs

E2 Tournoi 1

Voici la liste des matières d'un carnet de chansons classées par genre et par ordre alphabétique.
1/ Écrivez le plus vite possible, sur votre cahier d'essai, le numéro et la page des Danses de chez nous et des Chansons pour feux de camp et veillées, dont le titre parle d'un animal. Vous devez donc consulter ces deux listes : la première pour le numéro, la seconde pour la page.
2/ Indiquez de même le numéro et la page des Chansons de marche dont le titre parle d'une ville de France.

Classement par genre

nº **Danses de chez nous**

1 La bourrée en Auvergne
2 O caille, pauvre caille
3 Dans les prisons de Nantes
4 Au mai qu'y fera beau
5 Je suis vigneron
6 Vive la Champagne
7 Le joueur de cornemuse
8 Farandole du Rhône
9 Trimousett
10 Sur le pont d'Avignon

Chansons de marche

11 En passant par la Lorraine
12 En revenant d' Versailles
13 M'en revenant de la jolie Rochelle
14 La rose au bois
15 En avant parcourant le monde
16 La jeune grenouille
17 La chèvre
18 Youkaïdi
19 Le merle, il a perdu un' plume
20 Trois navires sont à Toulon
21 Les deux compagnons
22 Trois jeunes tambours
23 Sur la route de Montpellier

nº

24 Chanson des pommes de terre
25 Les p'tites filles de Chateau-Chinon
26 Arri, arri mon cheval
27 Voici le mois de mai
28 Passant par Paris

Chansons pour feux de camp et veillées

29 C'était une poule grise
30 La nuit
31 Voici la Toussaint
32 Le sanglier
33 Hymne à la joie
34 Chant des adieux
35 Voici la Noël
36 Autour du feu
37 Le renard
38 Pierre de Grenoble
39 L'hiver est revenu
40 La violette double double
41 Brave capitaine
42 Quand j'étais chez mon père
43 Les crapauds
44 Le pauvre laboureur
45 L'alouette

Classement par ordre alphabétique

	Page
Alouette (l')	69
Arri, arri mon cheval	42
Au mai qu'y fera beau	12
Autour du feu	96
Bourrée en Auvergne (la)	8
Brave capitaine	64
C'était une poule grise	47
Chanson des pommes de terre	38
Chant des adieux	54
Chèvre (la)	28
Chinon	46
Crapauds (les)	67
Dans les prisons de Nantes	11
Deux compagnons (les)	33
En avant parcourant le monde	26
En passant par la Lorraine	22
En revenant de Versailles	23
Farandole du Rhône	19
Hiver est venu (l')	61
Hymne à la joie	53
Je suis vigneron	14
Jeune grenouille (la)	27
Joueur de cornemuse (le)	17
M'en revenant de la jolie Rochelle	24
Merle, il a perdu un'plume	30
Nuit (la)	48
O caille, pauvre caille	9
Passant par Paris	45
Pauvre laboureur (le)	68
P'tites filles de Château-Chinon (les)	46
Pierre de Grenoble	60
Quand j'étais chez mon père	66
Renard (le)	128
Rose au bois (la)	25
Sanglier (le)	51
Sur la route de Montpellier	37
Sur le pont d'Avignon	21
Trimoussett	20
Trois jeunes tambours	35
Trois navires sont à Toulon	31
Vive la Champagne	16
Voici la Noël	55
Voici le mois de mai	43
Voici la Toussaint	49
Youkaïdi	29

corrigé p. 260

CORRIGÉS

E1 **Réussite 1**
Télégramme : S.O.S. N° 2

E1 **Tournoi 1**
Message n° 3

E1 **Réussite 2**
Télégramme : Victoire n° 3

E1 **Tournoi 2**
Message n° 2

E2 Tournoi 2

A l'aide de ces deux listes de poèmes (classement par thème et classement par ordre alphabétique avec nom des auteurs), essayez de répondre aux questions suivantes :

1/ Paul Verlaine a écrit trois poèmes pour chanter le soleil qui se lève, la nuit tombée, le rude hiver. Quels sont-ils ?

2/ L'auteur d'un des quatre poèmes suivants n'est pas le contemporain des trois autres (il n'a pas vécu à la même époque) : Aube – Dors mon petit – Hiver vous n'êtes qu'un vilain – Avril. Trouvez-le.

POÉSIES POUR LES JOURS ET LES SAISONS

Classement par thème

1 **Poésies pour le soleil qui se lève**

Le clos au levant
L'aurore s'allume
Aube
Matin
Aurore

2 **Poésies pour le soir qui tombe**

L'heure du berger
Le cor
Soirs
La lampe s'allume
Crépuscule
La veillée
Étoile du soir

3 **Poésies pour la nuit tombée**

Soir sur la plaine
Nocturne
La lune blanche
Dors mon petit
Vol de nuit
La nuit
Ballade à la lune
Lune magique

4 **Poésies pour le printemps qui s'en vient**

Bonjour
Printemps
Renouveau
Le printemps
Avril
Printemps nouveau
Au printemps
Le printemps vu par un grillon

5 **Poésies pour le bel été**

Les fourriers de l'été sont venus
L'été
Nuits de juin
Pluie d'été

6 **Poésies pour l'automne si tôt venu**

L'automne
Paysage d'octobre
Chanson d'automne

7 **Poésies pour le rude hiver**

Hiver vous n'êtes qu'un vilain
Fantaisies d'hiver
L'hiver dans la plaine

Classement des poèmes par ordre alphabétique

TITRES	AUTEURS	DATES
Aube	Cécile Perrin	1877-1959
Aurore	Paul Fort	1872-1960
Aurore s'allume (l')	Victor Hugo	1802-1885
Automne (l')	Francis Viélé-Griffin	1864-1937
Avril	Fernand Gregh	1873-1960
Ballade à la lune	Alfred de Musset	1810-1857
Chanson d'automne	Théophile Gautier	1811-1872
Clos au levant (le)	Henri Pourrat	1887-1959
Cor (le)	Paul Verlaine	1844-1896
Crépuscule	" "	" "
Dors mon petit	Marie Noël	1883-1968
Été (l')	Victor-Hugo	1802-1885
Étoile du soir	Alfred de Musset	1810-1857
Fantaisies d'hiver	Théophile Gautier	1811-1872
Fourriers de l'été sont venus (les)	Charles d'Orléans	1391-1465
Heure du berger (l')	Paul Verlaine	1844-1896
Hiver vous n'êtes qu'un vilain	Charles d'Orléans	1391-1465
Hiver dans la plaine (l')	Paul Verlaine	1844-1896
Lampe s'allume (la)	Émile Verhaeren	1855-1916
Lune blanche (la)	Paul Verlaine	1844-1896
Lune magique	Paul Reboux	1877-1963
Matin	Paul Verlaine	1844-1896
Nocturne	Henri de Régnier	1864-1936
Nuit (la)	Claude Roy	1915-
Nuits de juin	Victor Hugo	1802-1885
Paysage d'octobre	Maurice Rollinat	1846-1903
Pluie d'été	Victor Hugo	1802-1885
Printemps	Alphonse de Lamartine	1790-1869
Printemps (au)	Jean Antoine de Baïf	1532-1589
Printemps (le)	Un élève de CM 1	
Printemps nouveau	Théophile Gautier	1811-1872
Printemps vu par un grillon (le)	Auteur inconnu	
Renouveau	Paul Claudel	1869-1955
Soirs	Albert Samain	1859-1900
Soir sur la plaine	" "	" "
Vol de nuit	Antoine de St Exupéry	1900-1944

corrigé p. 260

E2 Concours 1

QUOI DE NEUF DANS CE NOUVEAU CATALOGUE ?

A
Accordéons 157
Agrafeuses de bureau 228
Albums photos 146
Allume-gaz 67
AMEUBLEMENT (voir mobilier) 1 à 50
Anoraks 185
Antennes (auto-radio) 138
Appareils photos 148
Arcs 108
Armoires à chaussures 25
à pharmacie 28
Aspirateurs 69
Assiettes de camping 121
à dessert 60
AUDIO-VISUEL 146 à 160
AUTOMOBILE (tout pour l') 136 à 140
Auto-radios 138

B
Balles de tennis 118
Ballons 118
Bancs de jardin 72
Bandes magnétiques 153
Batteries de cuisine 52
Bêches 73
Bicyclettes 141
BIJOUX 81 à 85
Bottes caoutchouc 90
Boucles d'oreilles 82
Bracelets 81
BRICOLAGE (tout pour le) 161 à 170
Buffets de cuisine 40

C
Calculatrices de poche 224
Caméras 149
CAMPING (tout pour le) 121 à 136
Canapés-lits 1
Cannes à pêche 115
Carabines à plombs 98
Casques moto 145
Casquettes enfant 189
Ceintures de sécurité 138
de natation 101
Chaises de cuisine 44
de jardin 72
de camping 127
CHAUSSEURES 86 à 90
CINÉMA-PHOTO 146 à 155
Ciseaux à bois 164
Classeurs pour diapositives 149
Coffres à jouets 91
Colliers 85
Compas écolier 231
Cordes à sauter 100
Couteaux de cuisine 70
Couvertures 201
Crayons feutre 233
CUISINE (tout pour la) 40 à 70
CYCLES (accessoires pour) 141 à 145

D
Draps 208
Décamètres à ruban 163
Dessus de lit 220
Dictionnaires 250
Disques 153
Doubles-mètres 163
Duplicateurs à alcool 230
Duvets de camping 123

E
Échelles 161
Écrans cinéma 148
ÉLECTRO-MÉNAGER 51 à 70
Électrophones 150
Enrouleurs tuyau arrosage 80
Épuisettes 118
Équerres d'écolier 240
Escabeaux de cuisine 50
Établis 161
Étagères de cuisine 45
Étaus 162

F
Fauteuils de bureaux 37
de salon 27
de jardin 71
Fers à repasser 69
à souder 168
Fil de pêche 107
électrique 170
Films cinéma 148
Flèches pour arc 108
Fléchettes 98
Flûtes 157

G
Galoches 86
Gants de boxe 112
Giles de sauvetage 117
Glacières camping 130
Gonfleurs voiture 136
Gonfleurs matelas pneumatiques 123
Grille-pain électriques 54

H
HABILLEMENT 170 à 200
Hameçons 107
Harmonicas 159
Housses sièges voiture 140

I
Imperméables 190

J
JARDIN (tout pour le) 71 à 80
JEUX et JOUETS 96 à 100

K
Kayaks 118

L
Lampes de bureau 222
de camping 125
à souder 168
LINGERIE 201 à 220
Loupes de bureau 221

M
Machines à calculer 224
à écrire 223
Magnétophones 160
Maillots de bain 200
Manteaux 170
Matelas pneumatiques 135
Matériel de bureau 221 à 230
pour écolier 231 à 250
MOBILIER de cuisine 40 à 50
de jardin 71-72
de bureau 37
Montres 85
Musique (tout pour la) 146 à 160

E2 Concours 2

CONSULTER VITE L'ANNUAIRE

AIGLECHASSE Alfred 2 bis r de Paimpol	(15) 43.10.46
ALBAIN Isaac 56 Grande Rue	(15) 43.19.35
ANGOULEVENT Odile 56 r des Marchands	(15) 43.14.21
ANICROCHE Auguste pl du Château	(15) 43.07.50
BALIGANT Ghislain 75 r Auguste-Comte	(15) 43.06.23
BASTRAKAN Wladimir 45 r du 4 Août	(15) 43.04.86
BEAUPOIL Antoine rte de Quimper	(15) 43.16.37
BENOIT Anaïs 34 r du Petit-Potet	(15) 43.17.59
BERGAMOTE Humbert 6 r des Noyers	(15) 43.17.17
BERGER Benjamin r de la Tour-de-Guet	(15) 43.10.19
BIENFAISANT César 3 al des Sycomores	(15) 43.15.11
BLANBEC Manuel 56 r des Ardennes	(15) 43.12.43
BONHEUR Tristan 2 r de l'Horloge	(15) 43.06.08
BOUTEILLER Jasmin 1 r des Bouvreuils	(15) 43.04.43
CABANON Tristan 9 r de Budapest	(15) 43.22.41
CALPIN Cendrillon 5 r Racine	(15) 43.08.15
CARIBOU Bécassine 6 rte de Brest	(15) 43.01.40
CAUDEBEC Icare 7 r de Seine	(15) 43.14.34
CERTIFOU Capucine 4 r Descartes	(15) 43.11.01
CHALAND Pierre 8 r des Fusains	(15) 43.17.02
CHALUMEAU Christophe 34 r de Zurich	(15) 43.13.93
CHAMBELLAN Wladimir 5 r Stendhal	(15) 43.08.72
CHARBONNIER Philippe 3 r Cézanne	(15) 43.13.59
CHATEAU Antoine 5 pl du Théatre	(15) 43.04.51
CHATEAU Brigitte 57 r du 3e-Chasseur	(15) 43.19.48
CHATEAU Marc 34 r du Transvaal	(15) 43.19.85
CHIFFONNIER Ghislain r J.-S. - Bach	(15) 43.12.44
CIBOULETTE Marius r des Coloquintes	(15) 43.08.07
CIGUE Nathalie 35 r du Transvaal	(15) 43.16.82
CITROEN (garage) r de Lyon	(15) 43.19.24
COLOMB Jacinthe rte de la Scierie	(15) 43.07.69
CONSEILLER Napoléon pl de la Cathédrale	(15) 43.14.45
CORREZE Marianne 3 r Corneille	(15) 43.21.70
CUISINIER Marc 67 r du Maréchal-Ney	(15) 43.07.96
DECASTILLE Cécile pl de la Cathédrale	(15) 43.21.93
DUCHENE Astrid 7 r Stendhal	(15) 43.03.70
DUCOING Yvonne 21 r du Québec	(15) 43.05.55
DUJARDIN Sybille 5 r de Copenhague	(15) 43.00.94
DURANDAL Tom 4 rte de Troyes	(15) 43.20.50
ÉCOLE BLAISE PASCAL 3 r Descartes	(15) 43.14.95
ÉCOLE VICTOR HUGO pl Gutenberg	(15) 43.02.65
EUPHORBE Vincent 6 r des Oeillets	(15) 43.22.23
FANTIN Espérance pl du Château	(15) 43.07.67
FURET Emmanuel 7 r de Rennes	(15) 43.10.52
FURETIERE Hugues 8 r de Rennes	(15) 43.05.76
FUSILIER Alexandre 16 av Vercingétorix	(15) 43.03.30
GARGANT Thérèse 18 r des Oeillets	(15) 43.15.30
GRANDCEDRE Noël 23 av du Maréchal-Ney	(15) 43.17.41
GROSCAILLOU Ulysse 68 r des Coloquintes	(15) 43.06.21
GROSGRAIN Geneviève bd de l'Égypte	(15) 43.17.23
GRUGE Gustave pl Gutenberg	(15) 43.09.26
GUÉPARD Georges 7 r du Cerf-Volant	(15) 43.08.50

suite →

HAILLEUX Baltazar 10 r Ch.-Bizet	(15) 43.12.61
HAUBAN Joseph 13 r des Marchands	(15) 43.15.55
HAUTAIN Bérengère 56 bd de l'Égypte	(15) 43.00.26
HAUTBOIS Julien 5 r de l'Usine-à-gaz	(15) 43.05.57
HIRONDELLE Catherine pl Fontenoy	(15) 43.03.01
ISTAILLON Léon 4 r Ch-Bizet	(15) 43.12.92
ISTALLON Blandine 67 r des Marchands	(15) 43.12.23
ISRAEL Adam 3 r du Cerf-Volant	(15) 43.18.80
JANISSAIRE Pierre pl Gutenberg	(15) 43.04.06
JULIET Horace 45 r du Transvaal	(15) 43.09.51
KALOIN Caprice 16 Grande-Rue	(15) 43.02.62
LABESACE Madeleine 5 r de Reims	(15) 43.01.73
LACAILLE Jupiter 5 r du Bon-Accueil	(15) 43.02.90
LACANAL Robinson imp J.-Rostand	(15) 43.14.27
LAFLAMME Benoit 24 r de Reims	(15) 43.22.52
LAGACE Anne 43 r de Rennes	(15) 43.12.04
LAGNEAU Ginette 3 r de Gibraltar	(15) 43.06.41
LALOUCHE Jean 8 r Vercingétorix	(15) 43.06.10
LECORSAIRE Axel 5 r Théophile-Gautier	(15) 43.08.03
LEMOELLE Toinette pl Fontenoy	(15) 43.14.26
LENAIN Baptistin 15 qu de Saône	(15) 43.21.90
LENCLUME Clémentine 3 r du Paon	(15) 43.16.29
LENEVEU Yvan 18 qu de Saône	(15) 43.00.05
LENFANÇON François 45 r des Sarcelles	(15) 43.04.16
LEPUY Gédéon 67 av de Copenhague	(15) 43.00.65
LESEIGNEUR Viviane 25 rte de Troyes	(15) 43.04.55
LESPAGNOL Axel 6 r de l'Horloge	(15) 43.05.61
LHOMME Élisabeth 16 r de Paon	(15) 43.06.03
LEVERRIER Manuel 14 r de la Banque	(15) 43.20.83
MARABOUT Raoul 28 r du Transvaal	(15) 43.14.47
MILLEFEUILLE Carmen 23 r Schumann	(15) 43.20.87
MITAINE Séraphin 6 r Stendhal	(15) 43.13.53
MOHAINE Gonzague 17 r du Paon	(15) 43.13.48
MONTAGNE Aristide 4 rte de Troyes	(15) 43.00.97
MOUTON Scapin 15 av des Vosges	(15) 43.18.68
MOYEUX Ghislain 16 r des Coloquintes	(15) 43.07.73
NET (service nettoyage) 6 r du Paon	(15) 43.16.49
NICOT Alice 5 r du 3e-Chasseur	(15) 43.17.57
NOEL Alix 45 r de Zurich	(15) 43.13.35
NOUVEAU Anaïs 5 r Tolstoï	(15) 43.10.61
ONAGRE Paul 7 r des Glaïeuls	(15) 43.02.14
O.N.F. 34 r des Fusains	(15) 43.11.57
O.N.M. 1 qu de Saône	(15) 43.09.92
PAILLETOU Yves 34 r Tolstoï	(15) 43.15.39
PAINBOEUF Vulcain 6 r Théophile-Gautier	(15) 43.20.32
PAINLEVÉ Léonard 7 r Vercingétorix	(15) 43.23.75
PANURGE Philippe 2 r de l'Horloge	(15) 43.24.83
PAYSAN Christophe 1 r de Reims	(15) 43.21.85
PETITCABLE Frédéric 1 r Mozart	(15) 43.01.60
PEUGEOT (garage) 6 r J.-S.-Bach	(15) 43.04.29
PHAETON René 5 r du Scarabée	(15) 43.11.33
PHARAON Isaac 7 r Théophile-Gautier	(15) 43.23.08
POMPON Félix 5 r de l'Abbaye	(15) 43.10.26
POUPON Hercule 6 r Wagner	(15) 43.18.99
P.T.T. 15 av de Copenhague	(15) 43.12.37

QUAFOUILLA Armel 5 r Laënnec	(15) 43.17.51
QUARRÉ Xénophon 8 r des Glaïeuls	(15) 43.16.96
RENAUD (garage) 6 r du Transvaal	(15) 43.20.09
RENTIER Emma rte de la Scierie	(15) 43.16.45
RÉVEILLON Christian 5 r Descartes	(15) 43.08.98
ROUX Zéphir 4 r Mozart	(15) 43.16.03
SAINT CYR Athalie 23 qu de Saône	(15) 43.14.18
SEGUIN Caroline 8 r des Oeillets	(15) 43.25.02
SILLON Zéphirin 7 r Mozart	(15) 43.25.03
SIPHON Hélène pl Gutenberg	(15) 43.07.14
S.N.C.F. 6 av de la Gare	(15) 43.13.94
SOUILLOUX Gaëtan 4 bd St-Saëns	(15) 43.12.01
SOULIER Paul 3 r Laënnec	(15) 43.72.12
SYMBALLON Guy 2 r de l'Abbaye	(15) 43.00.59
TABELLION Adrien 6 r Descartes	(15) 43.01.51
TAUPINIERE Aubépine 23 r du Paon	(15) 43.09.57
TRAINÉAN Albert 2 r Tolstoï	(15) 43.11.93
TRAITRE Esther 6 r Laënnec	(15) 43.18.01
TYMPANON Christian 3 bd St-Saëns	(15) 43.14.51
UBERLU Alexandre 9 qu de Saône	(15) 43.03.13
VAINEAU Xavier 8 r Vercingétorix	(15) 43.15.23
VILAIN Jules 34 r des Glaïeuls	(15) 43.19.38
VOGE Jean Philippe 7 r Mozart	(15) 43.21.68
VOGUE Pierre pl Fontenoy	(15) 43.20.14
VOGUÉ Célestin bd de l'Égypte	(15) 43.03.00
WOLFF Youri 34 r du Cerf-Volant	(15) 43.03.96
XÉNAKIS Zorba 2 r des Marchands	(15) 43.09.38
YUNG Juliette 7 r Wagner	(15) 43.15.76
ZACHARIAS Edmond 5 r de l'Abbaye	(15) 43.03.76
ZVILOFF Wladimir 7 r de la Banque	(15) 43.05.06

E1 Réussite 2 (suite)

Questionnaire

Parmi ces trois télégrammes de victoire, lequel traduit le mieux la fin du récit :

1 - Victoire. Malgré obscurité, avons retrouvé chemin sortie grotte.

2 - Victoire. Avons retrouvé lampe, briquet et chemin sortie grotte.

3 - Victoire. Avec briquet et bougies, avons pu rejoindre sortie grotte.

Si tu hésites, relis le texte, entièrement cette fois p. 231-232.

E3 Réussite 1

Il y a dans chacune de ces phrases un ou plusieurs mots qui te feront particulièrement penser au froid.
Souligne ces «mots-réfrigérateurs» (4 par phrase au maximum).

1 - La grande plaine est blanche, immobile et sans voix. Pas un bruit, pas un son, toute vie est éteinte.

2 - Ce matin, le givre a dessiné sur les vitres de magnifiques feuillages étincelants.

3 - Le traîneau glisse silencieusement sur la neige, précédé du nuage de vapeur qui s'échappe des naseaux des chevaux.

4 - Dans les grands arbres nus que couvre le verglas, les petits oiseaux sont tout tremblants, sans rien qui les protège.

5 - Une bise glaciale souffle du Nord, pénètre sous les portes et se glisse dans la moindre fente.

6 - Chaudement emmitouflés, les enfants s'amusent follement à faire des glissades dans les fossés et sur la mare gelée.

7 - Le vent méchant venu du Nord, lui mordait les oreilles et lui fouettait les joues.

8 - Ni hommes ni bêtes ne sortaient plus; seules les cheminées des chaumières, en chemise blanche, révélaient la vie cachée.

9 - La campagne apparaît, enveloppée de frimas.

10 - L'étang est si bien gelé qu'on peut danser dessus; on y a creusé un trou pour faire boire les animaux.

11 - Le froid était si vif qu'on me mit un manteau bien épais et qu'on glissa mes mains dans des moufles chaudes.

12 - Le pays grelotte dans le silence.

13 - La gelée blanche scintillait de feux multicolores au soleil levant.

14 - L'automobile a dérapé sur le verglas et a heurté un arbre dont les branches étaient enrobées de glace.

15 - La neige laisse deviner à travers ses plis blancs, la forme vague des objets.

16 - Le toit est bordé de longs glaçons effilés et brillants semblables à des pendeloques de cristal.

17 - Un soleil de décembre, bien pâle, s'est levé dans le brouillard gris.

18 - Les enfants reçoivent les blancs flocons, le nez levé, la bouche ouverte, savourant leur caresse glacée.

19 - L'aube glaciale a laissé aux branches, aux mailles des clôtures grillagées de fines dentelles de givre.

20 - La tempête de la nuit a emmitouflé chaque branche d'une épaisse fourrure de flocons blancs.

corrigé p. 243

E3 Réussite 2

**Il y a dans chacune de ces phrases un ou plusieurs mots qui te feront penser particulièrement à la nuit.
Souligne ces mots (4 par phrase maximum) qui, pour toi, «dessinent» les ténèbres.**

1_ La campagne s'endort dans l'or des soirs d'été
Et le mystère monte avec l'obscurité.

2_ La lune tristement baigne les noirs feuillages (Leconte de Lisle).

3_ Au-dessus de la forêt, de rares étoiles, estompées par une brume invisible, luisaient faiblement.

4_ Une lueur d'argent naît devant nous et soudain, la lune apparaît sur le bord d'un nuage.

5_ La lueur mourante du jour glisse sur mon livre, je me brise les yeux à lire jusqu'à la dernière goutte de lumière.

6_ C'était un de ces brouillards des soirs d'automne que la blancheur du clair de lune rend plus trompeur encore.

7_ Le soleil était couché quand ils quittèrent la route pour gagner les bois sombres.

8_ Autrefois, dans les villes, on sonnait le couvre-feu et il était interdit de circuler après le coucher du soleil.

9_ Le soir, toute une vie nouvelle s'éveille à la campagne, les animaux nocturnes commencent leur chasse.

10_ A la tombée de la nuit, les objets se réduisent à leurs silhouettes, on ne distingue plus un fil blanc d'un fil noir.

11_ En ville, dès la chute du jour les enseignes au néon illuminent les rues principales, mais les ruelles restent obscures.

12_ Dès dix-sept heures, en hiver, la lumière du jour disparaît, le ciel devient sombre, les maisons ferment leurs volets, tout s'endort.

13_ Le soleil a disparu, la première étoile clignote dans le ciel, puis voici la Grande Ours, l'étoile polaire et ces milliers de points brillants qui piquent le ciel noir.

14_ Caché dans une touffe d'herbe, un ver luisant, puis d'autres, semblent me montrer le chemin par cette soirée obscure.

15_ Vers minuit, l'orage éclate, les éclairs illuminent le ciel sombre et la campagne devient plus noire encore après leur passage.

16_ La voie lactée étend dans le ciel sa longue écharpe scintillante et mystérieuse.

17_ Seule, ce soir, la lune jette sa lumière pâle sur le paysage endormi et semble veiller sur la terre.

18_ Les premiers coqs saluent de leur joyeux : Cocorico, la fin des heures sombres et le retour du soleil.

19_ Le soleil soudain s'écrase derrière la colline, dans l'immense incendie qu'il a allumé dans le ciel, puis, la nuit, peu à peu, efface les dernières traces du jour.

20_ Il dormait à la belle étoile, roulé dans un sac de couchage.

corrigé p. 243

E3 Tournoi 1

> **A propos... des ailes de la chauve-souris, recopiez sur votre cahier d'essai le maximum de renseignements, en réunissant toutes les informations contenues sur ce sujet dans ces trois textes. Comparez vos réponses entre elles et avec celles du corrigé, page 258.**
> **Recommencez de la même façon à propos : de l'hibernation de la chauve-souris, de sa mauvaise vue et de son système de guidage en vol.**

LA CHAUVE-SOURIS

Texte n° 1

Les chauves-souris ne risquent guère de souffrir de la faim. Il leur suffit de capturer des insectes pendant quelque temps pour être rassasiées. Beaucoup d'entre elles **dorment** pendant **le jour** et ne prennent leur **vol** qu'au **coucher du soleil** pour chasser pendant une heure. Ensuite elles dorment le reste de la nuit jusqu'au lever du soleil ; elles chassent alors de nouveau pendant un moment. Les **ailes** des chauves-souris consistent en une **membrane** presque **nue** tendue entre les membres, le corps et la queue. Pendant le jour, les chauves-souris sont **pendues** par les **griffes** courbes de leurs pattes de derrière, la tête en bas et elles **dorment**, pour ne sortir qu'au crépuscule. Elles dorment dans des trous d'arbres, des clochers, des greniers, des grottes, par dizaines, centaines et même quelquefois, par milliers. Il arrive pourtant qu'on voie voler des chauves-souris en plein jour, mais c'est rare. Au cours de leur vol, elles se **guident** au moyen de leur **ouïe** extraordinairement développée. Elles émettent des **ultra-sons**(1) qui sont renvoyés en **échos** par les obstacles et leur permettent d'éviter ceux-ci. En Europe, les chauves-souris **hibernent de 4 à 6 mois** pendant lesquels la température de leur corps **descend** en même temps que la température extérieure et peut devenir proche de zéro degré. Leur température baisse aussi pendant leur sommeil ordinaire. Les **naissances** ont lieu **de mai à juillet**. La femelle n'a généralement qu'**un petit**, au plus deux, qui ne peuvent pas voler immédiatement et qu'elle porte parfois **accrochés** à son ventre, même quand elle vole.

(1) ultra-son : bruit trop aigu pour être entendu par l'oreille humaine.

Texte n° 2

Pendant l'hiver, les chauves-souris **hibernent** : elles dorment ; leur température s'abaisse à quelques degrés ; la respiration et la circulation sont extrêmement lentes ; mais il leur faut de l'humidité, car la peau nue des ailes a tendance à se dessécher.

Certaines chauves-souris émigrent, comme les hirondelles, et vont passer l'hiver au Maroc. Les pipistrelles n'émigrent pas.

Les chauves-souris de nos régions sont **très utiles** car étant **insectivores**, elles nous débarrassent d'une quantité d'insectes nuisibles.

Autre utilité, très appréciable : les chauves-souris font une grande quantité d'excréments qu'elles laissent tomber sur le sol des grottes et qui constituent un «**guano**» ou engrais.

Aux États-Unis (Texas) des tours de bois, spécialement construites, sont destinées à servir de refuge aux chauves-souris, afin d'y recueillir le guano.

Texte n° 3

Le petit de la chauve-souris naît en avril : il a déjà des dents (dents de lait). Il est nu et aveugle. Il tète sa mère : c'est un **mammifère**.

Pendant la période où il tète, il est continuellement cramponné au ventre de sa mère (même pendant le vol), sa tête étant dirigée vers la queue de sa mère.

Il quitte sa mère à 1 mois 1/2, perd ses dents de lait et acquiert sa denture définitive.

La chauve-souris est adulte vers 2 ans ; elle possède alors de **30 à 40 dents** (suivant les espèces de chauves-souris) comprenant : incisives, canines, molaires.

La chauve-souris **vit de 5 à 10 ans** ; au maximum 20 ans.

Elle vole toujours la bouche ouverte pour happer les insectes.

La pipistrelle (chauve-souris de notre région, le Nord) a un vol **rapide** : 16 à 20 battements à la seconde ; la **vitesse** est de **16 km environ**.

Elle **ne voit** qu'à très **courte distance** et seulement les choses en mouvement.

Avec ses longues ailes, la chauve-souris a une grande surface, elle **perd** donc ainsi **beaucoup de sa chaleur** qu'elle récupère **en mangeant énormément**.

Le même besoin de chaleur oblige les chauves-souris à **se blottir les unes contre les autres**, au plafond des grottes, des hangars, des clochers.

corrigé p. 258

E3 Tournoi 2

A propos... de la taille et de la croissance de la girafe, recopiez sur votre cahier d'essai le maximum de renseignements, en réunissant toutes les informations contenues sur ce sujet dans ces trois textes. Comparez vos réponses entre elles et avec celles du corrigé page 259.
Recommencez de la même façon à propos : des cornes de la girafe, de ce que mange la girafe et de sa manière de manger.

LA GIRAFE

Texte n° 1

La girafe est le plus haut des mammifères (elle peut atteindre 6m). Sa tête est surmontée de deux ou de trois cornes selon qu'elle appartient au groupe des girafes du Sud ou à celui du Nord : ces petites cornes sont recouvertes de peau et terminées par une touffe de poils. Leurs robes se différencient également : les unes, celles du Nord, portent des taches brunes géométriques séparées par un mince filet blanc, les autres, celles du Sud, présentent des taches irrégulières sur un fond blanc. Les yeux, placés de chaque côté de la tête, lui offrent un champ visuel très étendu.
La girafe vit dans les savanes à acacias dont elle mange les feuilles. Pour boire ou pour brouter quelque maigre végétation à terre, elle est obligée d'écarter ses hautes pattes de devant ou de plier les genoux. La girafe voit de loin, entend très bien mais est muette ! Très craintive, elle prend le galop à la moindre alerte, ce galop dégingandé qui lui est particulier, et il n'est guère d'animal assez rapide pour la rattraper. Les girafes vivent en petits troupeaux.
Le girafeau naît après un séjour de 14 mois dans le ventre de sa mère : il est déjà haut de 1,50 m et atteindra sa taille adulte à raison de 1 m par an. Il pèsera alors 500 kg environ.

Texte n° 2

La girafe mange des feuilles et des petites branches d'acacias, ainsi que d'autres plantes qu'elle trouve dans la savane.
Sa bouche est dessinée par deux grosses lèvres, sa langue, longue de 50 cm, lui permet de saisir même des épines !

Comme les bœufs et les brebis, la girafe mâche longtemps ce qu'elle mange : c'est un ruminant.
La girafe, le plus haut animal du monde a en courant une démarche étrange : elle soulève presque en même temps les pattes d'un même côté. Vue de loin, elle semble se balancer. De plus, elle tient sa queue dressée et bouge le cou d'une façon régulière. Ses mouvements semblent très lents ; pourtant la girafe est plus rapide qu'un cheval lancé au galop et peut atteindre la vitesse de 50 km/h.
Quand elle est fatiguée, elle s'allonge sur l'herbe et pose sa tête sur son dos. Parfois aussi, elle s'approche d'un arbre et appuie sa tête sur une branche.
La girafe est un animal doux et calme. Elle ne devient méchante que lorsque ses petits sont en danger ; ses longues pattes munies de sabots sont pour elle un excellent moyen de défense : un coup de pied suffit à tuer de gros animaux !

Texte n° 3

Les girafes sont, de tous les mammifères, les plus hauts et proportionnellement les plus courts, mesurant 500-600 cm de hauteur et 225 cm de longueur. L'animal pèse 500 kg. Les pattes de devant sont les plus longues. Quand la girafe veut boire, elle doit les écarter pour atteindre l'eau. Quelquefois elle se met à genoux. Elle se nourrit surtout de feuilles d'acacias ; elle attrape les rameaux avec sa longue langue mobile puis les coupe en les pressant contre ses incisives inférieures tranchantes.
Les petites cornes couvertes de peau sont terminées par une touffe de poils. La girafe vit dans les savanes au sud du Sahara, généralement par petits troupeaux. On voit souvent les girafes en compagnie des zèbres, des antilopes et des autruches. A l'inverse de la plupart des autres mammifères, la vue est leur sens le plus développé. Les girafes sont pour ainsi dire forcées de galoper à l'amble en raison de la brièveté de leur corps, les pattes arrière étant très rapprochées des pattes avant. Aux allures rapides la tête et le long cou se balancent doucement. Ces animaux sont muets, mais ils sont capables parfois de meugler très faiblement. A sa naissance un girafeau peut déjà mesurer de 110 à 170 cm de haut.

corrigé p. 259

CORRIGÉ

E3 Tournoi 1

Les ailes des chauve-souris

— Les ailes des chauve-souris consistent en une membrane presque nue tendue entre les membres, le corps et la queue (texte 1).

— La peau nue des ailes a tendance à se dessécher (texte 2).

— Avec ses longues ailes, la chauve-souris a une grande surface (texte 3).

L'hibernation des chauve-souris

— Les chauve-souris hibernent de 4 à 6 mois (texte 1).

— La température de leur corps descend en même temps que la température extérieure et peut devenir proche de zéro (texte 1).

— Pendant l'hiver elles dorment (texte 2).

— Leur température s'abaisse à quelques degrés ; la respiration et la circulation sont extrêmement lentes (texte 2).

La mauvaise vue et le système de guidage des chauve-souris

— Au cours de leur vol, elles se guident au moyen de leur ouïe extraordinairement développée. Elles émettent des ultra-sons qui sont renvoyés en échos par les obstacles et leur permettent d'éviter ceux-ci (texte 1).

— Elles ne voient qu'à très courte distance et seulement les choses en mouvement (texte 3).

E1

Tournoi 1 (suite)

Questionnaire

Voici trois télégrammes qu'Amundsen aurait pu expédier pour annoncer la réussite de son expédition; lequel dit la vérité ?

1 - Départ septembre. Victoire après longue marche. Avons souffert faim et fatigue. Au retour, chiens malades.

2 - Après 1er essai manqué en septembre, 2ème tentative réussie. Avons rencontré Scott au pôle sud.

3 - Après 1er échec septembre, cause froid et vent, nouveau départ octobre. Arrivé 1er pôle sud. Retour pénible. Perte quelques chiens.

Si tu hésites, relis le texte, entièrement cette fois, page 233.

corrigé p. 245

CORRIGÉ

E3 Tournoi 2

La taille et la croissance de la girafe :

— La girafe est le plus haut des mammifères (texte 1).
— Le plus haut animal du monde (texte 2).
— Elle mesure de 500 à 600 cm de hauteur et 225 cm de longueur (texte 3).
— Le girafeau à sa naissance est déjà haut de 1,50 m (texte 1).
— Il atteindra sa taille adulte à raison de 1 m par an (texte 1).

Les cornes de la girafe :

— Sa tête est surmontée de deux ou trois cornes, selon qu'elle appartient au groupe des girafes du Sud ou à celui du Nord (texte 1).
— Ses petites cornes sont recouvertes de peau et terminées par une touffe de poils (textes 1 et 3).

Ce que mange la girafe :

— Elle mange des feuilles et des petites branches d'acacias, ainsi que d'autres plantes qu'elle trouve dans la savane (texte 2).

Sa manière de manger :

— Elle est obligée d'écarter ses hautes pattes de devant ou de plier les genoux (texte 1).
— Elle mâche longtemps ce qu'elle mange : c'est un ruminant (texte 2).
— Elle attrape les rameaux avec sa langue mobile, longue de 50 cm (textes 2 et 3), puis les coupe en les pressant contre ses incisives (texte 3).

E1 Tournoi 2 (suite)

Questionnaire

Voici trois messages que Scott aurait pu laisser pour raconter brièvement sa malheureuse aventure; lequel dit la vérité ?

1 - Après trajet pénible, avons trouvé drapeau au pôle sud. Retour épuisant, poneys malades, nous aussi. Ne pourrons tenir très longtemps. Adieu.
2 - Amundsen arrivé 1er au pôle. Rentrons. Poneys morts. Sommes malades. Lutterons jusqu'au bout contre froid et épuisement.
3 - Avons atteint pôle sud. N'avons pas vu Amundsen. Rentrons. Bêtes et hommes en bonne santé. Beau temps. Expédition facile.

Si tu hésites, relis le texte, entièrement cette fois, p. 234.

corrigé p. 245

CORRIGÉS

E2 **Tournoi 1**

1/ Animaux :

n° 2, page 9 — 29, page 47 — 32, page 51 — 37, page 128 — 43, page 67 — 45, page 69.

2/ Villes de France :

n° 12, page 23 — 13, page 24 — 20, page 31 — 23, page 37 — 25, page 46 — 28, page 45.

E2 **Tournoi 2**

1/ «Matin» — «La Lune Blanche» — «L'hiver dans la plaine»

2/ Charles d'Orléans (1391-1465)

E3 **Réussite 2**

1 : soir — obscurité
2 : lune — noirs feuillages
3 : étoiles
4 : lune
5 : lueur mourante du jour — dernière goutte de lumière
6 : soirs — clair de lune
7 : soleil couché — bois sombres
8 : couvre-feu — coucher du soleil
9 : soir — nocturnes
10 : tombée de la nuit
11 : chute du jour — obscures
12 : la lumière disparaît — sombre
13 : soleil disparu — étoile — étoile polaire — ciel noir
14 : soirée obscure
15 : minuit — ciel sombre — noire
16 : voie lactée
17 : soir — lune — paysage endormi
18 : heures sombres
19 : nuit — dernières traces du jour
20 : à la belle étoile

F1 Réussite 1

Chaque titre ci-dessous correspond à une phrase du texte.
Numérote chacun comme il convient. Le premier est donné en exemple.

[10] la maladie	☐ un animal domestique	☐ l'enfant serviable
☐ la lecture	☐ un spectacle en famille	☐ un accident
☐ affluence	☐ détail vestimentaire	☐ la froidure
☐ un vieillard	☐ le violon d'Ingres	☐ responsabilité

1 Dans son fauteuil papa lit le journal.
2 Le petit âne pensif tire péniblement sa lourde charrette.
3 Caroline aide gentiment sa mère à la vaisselle.
4 Le pauvre petit Jean-Luc est tombé et pleure à chaudes larmes.
5 Toute la famille réunie regarde le film du soir à la télévision.
6 Aujourd'hui la maîtresse porte une jupe plissée bleu clair.
7 Les patients se pressent dans la salle d'attente du docteur.
8 C'est l'hiver, la neige tombe à flocons serrés.
9 Grand- père marche difficilement avec sa canne.
10 J'ai une forte angine ; je suis fièvreux et je tousse.
11 J'adore dessiner à mes moments de loisir.
12 Pierre vient d'être élu président de la coopérative : lourde tâche.

corrigé p. 268

F1

Réussite 2

Chaque titre ci-dessous correspond à une phrase.
Numérote chacun comme il convient.

☐ pique-nique
☐ désordre
☐ détente
☐ un récit captivant
☐ désobéissance
☐ reportage sportif
☐ un choix difficile
☐ l'œuvre du jardinier
☐ préparatifs
☐ un ouvrier au travail

① Assis dans l'herbe fraîche, au bord du ruisseau, nous dégustons viande froide, œufs durs, fromage et fruits.

② Sur la jolie nappe des jours de fête, Marie dispose les assiettes, les verres, puis cuillers et couteaux à droite, fourchette à gauche.

③ J'hésite entre ce joli manteau écossais et cette veste douillette, doublée d'une épaisse et chaude fourrure.

④ Malgré la défense de ses parents, Pierre a grimpé tout en haut du grand chêne : il appelle à l'aide, maintenant qu'il ne peut plus redescendre.

⑤ Un coureur échappé surgit soudain dans le virage, puis un peloton de cinq hommes puis le gros de la troupe : ça y est : le tour de France est passé !

⑥ Son bureau était un fouillis inextricable de livres, de papiers de cahiers et de documents de toutes sortes parmi lesquels il était seul à pouvoir se retrouver.

⑦ Masque protecteur devant le visage, l'ouvrier soudait les deux pièces de métal provoquant autour de lui une pluie d'étincelles.

⑧ Frédéric était plongé dans son livre et vivait avec passion le combat terrible de l'homme contre la pieuvre.

⑨ Tout le jardin était un régal pour les yeux : ici les massifs de roses, là les parterres de bégonias, et plus loin, un bel alignement de lis tout blancs.

⑩ Les enfants s'amusent dans le sable chaud du bord de mer, les parents bavardent tout en se faisant bronzer : c'est les vacances.

corrigé p. 271

F1 Tournoi 1

Voici 10 phrases ; à vous de trouver leur titre parmi les 12 proposés ci-dessous. Écrivez dans les cases les numéros correspondants.

- ☐ Une femme géographe
- ☐ Au pays de l'or noir
- ☐ Vendanges
- ☐ La vie avant la vie
- ☐ Handicapé mais heureux
- ☐ Tissage
- ☐ Transport de denrées périssables
- ☐ Des animaux méfiants
- ☐ Un savant génial
- ☐ Métier du bâtiment
- ☐ Une technique qui ne date pas d'hier
- ☐ Métier d'autrefois

(1) Les rangs de vigne qui grimpent à l'assaut de la colline sont envahis depuis ce matin par la troupe colorée et bavarde de tous ces gens qui, armés de sécateurs ou de serpettes,viennent s'attaquer aux raisins mûrs.

(2) Au volant de son «poids lourd», Jean-Luc le routier dévore chaque année des kilomètres d'autoroutes entre Paris et le midi de la France. Il alimente en fruits et légumes le ventre insatiable de la capitale.

(3) Les marmottes aiment jouer. Elles savent cependant rester prudentes. Dès qu'un danger apparaît, l'une d'elles, postée en sentinelle, siffle pour donner l'alerte et permettre à tout le monde de se réfugier dans le terrier.

(4) Pour démêler et préparer la laine de mouton, avant de la tisser, on utilisait autrefois, et l'on utilise encore parfois, la fleur épineuse du chardon : cette technique était déjà connue et utilisée par les romains.

(5) 4 mois avant sa naissance, un bébé, dans le ventre de sa mère, est déjà capable de sucer son pouce, de plier ou de détendre ses jambes. Il peut même avoir le hoquet.

(6) Cet homme était aveugle depuis bien des années déjà : malgré son infirmité, il n'avait jamais perdu son sourire ni sa bonne humeur, surtout lorsqu'il se trouvait devant l'orgue de l'église dont il jouait mieux que personne.

(7) Après avoir étalé, d'un geste rapide et précis, une truelle de ciment, le maçon posait délicatement sa brique et l'ajustait en deux ou trois petits coups, frappés du manche de son outil.

(8) Comme de gigantesques flambeaux, les torchères des puits de pétrole, perpétuellement allumées, crevaient la nuit de leur lumière sale, au-dessus du désert.

(9) Denis Papin, l'inventeur de la machine à vapeur et de la «cocotte-minute» naquit le 22 août 1647 près de Blois et mourut à Londres en 1714.

(10) Les maîtres-verriers du Moyen-âge qui fabriquaient les merveilleux vitraux des cathédrales, commençaient par dessiner un modèle sur une planche avec des craies de couleurs.

corrigé p. 275

F1 Tournoi 2

Voici 10 phrases : à vous de trouver leur titre parmi les 12 proposés ci-dessous. Écrivez dans les cases les numéros correspondants.

- ☐ Un repas arabe
- ☐ Un chat susceptible
- ☐ Le réveil des campeurs
- ☐ La pluie
- ☐ L'orage
- ☐ Feu de bois
- ☐ Le jeune acrobate
- ☐ Une partie de cartes
- ☐ Les bienfaits du machinisme
- ☐ Un personnage de conte de fée
- ☐ Une partie de pétanque
- ☐ Le miracle du disque

(1) Ses mains se dressent, son corps se tend, ses jambes s'allongent. Puis lentement, il se renverse en arrière, et, empoignant ses talons des deux mains, il passe sa tête entre ses jambes.

(2) Le repas est presque somptueux : une soupe au beurre tellement épaisse de vermicelle que la cuiller y tient debout, des oeufs frais, des galettes feuilletées et un plat de couscous arrosé d'une sauce délicatement parfumée.

(3) Les flammes dansaient, changeaient, s'enlaçaient toujours plus hautes et plus gaies, faisant monter et mourir le long des murailles, les ombres allongées des choses.

(4) Soudain, le soleil parut : les toiles de tentes s'illuminèrent comme au choc d'un incendie et les paupières closes des dormeurs furent elles-mêmes traversées par la glorieuse clarté du jour.

(5) Le chat botté expliqua que son maître, le marquis de Carabas, était immensément riche : il mentait !

(6) Vêtu de sa belle redingote noire, l'écharpe tricolore nouée autour de la taille, Mr le maire lança la première boule sous les applaudissements du public.

(7) Peu à peu la machine remplace l'homme : elle tisse, elle scie, elle martèle, elle moissonne, elle lave, elle coud, fait la vaisselle ou les comptes; c'est l'esclave bien pratique des temps modernes !

(8) Soudain, il y eut un léger roulement de tambour venant de l'orchestre, puis, après un court silence, lentement, les musiciens commencèrent à jouer.

(9) Un grondement roula dans la vallée et soudain la nature changea d'aspect : tout s'assombrit, les feuilles des arbres se mirent à trembler et les premières gouttes commencèrent à s'écraser sur le sol.

(10) J'ai horreur d'être dérangé pendant ma sieste : il m'arrive, lorsqu'une main maladroite me caresse à rebours, d'interrompre mon paisible ronron pour un Khhh ! suivi d'un coup de griffes rapide comme l'éclair.

corrigé p. 277

F1 Concours 1

(1) Pour chasser, manger, se reproduire, une araignée, l'argyromètre, s'est installée définitivement sous l'eau. Pourtant, elle respire de l'air ! Car madame se promène avec sa provision d'air sous forme de petites bulles qui adhèrent aux poils de son ventre velu. Quand les provisions diminuent, elle monte à la surface, s'expose quelques instants, puis redescend avec un nouveau stock de bulles. Celles-ci, elle va les ajouter à la maison qui n'est autre qu'une bulle d'air, arrimée à des plantes aquatiques par des centaines de fils de soie.

a ☐ Un animal «plongeur sous-marin»
b ☐ Une maison bien aérée
c ☐ Comment nager sous l'eau

(2) Pour les célèbres vignes de Champagne, le grand danger, ce sont les gelées de printemps. Le mois de mai surtout est dangereux. Tous les soirs, deux vignerons montent la garde à tour de rôle, dans une petite maison, près des vignes. Dehors, on fixe un thermomètre électronique relié à une sonnerie dans la pièce. En dessous de zéro, l'alarme se déclenche. Il faut faire vite. Par téléphone, on prévient les autres vignerons qui accourent. Vite, ils allument entre les rangs de vignes, tous les dix mètres, de petits fours à fuel. Les flammes jaillissent, puis un épais nuage de fumée s'élève dans les champs. Cette fumée chaude brasse l'air et empêche le gel. La récolte est sauvée !

a ☐ Printemps en Champagne
b ☐ Le feu dans les vignes
c ☐ Protection du vignoble champenois

(3) Quand on rencontre les gorilles dans leur forêt natale, c'est toujours d'un seul coup. Leurs têtes massives aux mâchoires puissantes se tournent lentement vers le visiteur. La peau noire de leur visage brille. Le chef du groupe va se détacher des autres et charger droit sur l'intrus. Son rugissement fera alors trembler la forêt, tandis qu'il frappera bruyamment sa poitrine. Courant et hurlant, il arrachera branches et feuilles. Et c'est ainsi que beaucoup de gorilles sont morts car l'homme, terrifié, tire immédiatement. En fait, cette attaque du chef n'est que du bluff. Il ne cherche pas à tuer, mais à faire peur, à chasser l'intrus de son territoire.

a ☐ Un dangereux animal
b ☐ Le gorille joue la comédie
c ☐ Le gorille s'attaque aux arbres

suite ⟶

(4) C'est parce qu'elle n'a ni squelette comme les poissons ni coquille comme la moule ou l'huître, que la pieuvre est très douée pour le camouflage. La pieuvre, en effet, a l'art de se déguiser pour éviter d'être reconnue, surtout de ses deux grands ennemis, le mérou et la murène, deux dangereux poissons carnivores. Elle peut changer de couleur pour se confondre avec les algues et les anémones de mer. Elle peut subitement produire un nuage d'encre et disparaître derrière. Sa peau peut se couvrir de boutons bizarres pour l'aider à mieux ressembler aux rochers qui l'entourent. Elle peut changer de forme. Le célèbre navigateur Y. Cousteau a vu une pieuvre de deux mètre d'envergure échapper à ses ennemis en se «coulant» à travers un trou de 20 centimètres de diamètre seulement !

a ☐ La pieuvre a de grands ennemis
b ☐ L'art du camouflage chez la pieuvre
c ☐ La pieuvre se déguise parfois en plante aquatique

(5) Un matin d'hiver glacial, un renard a bondi à une dizaine de mètres devant moi, dans un nuage de neige tourbillonnante. Il ne s'est pas enfui. Je lui ai lancé un bâton qui est tombé entre nous deux. Mon renard s'est alors mis à courir dans ma direction, à grands bonds. Il s'est jeté sur le bâton et, comme un chien heureux, s'est mis à danser, son trésor bien serré entre les mâchoires. On aurait dit que, tout au fond de lui-même, malgré sa peur et sa sauvagerie, il aurait aimé être un bon toutou.

a ☐ Un renard enragé
b ☐ Un renard heureux
c ☐ Rencontre avec un renard joueur

CORRIGÉ

F2 **Réussite 1**

a 3 : 15 — a 7 : 5 — a 11 : 4
b 6 : 7
c 10 : 10
d 4 : 13
d 6 : 2
e 2 : 8 — e 2 : 8 — e 8 : 11
f 9 : 3

F1 Concours 2

1. ... Le pilote d'un avion de reconnaissance nous a signalé par radio qu'un bébé de baleine grise s'est échoué sur le sable dans la baie de Scammon en Californie. Philippe Cousteau alerte alors le navire «La Calypso» et les sauveteurs arrivent avec un grand filet et des cordes. L'animal, bien que très amaigri, doit tout de même peser un peu plus de deux tonnes. Avec mille précautions, les sauveteurs parviennent à rouler la malheureuse bête jusqu'à l'eau. Elle frétille de plaisir mais n'arrive pas à flotter et risque de se noyer. Nous décidons alors de l'amarrer le long du bateau, l'évent(1) dégagé au-dessus de la surface de l'eau, et de la remorquer vers la pleine mer.

a ☐ La «Calypso» effectue une manœuvre dangereuse près des côtes de Californie.
b ☐ Un baleineau, découvert par un aviateur sera sauvé par l'équipage du navire «La Calypso».
c ☐ On rend la liberté à un bébé baleine que l'on vient de soigner.

2. ... L'éléphant possède des oreilles immenses : elles lui servent à entendre, bien sûr et aussi à faire peur à un éventuel adversaire en augmentant la surface du corps. Mais surtout l'éléphant utilise ses immenses oreilles comme radiateur de refroidissement. Quand il a chaud, il déploie ses oreilles et le sang qui circule sous la peau est refroidi par l'air. S'il les agite, le refroidissement est encore plus grand.

a ☐ Le radiateur sert à refroidir un moteur.
b ☐ Les éléphants possèdent des oreilles énormes qui leur servent d'éventails.
c ☐ Les éléphants possèdent des oreilles énormes qui leur servent de système réfrigérant.

3. La plongée rapide d'un sous-marin est un spectacle exaltant. Tout d'abord, il prend son élan à la vitesse maximum. Puis tout le monde rentre à l'intérieur et l'on verrouille les panneaux. On ouvre les ballasts et l'eau s'y engouffre, entraînant le bâtiment vers le fond. Les moteurs sont stoppés et leurs tuyaux d'échappement sont bouchés pour empêcher l'eau d'entrer. Dans le poste central, les hommes surveillent le tableau de contrôle. Quand tous les indicateurs lumineux sont passés au vert, le bateau est étanche.

a ☐ Le sous-marin plonge rapidement
b ☐ Les hommes surveillent les signaux
c ☐ Comment s'effectue la plongée d'un sous-marin

(1) l'évent est la narine de la baleine.

suite →

4 18 mars 1967 : Le capitaine du pétrolier «Torrey Canyon», en route vers l'Angleterre veut aller vite, trop vite. Il emprunte un raccourci, navigant dans des eaux reconnues dangereuses par tous les marins et déconseillées par l'amirauté anglaise(1). C'est alors, qu'entre les îles Sorlingues et la Pointe de Cornouaille le pétrolier heurte des récifs, en pleine vitesse. La coque est déchirée sur 180m. 30000 tonnes de pétrole brut se déversent dans l'océan. Une huile épaisse et nauséabonde s'étale en une couche de près de 40cm d'épaisseur qui dérive sur les eaux et menace les côtes anglaises et françaises.

a ☐ Il s'agit d'une pollution de la mer par le pétrole.
b ☐ On extrait du pétrole de la mer du Nord.
c ☐ Les côtes françaises et anglaises sont polluées.

5 Dernièrement, dans notre région, un agriculteur constata que ses récoltes étaient ravagées par des sangliers. Avec des voisins, il organisa une battue et deux gros animaux furent tués. On s'aperçut alors que l'un des deux était une femelle aux mamelles gonflées de lait. Notre brave paysan se mit à la recherche des petits et trouva une nichée de quatre minuscules marcassins destinés à mourir de faim. Il les ramena chez lui et il élève maintenant au biberon ces petits orphelins qui se blottissent avec confiance dans ses bras.

a ☐ Les sangliers sont des animaux nuisibles
b ☐ Le repas des petits marcassins
c ☐ Adoption de quatre bébés sangliers

(1) l'amirauté : le commandement suprême de la marine anglaise.

CORRIGÉ

F1 Réussite 1

la maladie : 10	un animal domestique : 2	l'enfant serviable : 3
la lecture : 1	un spectacle en famille : 5	un accident : 4
affluence : 7	détail vestimentaire : 6	la froidure : 8
un vieillard : 9	violon d'Ingres : 11	responsabilité : 12

F2 Réussite 1

Lis attentivement les textes ci-dessous qui te racontent, pêle-mêle, l'histoire du costume féminin à travers les âges. Après lecture, tu pourras compléter le tableau qui suit en plaçant dans chaque case mise en relief, le numéro du texte qui convient à la fois, à la partie du costume et à l'époque indiquée.

(1) Nous ne savons guère comment s'habillaient nos ancêtres de la préhistoire. Il est probable qu'ils apprirent très tôt à se vêtir de peaux brutes, de fourrures ou de vêtements de cuir afin de se protéger du froid. Ils utilisèrent sans doute aussi l'écorce émincée, pour se fabriquer des sortes de pagnes rudimentaires.

(2) Le Moyen-âge a connu, à la fin du XIIIe siècle, les chaussures «à la poulaine». Elles avaient une pointe immense (près de 50 cm parfois !); à leur extrémité on fixait souvent un grelot. Cette pointe immense pouvait être reliée au genou par une chaînette, pour faciliter la marche.

(3) Sous la révolution, la toilette des femmes fut parfois très excentrique. Madame Tallien, l'épouse d'un révolutionnaire célèbre, parut un jour en public avec des diamants décorant ses sandales, des bracelets aux genoux et des anneaux à chaque doigt de pied.

(4) Vers 1900, les robes tombaient jusqu'à terre. Elles étaient plates devant et s'allongeaient derrière pour former une longue traîne bordée d'une garniture qu'on appelait «la balayeuse». Pour éviter d'essuyer tous les trottoirs, les femmes relevaient de la main robe et jupon.

(5) A l'époque de la Renaissance, les femmes s'inspirent de la mode italienne et portent deux robes superposées : celle du dessus est largement ouverte devant afin de laisser voir la robe du dessous.

(6) Les femmes romaines de l'antiquité tenaient leurs cheveux à l'aide d'épingles qui étaient souvent creuses et contenaient du parfum ou... du poison.

(7) Au Moyen-âge, on portait, l'hiver, sur la robe, une houppelande. C'était un large manteau, fourré ou doublé avec des manches immenses tombant jusqu'à terre et recouvrant les mains.

(8) Les Égyptiennes de l'antiquité se rasaient la tête et portaient d'épaisses perruques de lin aux mèches nattées ou tordues. Elles y ajoutaient des bandeaux de couleurs vives ou des fleurs de lotus.

suite →

9 Le vêtement des grecs de l'antiquité était léger. Il ressemblait quelque peu au costume que portent encore les arabes aujourd'hui. Il comprenait : une tunique : le «chiton», espèce de sac sans fond, court pour les hommes, long pour les femmes et serré à la taille. Par dessus, pour sortir, on se drapait dans un large manteau : «l'himation».

10 Au milieu du XIXe siècle et à l'époque de Napoléon III, la mode était aux robes très larges et très gonflantes. Pour obtenir cet effet, les femmes portèrent d'abord, sous la robe, plusieurs épaisseurs de jupons (5 ou même plus !). Mais leur poids devint si important qu'on les remplaça peu à peu par une sorte de panier composé de cerceaux s'élargissant vers le bas et par-dessus lesquels on passait la robe : c'était la crinoline. Ces cerceaux étaient faits de bambou, de fanons de baleine ou en acier, recouverts d'une légère toile de crin. Avec un tel accoutrement, il était bien difficile alors à une femme, soit de s'asseoir, soit de passer par une porte étroite.

11 A l'époque du roi Louis XIV, les femmes se coiffent parfois «à la Sévigné» avec les cheveux en boucles sur les oreilles, un petit bonnet de velours sur la tête et des rubans de chaque côté.

12 Les femmes gauloises se teignaient les cheveux avec la cendre de hêtre ou les poudraient avec de la cendre blanche. Elles dessinaient leurs sourcils à la suie et se fardaient avec de la craie dissoute dans du vinaigre.

13 Les dames romaines de l'antiquité portaient au pied des «crépides», sandales à hautes semelles qu'on mettait pour se grandir; des «cothurnes», sorte de petites bottines à semelle épaisse ou encore des «soléa» à semelles de bois retenues par des lanières de cuir.

14 L'Égypte est un pays africain au climat chaud et sec; c'est pourquoi au temps des pharaons, le costume égyptien était très simple. Les enfants allaient tout nus. Les hommes portaient un pagne court comme en portent encore parfois les noirs africains. Les femmes portaient une chemise longue et étroite. Chez les riches, l'étoffe du vêtement était plus fine et le pagne s'enrichissait de multiples petits plis. Les femmes portaient également des perruques, des bijoux et se fardaient les paupières et les mains.

15 Le «chiton», la robe des femmes grecques d'autrefois, était un grand rectangle de lin ou de laine fine. Il avait environ 2 fois la longueur des bras étendus. Le «chiton» était tenu aux épaules par des broches et serré à la taille par une ceinture, ce qui permettait de plisser la robe de toutes sortes de manières. L'élégance se mesurait à la forme gracieuse des plis réalisés.

Au temps de ... / Partie du costume	avant Jésus Christ			après Jésus Christ							
	1 des hommes préhistoriques	2 des Égyptiens	3 des Grecs	4 des Romains	5 des Gaulois	6 du Moyen Age et de châteaux forts	7 de C. Colomb et de la Renaissance	8 du roi Louis XIV et du XVIIe siècle	9 de la révolution et de Napoléon I^{e}	10 du XIXe siècle et de Napoléon III	11 du XXe siècle jusqu'à la guerre 39-45
a Robe											
b Manteau											
c Vêtement de dessous											
d Chaussures											
e Coiffure											
f Bijoux et maquillages											

corrigé p. 266

CORRIGÉ

F1 Réussite 2

pique-nique : 1
désordre : 6
détente : 10
un récit captivant : 8
désobéissance : 4
reportage sportif : 5
un choix difficile : 3
l'œuvre du jardinier : 9
préparatifs : 2
un ouvrier au travail : 7

F2 Réussite 2

Lis attentivement les textes ci-dessous qui te racontent, pêle-mêle, l'histoire du <u>costume masculin</u> à travers les âges. Après lecture, tu pourras compléter le tableau qui suit en plaçant dans chaque case mise en relief, le numéro du texte qui convient à la fois, à la partie du costume et à l'époque indiquée.

(1) Au XVIIe siècle, les rues de Paris étaient encore très sales et boueuses. Pour ne pas salir leurs belles bottes de cuir fin (cuir blanc pour aller danser) on enfilait, par dessus le pied de la botte, des patins recouverts de velours ou des galoches à hautes semelles de bois.

(2) Le «chainse» est au Moyen-âge le vêtement de dessous. C'est une sorte de chemise en lin, en chanvre, en laine ou en soie finement plissée et brodée de fils d'or aux poignets et au col. On la laisse passer sous la manche et, au bas, sous le bliaud (grande tunique qu'on enfilait par-dessus). Le chainse était fendu en avant et en arrière pour permettre de monter facilement à cheval.

(3) Les Égyptiens de l'antiquité allaient pieds nus ou chaussés de sandales de papyrus, de vannerie, de fibre de palmier, de métal... ou même d'or pour les plus riches et le pharaon. Ces sandales étaient plates ou à bout retourné. Une coutume égyptienne voulait qu'on dessine parfois sous la semelle de sa chaussure le portrait de son ennemi : ainsi on pouvait «l'écraser» à chaque pas.

(4) Les Grecs de l'antiquité fabriquaient des tissus grossiers avec du poil de chèvre, d'autres plus luxueux avec de la laine, du lin, du coton. Ils connaissaient également la soie. Les hommes grecs portaient une tunique, le «chiton» qu'ils drapaient autour de leur corps et maintenaient par des broches et une ou deux ceintures. Le «chiton» pouvait descendre à mi-cuisse ou jusqu'aux talons. Il était porté directement sur la peau : les Grecs ne connaissaient pas les vêtements de dessous.

(5) Dans la ville de Sparte, dans la Grèce antique, les enfants s'habillaient d'un «chiton» sans ceinture, sorte de chemise de nuit large et flottante taillée dans un tissu de couleur. S'il faisait froid, ils remplaçaient le «chiton» par un «himation», grand rectangle de tissu dans lequel on se drape. Chaque enfant recevait un himation par an.
On ignorait alors le mouchoir. Les grecs se mouchaient dans leurs doigts et s'essuyaient les mains sur leurs cheveux. C'étaient cependant des gens qui savaient se tenir propres : les bains publics étaient nombreux. On utilisait, à la place de savon, un mélange d'huile et de sable.

⑥ Au début de la préhistoire, il faisait dans nos régions plus chaud qu'aujourd'hui : la même chaleur qu'en Afrique à peu près. Les vêtements n'étaient donc pas nécessaires. Par contre on se décorait la peau avec de la peinture. Les premiers habits faits de la peau d'un animal ont certainement été d'abord des déguisements qui permettaient, à la chasse, d'approcher facilement le gibier sans se faire voir.

⑦ Les romains d'autrefois portaient un grand manteau appelé toge. Il était blanc, lourd et si compliqué à passer qu'on ne pouvait s'habiller tout seul. C'était une pièce de drap de 7 m de long sur 2,5 m de large dans laquelle on se drapait selon des règles très compliquées et qui descendait jusque sur les talons.

⑧ A l'époque de Louis XIV, les manches des vestes appelées «pourpoints» étaient fendues le long du bras. On pouvait de cette façon laisser voir le fin tissu de la chemise qui était décorée de multiples dentelles aux poignets et au col.

⑨ Vers 1900, tout homme élégant ne sortait jamais sans sa canne. Une canne au pommeau d'or, d'argent ou de corne. C'était aussi parfois une arme dangereuse lorsque la canne se transformait en canne-épée, dissimulant dans la tige de bois une lame longue, fine et pointue.

⑩ Sous Napoléon III, les hommes se coiffaient d'un chapeau haut de forme qu'on appelait alors un tuyau de poêle. C'était une coiffure encombrante et fragile. Le chapelier Gibus inventa le célèbre «chapeau claque» : c'est un chapeau haut de forme qui peut s'aplatir comme une galette grâce à des ressorts.

⑪ Au contraire des grecs et des romains, les gaulois portaient des pantalons qu'ils appelaient des «braies». C'était une sorte de culotte assez collante fixée à la taille par une courroie passant dans des brides et descendant soit jusque sur les cuisses, soit jusqu'aux talons. L'empereur romain Auguste jugea ce vêtement si confortable qu'il se mit lui aussi à porter des braies de couleur rouge, courtes l'été, longues l'hiver.

⑫ Il faut attendre la Renaissance pour voir apparaître les poches de culotte. On ne disait d'ailleurs pas culotte à cette époque mais «haut de chausse», petite culotte courte serrée sur les cuisses et qu'on rendait bouffante en la rembourrant. Les poches furent interdites en 1563 parce qu'elles pouvaient cacher des poignards ou des pistolets. Malgré cette interdiction, la coutume des poches n'a pas cessé de se répandre... jusqu'à nos jours.

suite ⟶

(13) A la fin du Moyen-âge, le costume des rois et des princes est d'une richesse inouïe. Charles d'Orléans fait broder sur la manche de sa houppelande les couplets d'une chanson «Madame, je suis tant joyeux». Il fallut 960 perles. Un seigneur normand y fit coudre, lui,300 pièces d'or, un autre 7 500 anneaux d'argent.

(14) Vers le milieu du XIVe siècle, pendant le Moyen-âge s'est répandue la mode, venue de Pologne, des chaussures «à la poulaine» : chaussure à bout pointu et démeusurément long. La longueur de la pointe était d'ailleurs fixée par la loi :

1) 1/2 pied de long pour les petites gens (le pied était une mesure de longueur valant 32 cm)
2) 1 pied chez les bourgeois
3) 2 pieds chez les barons
4) pour les princes et les rois, la fantaisie fait loi (plus de 60 cm !).

Ces pointes rendaient la marche si difficile qu'on en attachait le bout au genou par une chaînette d'or ou d'argent.

(15) Sous le roi Louis XIV, la mode est aux perruques immenses, souvent réalisées avec des cheveux naturels : ceux que les filles pauvres de la campagne vendaient pour se procurer de l'argent. Monsieur Binet, coiffeur du roi à la cour de Versailles, inventa une forme de perruque qui se partageait en trois touffes : une première masse bouclée tombait bas dans le dos, les deux autres cachaient les oreilles de chaque côté de la tête. De telles perruques s'appelaient alors des «binettes».

(16) Avant la révolution, les hommes portaient chausses[1] et culottes. Peu avant 1789, la culotte était assez collante et serrée par un lacet sous le genou. Les révolutionnaires remplacèrent la culotte par le pantalon d'où le nom de «sans-culottes» qu'on leur a donné.

(1) Les chausses sont des sortes de bas montants, fixés aux braies par des jarretelles.

Au temps de ... / Partie du costume	1 des hommes préhistoriques	2 des Égyptiens	3 des Grecs	4 des Romains	5 des Gaulois	6 du Moyen-Age et des châteaux forts	7 de C. Colomb et de la Renaissance	8 du roi Louis XIV et du XVIIe siècle	9 de la révolution puis de Napoléon I	10 du XIXe siècle puis de Napoléon III	11 du XXe siècle jusqu'à la guerre 39-45
	avant Jésus-Christ				après Jésus-Christ						
a Vêtement de dessus											
b Vêtement de dessous											
c Chaussures											
d Coiffure											
e Accessoires du costume											

corrigé p. 281

CORRIGÉ

F1 Tournoi 1

Une femme géographe : sans numéro
Au pays de l'or noir : 8
Vendanges : 1
La vie avant la vie : 5
Handicapé mais heureux : 6
Tissage : sans numéro
Transport de denrées périssables : 2
Des animaux méfiants : 3
Un savant génial : 9
Métier du bâtiment : 7
Une technique qui ne date pas d'hier : 4 ou 10
Métier d'autrefois : sans numéro ou 10

LA MARMOTTE

LA MARMOTTE VIT EN MONTAGNE :

La **marmotte s'apprivoise** facilement. **Mais** elle est avant tout un animal qui **vit en liberté**. En **Savoie**, il y a **beaucoup** de marmottes dans la **montagne**. En été, on peut les apercevoir près de leur trou, si on marche silencieusement et si elles n'ont pas senti ou entendu notre approche.

ELLE VIT EN FAMILLE :

Au printemps, **un couple** se forme qui **reste** avec les **petits** jusqu'au **printemps suivant. Plusieurs** marmottes peuvent **vivre** en bonne **amitié** dans le même terrier.

C'EST UN ANIMAL FAIT POUR CREUSER :

La marmotte **creuse très vite**, avec ses **mains** (pattes de devant) : elle fait voler la terre derrière elle. Ce sont les **pattes de derrière** qui **chassent** la terre. Elle **ronge** les **racines** qui la gênent **pour creuser**.

LE TERRIER, UNE HABITATION CONFORTABLE :

C'est un **couloir** étroit de 3 à 10 mètres de long. Il présente des **élargissements** souvent tapissés de **foin** : dans l'un d'eux, les marmottes **dorment** tout **l'hiver** à quatre, six, parfois dix ensemble ; dans un autre, elles déposent leurs déjections. L'hiver, le terrier est bouché avec du foin.

LA MARMOTTE HIBERNE :

La marmotte dort tout l'hiver : on dit qu'elle **hiberne**. Au mois de septembre, les marmottes adultes sont grosses, elles pèsent de cinq à sept kilos.

Elles tapissent de **foin** le **fond** de leur **terrier**. Début **octobre**, quand la température extérieure s'abaisse à 15 degrés, elles **rentrent** sous terre et **bouchent** la galerie d'entrée. Toute une colonie de **marmottes** est **groupée** dans le nid. Elles s'endorment **«en boule»**.

Quand elles dorment, l'hiver :

— leur **cœur** bat **moins vite**

— leur **respiration se ralentit**

— leur **température s'abaisse** (entre 4 et 10 degrés)

— elles ne **mangent plus**, elles maigrissent

— elles **se réveillent** à plusieurs reprises **et se rendorment.**

Au **printemps** quand elles se réveillent, elles sont **très maigres** ; elles recommencent leur belle vie en liberté.

Une marmotte peut vivre de **9 à 10 ans** en liberté ; 5 à 6 ans en captivité.

suite →

CORRIGÉ F1 Tournoi 2

Un repas arabe : 2
Un chat susceptible : 10
Le réveil des campeurs : 4
La pluie : sans numéro
L'orage : 9
Feu de bois : 3
Le jeune acrobate : 1
Une partie de cartes : sans numéro
Les bienfaits du machinisme : 7
Un personnage de conte de fée : 5
Une partie de pétanque : 6
Le miracle du disque : 8

Questionnaire

Tu choisis la bonne réponse parmi les 3 solutions proposées. Tu écris sur ton cahier de brouillon le numéro de la question et à côté, la lettre correspondant à la réponse que tu as choisie.

1 — La marmotte vit :

A _ En montagne
B _ Dans les pays chauds
C _ En plaine
D _ Je ne sais pas

2 — La marmotte vit :

A _ Toute seule ou en famille
B _ En famille ou en groupe
C _ En famille et en groupe
D _ Je ne sais pas

3 — La marmotte creuse :

A _ Avec les mains
B _ Avec son museau
C _ Avec la queue
D _ Je ne sais pas

4 — Son terrier mesure :

A _ Entre 1 et 2 mètres
B _ De 3 à 10 mètres
C _ 12 m < longueur du terrier > 20 m
D - Je ne sais pas

5 — Les marmottes s'endorment :

A _ Lorsque la température est entre 5° et 7°
B _ Lorsque la température s'abaisse à 15°
C _ Lorsque la température monte à 15°
D - Je ne sais pas

6 – Quand la marmotte hiberne :

A – Sa respiration s'active
B – Son cœur bat moins vite
C – Sa temperature s'élève
D – Je ne sais pas

7 – La marmotte dort «en boule»

Dans laquelle de ces trois phrases l'expression en boule a le même sens que dans le texte :

A – Il est dangereux de serrer la neige en boules trop dures.
B – Pierre n'admet pas qu'on maltraite les animaux : cela le met «en boule».
C – Le hérisson se met en boule pour lutter contre la vipère.
D – Je ne sais pas

8 – Hiberner signifie :

A – Vivre en montagne
B – Vivre dans un pays froid
C – Vivre «au ralenti» pendant l'hiver
D – Je ne sais pas

9 – Une marmotte pèse :

A – Plus lourd en mars qu'en septembre
B – Aussi lourd en mars qu'en septembre
C – Moins lourd en mars qu'en septembre
D – Je ne sais pas

10 – Selon sa manière de se loger la marmotte ressemble à :

A – La taupe
B – L'écureuil
C – La vipère
D – Je ne sais pas

F3 Concours 1

LE VOLEUR PUNI

Ça durait **depuis 1 mois** déjà : presque chaque nuit les **jardins** du village, à tour de rôle, recevaient la **visite** d'un mystérieux **voleur**. On avait porté **plainte** à la **gendarmerie**, on avait informé le **maire... sans résultats**. Et, un beau matin, le père **Naulet** s'aperçoit que son propre **jardin** vient d'avoir, lui **aussi** l'honneur d'une **visite** nocturne. C'est un **petit bonhomme**, court sur pattes, **rageur** et décidé : il **murmure** dans sa moustache : «**Oh, moi, j'irai pas me plaindre au maire... je règlerai bien mes affaires tout seul.**»
Sa **colère** est **grande**. On lui a **volé** ses plus **belles salades**, celles qu'il avait si bien soignées et arrosées : piétinée la planche ! envolées les laitues ! Mais il remarque que le **voleur** n'en a guère **pris** qu'**une quinzaine**. «Il va certainement **revenir**, comme un poisson qui revient mordre à l'hameçon... et dans ce cas, **j'ai mon idée**» se dit notre homme en se frottant les mains. Et tout guilleret, malgré la disparition des salades, presque heureux à la pensée de la **vengeance** qu'il prépare, il **rentre** tranquillement **chez lui, sans rien dire** à personne du vol dont il vient dêtre la victime...
Le soir, après souper, et sur le coup des **neuf heures**, quand la mère Naulet est couchée, il **prend** son **fusil** et s'en **vient** sans bruit jusqu'à son **jardin**. Là, il **se couche** à plat ventre derrière une touffe de noisetiers près de la cabane où il range ses outils, à quarante mètres de sa planche de salades. Puis il **attend**, l'œil fixe, essayant de percer l'obscurité de la nuit. Il attend **longtemps**, la **lune** est déjà montée haut dans le ciel ; la cloche de la mairie et l'horloge de l'église ont sonné en chœur les douze coups de **minuit**... et le père Naulet attend toujours ; le voleur ne vient pas. Tous est **calme** dans la campagne, d'un calme léger et sonore comme du cristal. L'air vibre doucement comme les cordes d'une **harpe** qu'on frôle. Les **grillons** eux-mêmes, émerveillés, **font silence** pour mieux écouter **chanter la nuit**. Le père **Naulet**, lui, tout à sa vengeance, ne prête guère attention à ce divin concert. Il **rumine** sa **rage** en songeant : «Il est encore bien **capable** de **remettre ça** à un autre jour, l'animal. Je vais pourtant pas passer toutes mes nuits vautré ici».
Tout à coup une **ombre** fantastique, agrandie par la nuit, **enjambe** la barrière et glisse, le long de la haie, jusque **vers la planche de salades.** Le père **Naulet** a envie de **crier** : «voleur, voleur, veux-tu t'en aller, c'est mes salades à moi». Mais il **se retient, serrant** plus fort la **crosse** de son fusil. Et bientôt le **maraudeur**, tout tranquillement, se met en devoir d'**arracher** les belles têtes de **salades**

qui restent. **Naulet attend** toujours et le laisse faire; sans doute la position du braconnier ne lui convient pas encore.

Enfin, l'autre le nez piqué sur les salades, **se présente** soudain comme il faut. Oh ! la **belle cible** !

Épauler, viser, c'est l'affaire d'une seconde... et **«bing» un petit claquement sec déchire le calme de la nuit, bientôt suivi des «Aïe, aïe»** du **voleur** qui **cavalcade** par-dessus les poireaux et les fraisiers, en se tenant et en **se frottant le derrière**, comme s'il y avait le feu !

Le père **Naulet**, soudain redressé, lui **crie** alors en riant à se tordre les côtes : «Braille pas comme ça, mon gars... voyons, tu devrais être content, j't'ai fourni le sel, tu pourras faire la sauce !».

Il avait, en effet, **remplacé** le **plomb** dans la cartouche par du **gros sel** de cuisine.

CORRIGÉ

F2 **Réussite 2**

a 1 : 6 — a 3 : 4 — a 4 : 7 — a 5 : 11 — a 6 : 13 — a 9 : 16

c 2 : 3

d 8 : 15 — d 10 : 10

e 11 : 9

LES RUSES DE MAITRE RENARD

Maître **Renard**, tirant la langue, va à l'aventure **cherchant de l'eau à boire**. Pas de puits et le ruisseau est loin. Il **longe** un grand **mur** blanc qui n'en finit pas. **Soudain**, une petite **porte**. Elle est **entrebaîllée**. Notre compère passe le museau, glisse un œil et **s'écrie**, tout heureux :

— **Mais c'est là le jardin de mes bons amis les moines. Je me suis régalé de leurs poules, cet été. Si je me souviens bien, il y a un puits dans cette cour.**

Il **entre** ; **personne**... et par bonheur, **le puits** est **là**. Renard est **bientôt** sur la **margelle**. Il se penche, **se penche** et respire l'air humide et frais au-dessus de **l'eau**. Mais **comment** arriver jusqu'à elle. Une **corde** s'enroule sur le **treuil**, un **seau** à chaque extrémité, **l'un** posé **sur la margelle, l'autre** baignant **dans l'eau** fraîche au bout de sa corde. **Renard tire** sur la corde pour **remonter** le **seau** et son précieux contenu. **Mais** il veut aller si vite, tant il a soif qu'il perd l'équilibre et **tombe** le nez **dans le seau** qu'il s'efforçait de remonter. **Le voici dans l'eau** jusqu'au cou : Renard n'est pas rassuré, il **grelotte** car l'eau est fraîche et il a **grand peur** que les moines n'arrivent.

— **Hé que faites-vous là, Maître renard** ?

Renard sursaute : **C'est Isengrin le loup** qui là-haut montre son nez pointu ; Isengrin **le sot**, Isengrin le grand seigneur si facile à tromper.

— **Vous le voyez, Isengrin, je réfléchis.**

— **Vous réfléchissez, mais quel bizarre endroit pour réfléchir** !

— **C'est que vous ne savez pas où je suis** !

— **Et où cela, je vous prie** ?

— **A la porte du paradis** !

Isengrin ne comprend pas très bien. Mais sa bêtise est si grande qu'il croit tout ce que lui dit Renard...

— **Que dites-vous ? le Paradis ? Mais comment y êtes-vous arrivé** ?

— **Comment ? Vous ne savez donc pas que je suis mort, chez moi, il y a deux jours. Hermeline, ma femme, et mes deux pauvres enfants ne cessent de pleurer.**

— **Ah ! pauvre Renard !**

— **Ne me plaignez pas. Cet endroit est vraiment délicieux... Vous y trouveriez des agneaux tendres... des moutons gros et gras, qu'aucun berger ne garde. Quand on a faim, il suffit de choisir ce qui vous plaît !**

Pauvre **Isengrin**, son estomac crie **famine** depuis plusieurs jours **et** il y a **là** à portée de gueule de belles **brebis** et de belles **volailles** qu'il ne peut saisir. Il **se penche** sur la margelle :

— Renard, comme j'aimerais être à votre place... comment faire pour vous rejoindre ?

— A un vieil ami comme vous (et Renard rit doucement sous cape), je veux bien indiquer un moyen tout à fait exceptionnel. Mais saurez-vous garder le secret ?

— Oui, oui, je vous le jure, fait Isengrin, pressé d'en finir, car il a de plus en plus faim.

— Bien. Vous voyez ce seau qui pend devant vous au bout d'une corde. Mettez-vous dedans. Vite. N'ayez pas peur. N'hésitez pas. C'est très bien !

Renard n'a pas besoin de terminer ses explications. Il **se sent** brusquement **soulevé** hors de l'eau. **Isengrin** plus lourd que lui, **descend** dans le puits pendant que **Renard remonte.** A mi-chemin, Isengrin **croise** Renard et lui demande tout étonné :

— **Où allez-vous donc ainsi, compère** ?

— **Je vais, je vais... où vous ne retournerez sans doute plus, ricane Renard en sautant d'un bond sur la margelle, et laissant le loup au fond du puits.**

... Il y serait encore si, **au matin, les moines** venant puiser de l'eau ne l'y avait **découvert**. Ils allèrent chercher **pelles, pioches**, bâtons, tout ce qui leur tomba sous la main. Ils se mirent à cinq pour **tirer** le seau et quand le pauvre **Isengrin** parut, il **reçut** la plus belle **volée** qu'il ait jamais reçue.

Avec cette histoire, Renard a **fait rire** aux éclats **pendant longtemps** toute sa **famille et** bien **d'autres** encore !

SOMMAIRE

Chapitre A
DÉVELOPPER L'HABILETÉ PERCEPTIVE DE L'ŒIL

A1

	Pages
Repérage d'un mot dans une liste établie verticalement	6 à 11
Repérage d'erreurs, en confrontant dessins et textes (verticalement)	12 à 17

A2

Repérage d'un mot dans une liste établie horizontalement	18 à 21
Repérage d'un mot ou d'expressions en confrontant dessins et textes horizontalement	22 à 31

A3

Lecture d'un texte dont la mise en page est verticale :	
Baha et le bison	32 à 39
Les sept frères dans le puits	40 à 46
L'oncle Podger	47 à 51
L'oncle Jules	52-53
Mon oncle déménageur	54
Mon oncle Benjamin	55-56
Lecture d'un texte verticalement avec un guide pour les yeux :	
Visite aux îles Galapagos	57 à 61
Petit Nicolas est «drôlement» malade	62 à 66

A4

	Pages
Repérage de différences dans des listes de mots	67-68
Repérage de similitudes dans des séries de phrases	69-70
Repérage de différences dans des textes à peu près semblables	72 à 75

A5

Lecture avec levers d'yeux :	
Mound des parpaillouns	76
La Reine des prouesses	77 à 80

Chapitre B

BIEN RECONNAITRE LE VOCABULAIRE

B1

	Pages
Repérage d'un synonyme d'un mot dans une liste	
– verticalement	81 à 85
– horizontalement	86 à 93

B2

Repérage d'un mot parasite dans une liste	
– verticalement	94-95
– horizontalement	96-97
Repérage d'une expression parasite	98-99

B3

Repérage de mots absurdes dans un texte	101 à 103
Repérage de phrases absurdes dans une série de phrases	104 à 107
Repérage de mots absurdes dans de courts textes	108 à 111

B4

Repérage du mot-étiquette d'une série	
– verticalement	112-113
– horizontalement	114-115
Repérage de mots absurdes dans des textes	
La partie de boules	116 à 118
Momo	119-120

Chapitre C

S'ENTRAINER A LIRE «EN ANTICIPANT»

C1

	Pages
Lecture d'un texte dont certains mots sont amputés de la première lettre	121 à 127 et 130 à 133
Jeu des nombres	128-129

C2

Lecture d'un texte dont certains mots sont en partie effacés	135 à 143
Jeu des mariages	144-145
Lecture d'un texte dont les lignes sont en partie effacées :	
Papillon	146
Des enfants bien sages	147

C3

Lecture d'un texte avec choix fréquent entre deux mots :	
Le Mistouflon	148 à 153
Le «dit» de la perdrix	154 à 156
Le bras de Clotaire	157 à 161
Lecture d'un texte dont les mots sont omis :	
– avec indication du nombre de lettres :	
Le Mistouflon (suite)	162-163
– régulièrement tous les 10 mots sans indication du nombre de lettres (test dit de «closure») :	
Le Mistouflon (suite)	164 à 169

C4

Pages

Reconstitution de phrases
– avec choix entre deux possibilités (des mots brouillés) 170 à 175
– avec choix entre trois possibilités (des mots brouillés) 176 à 181

Reconstitution de l'ordre des phrases d'un texte 182-183

Reconstitution de l'ordre des paragraphes d'un texte 184 à 189

Chapitre D

ÉDUQUER
LA MÉMOIRE

D1

Mémorisation des mots exacts d'une phrase donnée 193 à 196

Mémorisation des mots d'une liste donnée 197 à 199

Mémorisation du sens d'une phrase donnée 200 à 202

D2

Mémorisation de correspondances artificielles entre les mots 203 à 206

Mémorisation des éléments secondaires d'une phrase donnée 207 à 210

D3

Mémorisation de données sur un thème 211 à 214

Mémorisation des informations d'un texte 215 à 224

Mémorisation en résumant 225 à 228

Chapitre E

DÉVELOPPER
LA «LECTURE DE RECHERCHE»

E1

Pages

Repérage dans un ordre alphabétique 229 à 238

E2

Repérage de mots donnés dans un texte 239-240

Repérage de mots dans un texte, sur un thème donné 241-242

Repérage dans un classement 243 à 247

Repérage dans un catalogue 248

Repérage dans un annuaire 249 à 251

E3

Repérage de mots dans des phrases sur un thème donné 252-253

Recencement de renseignements sur un thème 254 à 257

Chapitre F

LA LECTURE SUR MESURE

F1 – F2 – F3

Recherche du mot ou d'un titre qui résume une phrase donnée 261 à 268

Après lecture, répondre à un questionnaire 269 à 279

Reconstitution d'une histoire à partir de mots-clés 280 à 283

pour en lire plus

Les textes choisis dans ce manuel sont extraits des ouvrages suivants dont certains pourront être lus maintenant, d'autres plus tard.

Page 32
BAHA ET LE BISON : «Le Talisman du soleil» de M. Manceau (Éd. de l'Amitié G.T. Rageot, Paris)

Page 40
LES SEPT FRERES DANS LE PUITS : «Le Trésor des Contes» vol. I de H. Pourrat (Gallimard, Paris)

Page 47
L'ONCLE PODGER : «Trois hommes dans un bateau» de Jérôme K. Jérôme (Éd. Fernand Nathan, Paris)

Page 52
LES DANGEREUSES EXPÉRIENCES DE L'ONCLE JULES d'après «La Gloire de mon père» de M. Pagnol (Éd. Hachette, coll. Le Livre de Poche, Paris)

Page 54
MON ONCLE BENJAMIN : «Mon oncle Benjamin» de Cl. Tillier (Éd. Plon, Paris)

Page 55
MON ONCLE DÉMENAGEUR : Recueil n° 1 sketches de R. Lamoureux (Éd. Co Mu Fra et P. Noël, Paris 1951)

Page 58
VISITE AUX ILES GALAPAGOS d'après Mireille Vautier et Aline de Nauxe (Éd. Fernand Nathan, Paris)

Page 62
LE PETIT NICOLAS EST DROLEMENT MALADE : «Le Petit Nicolas» de Sempé et Goscinny (Éd. Denoël, Paris)

Page 76
MOND DES PARPAILLOUNS d'après «Souvenirs d'enfance» de M. Pagnol (Éd. Julliard, Paris)

Page 77
LA REINE DES PROUESSES extrait de OKAPI (Éd. Bayard-Presse, Paris)

Page 116
LA PARTIE DE BOULES, d'après «Souvenirs d'enfance» de M. Pagnol (Éd. Julliard, Paris)

Page 119
MOMO : «La vie devant soi» de Émile Ajar (Éd. Mercure de France, Paris)

Pages 121 et 126
LA FORET LANDAISE et EN GASCOGNE : «Le Tour de France par Camille et Paul, deux enfants d'aujourd'hui» de Anne Pons (Éd. Tchou, Paris)

Page 124
AU TEMPS DES LOCOMOTIVES A VAPEUR : «La mission de la 241 P1» de J.-P. Alouis

Page 130
L'ENFANT D'ÉLÉPHANT : «Histoires comme ça» de Rudyard Kipling, trad. de R. d'Humières et L. Fabulet (Éd. Delagrave, Paris)

Page 135
URASHIMA LE PETIT PECHEUR : Conte japonais de Natha Caputo «Contes des quatre vents»

Page 141
L'ÉCOLIERE : «Génie la Folle» de Ignès Cagnati (Éd. Denoël, Paris)

Page 146
PAPILLON : «Papillon» de Henri Charrière (Éd. Robert Laffont, Paris)

Page 147
DES ENFANTS BIEN SAGES : «La chasse aux Doryphores» de F. Vuillemin (Éd. Cart, Besançon)

Page 148
LE MISTOUFLON : «L'année du mistouflon» de A.-M. Chapouton (Éd. Fleurus, Paris)

Page 154
LE «DIT» DE LA PERDRIX : adaptation de G. Rémond, d'après un fabliau du Moyen-Age.

Page 157
LE BRAS DE CLOTAIRE : «Les Récrés du Petit Nicolas» de Sempé et Goscinny (Éd. Denoël, Paris)

Page 229
PERDUS DANS UNE GROTTE : d'après «Le serment de la grotte» de Dominique Mérange

Page 235
JODY ET LE FAON : d'après «Jody et le Faon» de M.K. Ranlings (Éd. Albin Michel, Paris)

Page 239
L'APPAREIL DE PHOTO : «Les Récrés du Petit Nicolas» de Sempé et Goscinny (Éd. Denoël, Paris)

Page 241
DES PETITES FILLES VISITENT UN GRAND JOURNAL : «Janou Reporter» de Eve Dessarre (Éd. G.P. Rouge et Or, Paris)

Pages 269 et 272
LE COSTUME FÉMININ et LE COSTUME MASCULIN :
Pour en savoir plus sur ce sujet, lire :
«Précis d'histoire du costume» de S. Agron (Éd. Lanore)
«Le costume masculin» de S. Agron (Éd. Lanore)
«Histoire du costume» de H.H. Hansen (Éd. Flammarion, Paris)

Page 280
LE VOLEUR PUNI, d'après «Ce qu'ont vu mes yeux d'enfant» de R. Charmy (Éd. Fernand Nathan)

Page 281
LES RUSES DE MAITRE RENARD, d'après «Le Roman de Renart», adaptation de O. Larrieu (Ed. Hachette)

Cet ouvrage a été reproduit
et achevé d'imprimer
le 3 juin 1986
par l'Imprimerie Floch à Mayenne
Dépôt légal : 1er trimestre 1979
N° d'imprimeur : 24365
N° d'éditeur : 18